"十四五"职业教育国家规划教材

高等职业教育智能制造类新形态一体化教材

传感与检测技术项目训练教程

CHUANGAN YU JIANCE JISHU
XIANGMU XUNLIAN JIAOCHNEG

（第三版）

主　编　张　波　任　玮

副主编　赵益斌　马成功

中国教育出版传媒集团

高等教育出版社·北京

内容提要

本书是"十四五"职业教育国家规划教材。

本书由 6 个教学项目组成,主要内容包括:认识传感器、测量力和压力、测量温度、测量转速、测量位移、测量气体和湿度。

本书是新形态一体化教材,配套 PPT 课件、互动练习、思维导图、图文、动画和视频等丰富的多媒体教学资源,其中部分资源以二维码链接形式在书中呈现,旨在提升教学质量和学习效率。

本书可作为高等职业院校装备制造大类、电子信息大类等专业相关课程的教材,也可作为相关岗位的培训用书和工程技术人员的自学参考书。

图书在版编目(CIP)数据

传感与检测技术项目训练教程 / 张波,任玮主编.
3 版. -- 北京 : 高等教育出版社,2025. 5. -- ISBN
978-7-04-063338-2

Ⅰ. TP212

中国国家版本馆 CIP 数据核字第 2024EZ0215 号

策划编辑 谢永铭 责任编辑 谢永铭 田一彤 封面设计 张文豪 责任印制 高忠富

出版发行	高等教育出版社	网　　址	http://www.hep.edu.cn
社　　址	北京市西城区德外大街 4 号		http://www.hep.com.cn
邮政编码	100120	网上订购	http://www.hepmall.com.cn
印　　刷	上海新艺印刷有限公司		http://www.hepmall.com
开　　本	787 mm×1092 mm　1/16		http://www.hepmall.cn
印　　张	11.25	版　　次	2015 年 2 月第 1 版
字　　数	259 千字		2025 年 5 月第 3 版
购书热线	010-58581118	印　　次	2025 年 5 月第 1 次印刷
咨询电话	400-810-0598	定　　价	30.00 元

配套学习资源及教学服务指南

 二维码链接资源

　　本书配套视频、动画、图文和思维导图等学习资源，在书中以二维码链接形式呈现。手机扫描书中的二维码进行查看，可随时随地获取学习内容，享受学习新体验。

打开书中附有二维码的页面　　　　**扫描二维码**　　　　**查看相应资源**

 在线自测

　　本书提供在线交互自测，在书中以二维码链接形式呈现。手机扫描书中对应的二维码即可进行自测，根据提示选填答案，完成自测确认提交后即可获得参考答案，自测可以重复进行。

打开书中附有二维码的页面　　　　**扫描二维码开始答题**　　　　**提交后查看自测结果**

 教师教学资源索取

　　本书配有课程相关的教学资源，例如，PPT课件、习题及参考答案等。选用教材的教师，可扫描下方二维码，关注微信公众号"高职智能制造教学研究"，点击"教学服务"中的"资源下载"，或电脑端访问地址（101.35.126.6），注册认证后下载相关资源。

★如您有任何问题，可加入工科类教学研究中心QQ群：240616551。

本书二维码资源列表

前　言

本书是"十四五"职业教育国家规划教材。

本书全面贯彻党的二十大精神,落实立德树人根本任务,内容符合高等职业教育的定位和特点,根据现代制造业对高技能人才的培养要求,结合传感器发展的现状,以典型案例为主线,加强对学生实践能力、安全意识、责任意识的培养,突出项目的实用性和综合性。同时通过各类传感器在载人航天、探月工程、深海探测、大飞机制造等国家战略性新兴产业中的应用案例,激励学生奋发向上、勇于创新。

本书主要介绍了生产、生活中常用的传感器,以及这些传感器的工作原理、测量转换电路和工业应用,并且通过技能训练使学生能够初步掌握传感器的选型、安装和调试等基本技能。

本书主要内容包括认识传感器、测量力和压力、测量温度、测量转速、测量位移、测量气体和湿度共 6 个项目。本书可以作为高等职业院校装备制造大类、电子信息大类等专业相关课程的教材,也可作为岗位培训用书和相关工程技术人员的自学参考书。本书参考学时数为 60,各项目的学时数分配见下表。

项　目	教学内容	学时数分配		
		理　论	实践训练	总学时数
一	认识传感器	2	4	6
二	测量力和压力	2	6	8
三	测量温度	6	8	14
四	测量转速	6	8	14
五	测量位移	6	8	14
六	测量气体和湿度	2	2	4
学时总计		24	36	60

本书是新形态一体化教材,借助先进技术手段,丰富教材内容呈现形式,配套多媒体助学助教资源,旨在提升教学质量和学习效率。

本书由江苏联合职业技术学院无锡机电分院张波和任玮担任主编,宁波职业技术学院

赵益斌和江苏联合职业技术学院无锡机电分院马成功担任副主编;参与本书资源建设的还有江苏联合职业技术学院无锡机电分院王俊美和吴茹石;北京杰创永恒科技有限公司的郑剑海负责本书的项目案例验证。本书修订分工如下:项目一由张波负责;项目二由任玮负责;项目三由张波、赵益斌负责;项目四由任玮、马成功负责;项目五由任玮、赵益斌负责;项目六由张波、马成功负责;张波负责全书统稿。

由于编者水平有限,本书内容难免存在疏漏和不足之处,敬请广大读者批评指正。

编　者

目　　录

项目一　认识传感器

项目简介

在现代生产、生活中,有很多的参数、物理量要进行检测,例如在机械加工过程中,要对机床的切削速度、主轴回转精度、床身振动等进行检测,以保证较高的加工精度;又如在化工、食品加工等行业,需要对温度、湿度、压力、流量等参数进行检测,以满足加工要求,可以说现代社会的各行各业都离不开检测技术。**通过各种物理、化学效应,选择合适的方法与装置,将生产、科研、生活等方面的有关信息通过检查与测量的方法赋予定性或定量结果的过程称为检测。**能够自动完成整个检测处理过程的技术称为自动检测与转换技术。

随着计算机技术的飞速发展,结合自动控制理论,现在自动检测技术得到了很大的发展。**常见的检测系统一般由传感器、信号处理电路、显示记录装置、电源等部分组成,如图 1-1 所示。**

思维导图
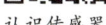
认识传感器

项目引入
认识传感器

学习目标
认识传感器

图文

检测技术

图文

检测系统
的组成

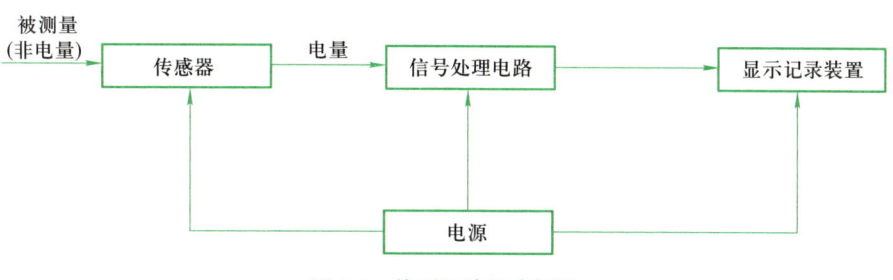

图 1-1　检测系统组成框图

传感器是将被测量(一般为非电量)检出并转换成电量,信号处理电路则是将接收到的电信号通过硬件电路或 A/D 转换器后通过软件分析转换成显示、记录装置所需的信号,显示记录装置是将测量得到的数据显示、保存,或提供给执行机构。电源是给检测系统提供正常工作的能源。

传感器在检测系统中起着非常重要的作用,它能直接感受被测量的变化,并按照一定的规律转换成可用的输出信号。没有传感器对原始信息的精确捕获和转换,就没有现代化的自动检测和自动控制系统。所以认识、了解传感器的结构和功能,熟悉传感器的性能指标非常重要,只有做到这些才能更好地应用传感器,使自动检测和自动控制系统更加完善,控制精度更高。

相关知识

一、传感器的定义及组成

传感器的作用是将被测非电物理量转换成与其有一定关系的电信号。传感器获取的信息正确与否，直接影响整个检测系统的精度。根据传感器通用术语（GB/T 7665—2005），传感器的定义为："**能感受被测量并按照一定的规律转换成可用输出信号的器件或装置，通常由敏感元件和传感元件组成。**"它的输入量是某一被测量，可能是物理量，例如温度、压力、速度等，也可能是化学量、生物量，如浓度、酸碱度等。它的输出量是便于传输、转换、处理、显示的信号，可以是光、电、气等信号，但主要是电信号。

传感器通常由敏感元件、传感元件、测量转换电路以及辅助电源四部分组成。 敏感元件在传感器中直接感受被测量的变化，并输出与被测量成确定关系的其他量。传感元件把敏感元件的输出作为它的输入，转换成电参数，电参数接入测量转换电路，便可转换成电量输出。辅助电源提供传感器正常工作所需的电源。

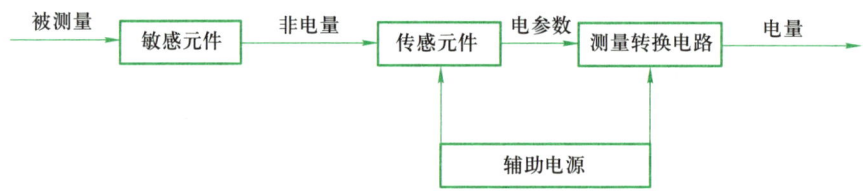

图 1-2　传感器的组成

要注意的是，不是所有的传感器都有敏感元件和传感元件，如果某传感器的敏感元件直接输出的是电量，说明该敏感元件同时兼做传感元件。或者某传感元件能够直接感受被测量的变化并输出与之成一定关系的电量，则该传感元件同时也是敏感元件，所以**有些传感器的敏感元件和传感元件是合二为一的**，如图 1-3 所示的压电陶瓷、热电偶、光电池等。

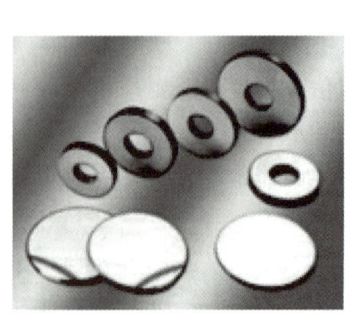

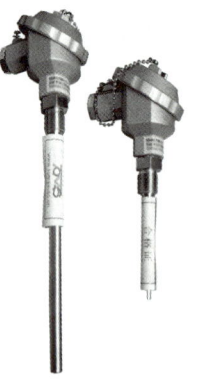

（a）压电陶瓷　　　　　　　　（b）热电偶　　　　　　　　（c）光电池

图 1-3　敏感元件和传感元件合二为一的传感器

二、传感器的分类

基于某种原理制作的传感器可以测量不同的物理量,同一个物理量可以使用不同的传感器来测量,所以传感器有很多分类方法。常见的有以下两种:

图文

传感器的
分类

1. 按被测物理量性质(输入量)分类

根据被测量的性质进行分类,传感器可分为位移传感器、速度传感器、负荷传感器、压力传感器、流量传感器、温度传感器等,如图 1-4 所示。这种分类方法的优点是可以明确传感器的用途,便于使用者根据其用途选用;缺点是没有区分每种传感器的工作原理有何共性和差异,使用者不便于掌握其工作原理。本书采用此种分类法。

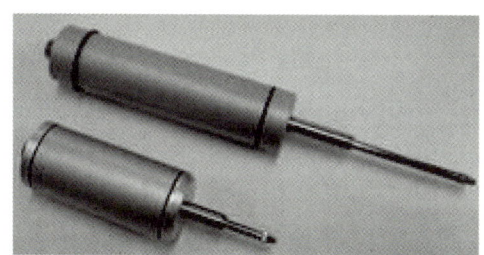

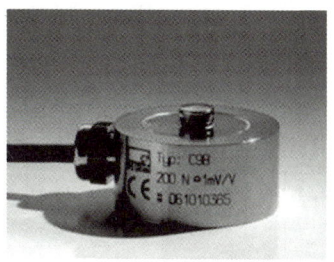

（a）位移传感器　　　　　　　　　　　　（b）压力传感器

图 1-4　按被测物理量性质分类的各种传感器

2. 按工作原理(转换原理)分类

根据工作原理划分,传感器可以分为如图 1-5 所示的**电阻式传感器、电感式传感器及电容式传感器、磁电式传感器、压电式传感器等**,这种分类法能够从基本原理上归纳传感器的共性和特性,适合于对传感器进行深入研究,但对于使用者选用传感器不是很方便。

（a）电阻式传感器　　　　　　　　　　　（b）电感式传感器

图 1-5　按工作原理分类的各种传感器

三、传感器的主要性能指标

传感器的特性一般指输入、输出特性,有静态和动态之分。本书仅介绍传感器的静态特性。传感器的静态特性是指被测量处于稳定状态下输入和输出之间的关系。**传感器的静态**

图文

灵敏度

特性可以用灵敏度、分辨力和分辨率、线性度、迟滞、重复性等指标来描述。

1. 灵敏度

灵敏度是指传感器输出量的变化值与相应被测量的变化值之比,用 S 表示。

$$S = \frac{\mathrm{d}y}{\mathrm{d}x} \approx \frac{\Delta y}{\Delta x} \tag{1-1}$$

式中:Δy——输出变化量;

Δx——输入变化量。

传感器输入-输出特性曲线的斜率就是灵敏度 S。如果特性曲线是直线,则 S 为常数;如果特性曲线是非线性的,则 S 随着输入量的变化而变化,如图 1-6 所示。

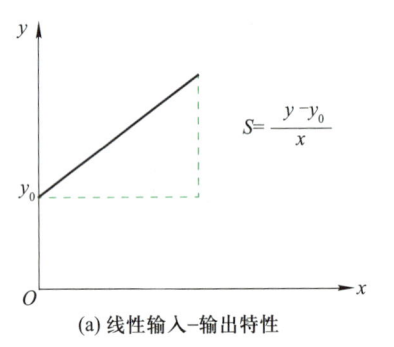

(a) 线性输入-输出特性

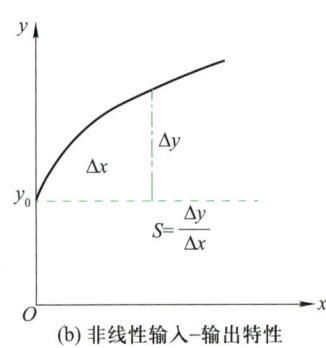

(b) 非线性输入-输出特性

图 1-6 传感器的灵敏度

图文

分辨力和
分辨率

2. 分辨力和分辨率

分辨力是指传感器能够检测到的输入量的最小变化值,它代表了传感器的最小量程,与输入量同量纲。对于数字式仪表,如果没有附加说明,通常其分辨力为该表最后一位数字所表示的数值。一般的模拟式仪表,则是仪表最小刻度分格值的一半。

分辨率表示传感器的分辨能力,是分辨力除以仪表满量程得到的值,主要用于说明其分辨质量。

3. 线性度

传感器的线性度是指传感器的输出与输入之间数量关系的线性程度。输出与输入关系可分为线性特性和非线性特性。大部分的传感器是非线性的,所以在实际使用中,为了标定和数据处理的方便,引入了非线性补偿电路或计算机软件法等补偿环节以求得到线性关系。当非线性的误差不是很大且输入量变化范围较小时,可用一条直线(切线或割线)近似地代表实际曲线的一段以使传感器输入-输出特性线性化,这种直线称为拟合直线。采用拟合直线线性化时,传感器输出量与输入量之间的实际关系曲线偏离拟合直线的程度,即两者之间的最大误差和传感器满量程输出之间的比值称为线性度,也称为传感器的非线性误差。

$$\gamma_{\mathrm{L}} = \pm \frac{\Delta L_{\max}}{Y_{\mathrm{FS}}} \tag{1-2}$$

式中:$\Delta L_{\max}$——实际曲线与拟合直线的最大误差;

Y_{FS}——传感器的满量程输出。

从图 1-7 可以看出,拟合曲线不同,得到的线性度也不同,所以一般选择能得到最小线性度的拟合曲线。

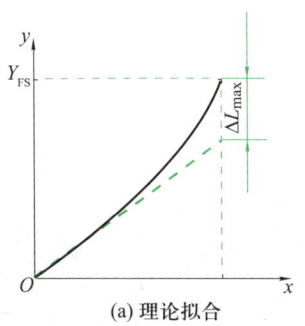 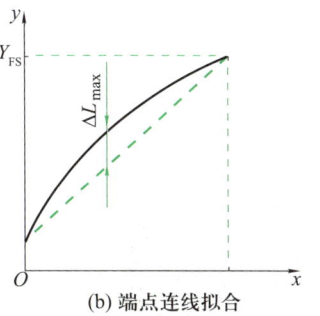

图 1-7 传感器的线性度

4. 迟滞

传感器正反行程的输入-输出特性曲线不重合的现象称为迟滞,如图 1-8 所示。迟滞通常由实验测得,迟滞误差用下式表示。

$$\gamma_H = \pm \frac{1}{2} \times \frac{\Delta H_m}{Y_{FS}} \times 100\% \qquad (1\text{-}3)$$

式中:ΔH_m ——正反行程之间的最大差值;

Y_{FS} ——传感器的满量程输出。

产生迟滞现象的主要原因有传感器的材料存在磁滞、弹性元件的弹性滞后、电元件的单向特性等物理性质或传感器的机械部分有摩擦、间隙、紧固件松动等。

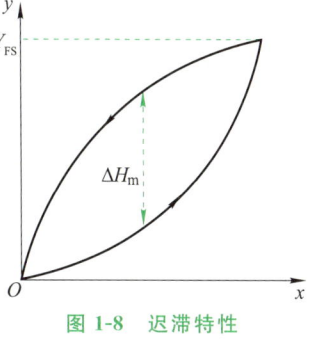

图 1-8 迟滞特性

5. 重复性

重复性是指传感器在输入量按同一方向作全量程连续多次变化时,所得特性曲线不一致的程度,如图 1-9 所示。重复性误差一般可用正反行程的最大误差和传感器的满量程输出表示,计算公式为

$$\gamma_R = \pm \frac{\Delta R_{max}}{Y_{FS}} \times 100\% \qquad (1\text{-}4)$$

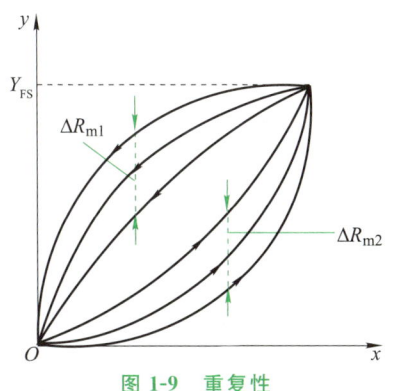

图 1-9 重复性

式中:ΔR_{max} ——正反行程的最大误差;

Y_{FS} ——传感器的满量程输出。

四、传感器的信号调理电路

在实际应用中传感器的输出信号往往很微弱,例如热电偶输出的热电势变化是 μV 级;并且信号形式不适合,不能直接用于显示和控制。此时就需要对传感器的输出信号进行一定的预处理,使输出信号便于显示或控制。能实现这种预处理功能的电路称为信号调理电路。常见的信号调理电路有信号放大电路、信号变换电路和滤波电路等。

1. 信号放大电路

信号放大电路主要由具有高放大倍数、高输入电阻、低输出电阻的集成运算放大器构成。集成运算放大器能完成加、减、乘、除、微积分等多种运算。**用集成运算放大器构成的放大电路通常有反相放大器、同相放大器、差分放大器等**。常见的集成运算放大器有 OP07、LM324 等型号，如图 1-10 所示。

(a)   (b)

图 1-10 常见的集成运算放大器

（1）反相放大器

如图 1-11 所示为反相放大器，其电压放大倍数为

$$u_{\mathrm{o}} = -\frac{R_2}{R_1} u_{\mathrm{i}} \tag{1-5}$$

从式(1-5)可以看出，输出电压与输入电压反相且成正比，反相放大器的特点是性能稳定，抗高频干扰能力强，但是在提高输入阻抗与提高增益之间存在矛盾。

（2）同相放大器

如图 1-12 所示为同相放大器，其输出电压和输入电压之间的关系为

$$u_{\mathrm{o}} = \left(1 + \frac{R_2}{R_1}\right) u_{\mathrm{i}} \tag{1-6}$$

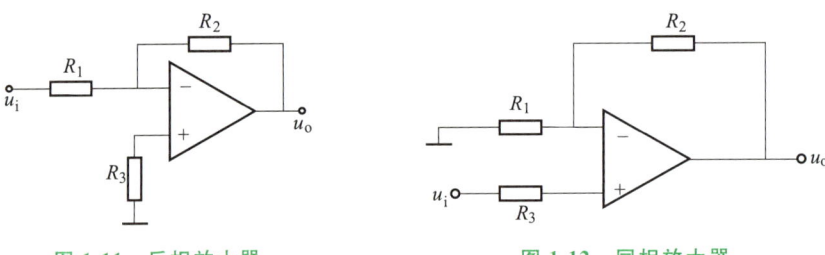

图 1-11 反相放大器   图 1-12 同相放大器

与反相放大器不同的是，同相放大器的输出电压与输入电压同相。输出电压的放大倍数与反馈电阻 R_2 和输入电阻 R_1 的比值有关。

（3）差分放大器

差分放大器如图 1-13 所示，当 $R_1 = R_3$，$R_2 = R_4$ 时，输出电压为

$$u_{\mathrm{o}} = \frac{R_2}{R_1} (u_{\mathrm{i1}} - u_{\mathrm{i2}}) \tag{1-7}$$

由式(1-7)可以看出,差分放大器的输出电压与两个输入电压之间的差值成正比,所以也称为减法器。差分放大器的特点是抑制共模干扰能力强,输入阻抗高,输出阻抗低,抗高频干扰能力强,广泛用于前置放大级。

（4）电压跟随器

如图1-14所示为电压跟随器,其放大倍数为1,没有放大作用,由于其输入阻抗高,输出阻抗低,所以通常在电路中可以起到阻抗匹配的作用,提高传感器的带载能力。

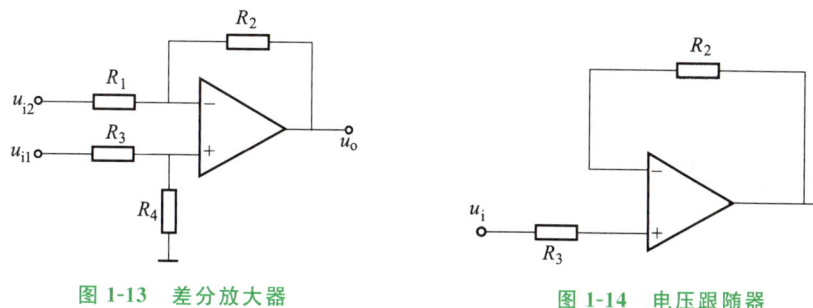

图 1-13　差分放大器　　　　　　图 1-14　电压跟随器

（5）仪用放大器

图文

随着集成电路技术的发展,为了进一步提高测量精度,工业上出现了将多个放大器组合而成的单片仪用放大器。**仪用放大器又称测量放大器**,其电路基本结构如图1-15所示。图中左边部分由运放 A_1、A_2 构成对称同相放大器,右边部分由运放 A_3 和电阻 R_3、R_4 组成差分放大器。假设 $R_1 = R_2 = R$,$R_3 = R_4$,则**仪用放大器增益调整仅需要调 R_g,所以具有输入阻抗高、对称性好、共模抑制比高、增益设定灵活、体积小、使用方便的特点。** 常见的仪用放大器有 AD521/AD522、AD620 等,可以作为电桥、热电偶的放大电路。

仪用放大器

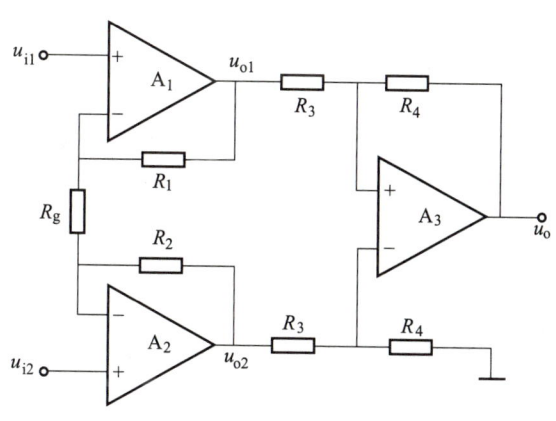

图 1-15　仪用放大器的电路基本结构

2. 信号变换电路

（1）电压-电流变换电路

在工业现场,在传感器和仪表之间、仪表和仪表之间的信号传送都采用标准信号,即0～

图文

电压-电流
变换电路

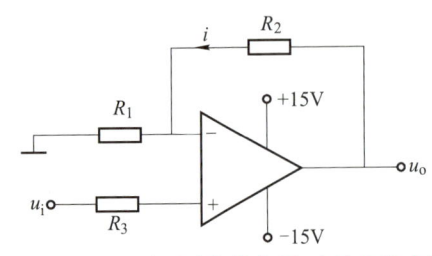

图 1-16 简单的浮地负载电压-电流变换电路

5 V 直流电压或 0～10 mA、4～20 mA 直流电流。为了减小传输线的分布电阻所产生的电压降,通常采用电流来传输信号。所以就需要将电压信号变换成与之成正比的电流信号,即进行电压-电流变换。如图 1-16 所示为简单的浮地负载电压-电流变换电路。该电路主要器件是运算放大器,负载中的电流为 $i = \dfrac{u_1}{R_1}$。

如果输出电流信号经过长时间传输之后,要通过单片机构成的数字显示仪表显示出来,则需将电流信号变换成电压信号,再经过 A/D 转换送入单片机中。如图 1-17 所示为将 0～10 mA 电流信号转换成 0～5 V 电压信号的实用电路,该电路采用集成运算放大器的放大倍数为 $A = (R_3 + R_4)/R_3$,当 $R_3 = 100\ \text{k}\Omega$,$R_4 = 150\ \text{k}\Omega$,则 $A = 2.5$;若 $R_1 = 200\ \Omega$,对于 0～10 mA 的电流输入信号,将在 R_1 上产生 0～2V 的电压信号,由 $A = 2.5$ 可知,0～10 mA 的直流输入电流对应 0～5V 的直流输出电压信号。

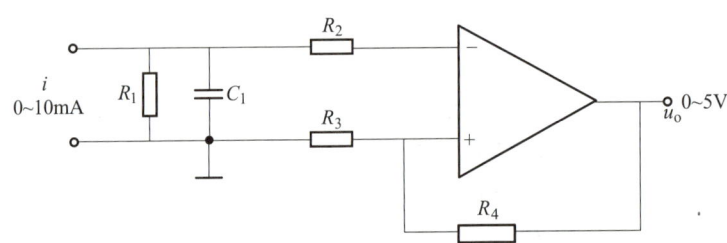

图 1-17 将 0～10 mA 电流信号转换成 0～5 V 电压信号的实用电路

（2）电压-频率变换电路

电压-频率变换电路能把输入电压转换成频率信号输出,输出频率与输入电压信号成比例,也称为电压控制振荡器,简称压控振荡器(VCO)。 通过这种变换后输出信号的抗干扰能力提高了,并且适合长距离传输。

频率-电压变换电路又称为频率-电压变换器,与电压-频率变换电路正好相反。常用于电压-频率变换的集成芯片有 LM331、AD650 等。LM331、AD650 这两种集成芯片既可以实现电压-频率变换,也可以实现频率-电压变换,所以应用较广泛。

3. 滤波电路

滤波电路(也称滤波器),是一种选频装置,只允许一定频带范围内的信号通过,而极大地衰减其他频率成分。**滤波器能够滤除检测系统中由于各种原因引入的噪声和干扰,还可以滤除信号调制过程中的载波等无用信号,分离各种不同的频率信号,提取感兴趣的频率成分并且对系统的频率特性进行补偿。**

滤波器按构成滤波器的元件类型分为 RC、RL 滤波器等,按电路性质可分为有源滤波器和无源滤波器,按信号处理模式可以分为模拟滤波器和数字滤波器,按滤波器通频带范围可分为低通、高通、带通、带阻滤波器。如图 1-18 所示为四种实际滤波器的幅频特性。从图中可以看到:低通滤波器的通频带为 0～f_2,高通滤波器的通频带为 f_1～∞,带通滤波器的

通频带为 $f_1 \sim f_2$，带阻滤波器的通频带为 $0 \sim f_1$ 与 $f_2 \sim \infty$（阻带：$f_1 \sim f_2$）。

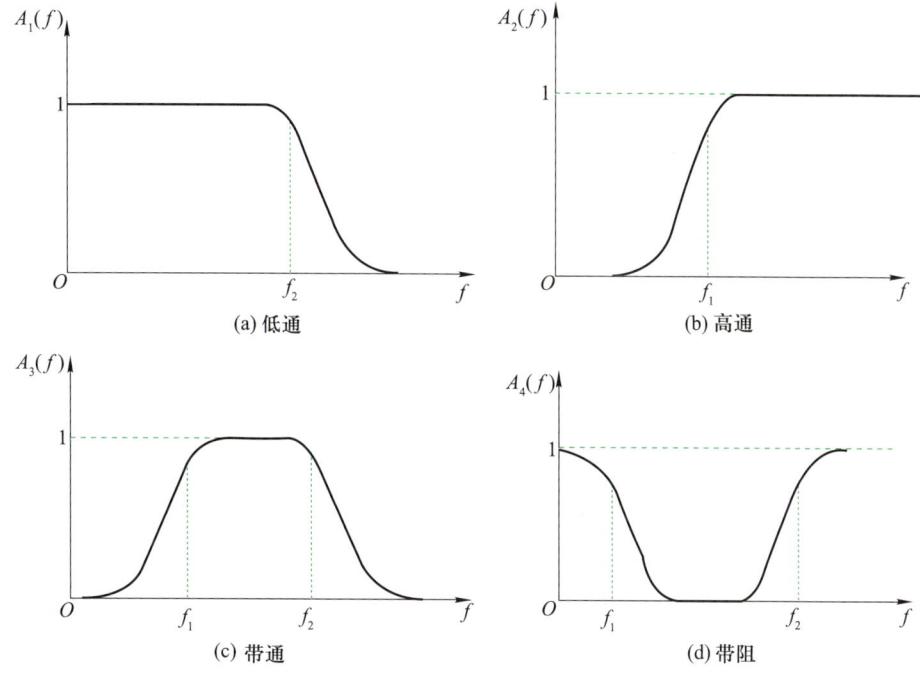

图 1-18　四种实际滤波器的幅频特性

如图 1-19(a)所示的一阶 RC 低通滤波器是无源的，**无源滤波电路的滤波参数随负载变化而变化**，而图 1-19(b)所示的**有源滤波电路的滤波参数不随负载变化**。无源滤波电路可用于高电压大电流的电路，有源滤波电路是信号处理电路，其输出电压和电流的大小受有源元件自身参数和供电电源的限制。

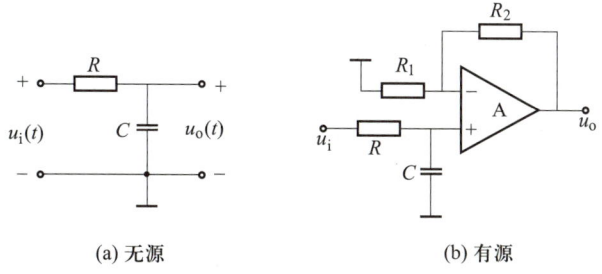

图 1-19　一阶 RC 滤波器

五、传感器的发展趋势

目前，全球的传感器市场在不断变化的创新之中呈现出快速增长的趋势。有关专家指出，传感器领域的主要技术将在现有基础上延伸和提高，各国将竞相加速新一代传感器的开发和产业化，竞争也将日益激烈。新技术的发展将重新定义未来的传感器市场，例如无线传感器、光纤传感器、智能传感器等新型传感器的出现将使市场份额扩大。

1. 引入新技术

随着人们对自然界认识的深化,会不断发现一些新的物理效应、化学效应、生物效应等。利用这些新的效应可开发出相应的新型传感器,从而为提高传感器的性能和拓展传感器的应用范围提供新的可能。例如图尔克公司生产的电感式接近开关就摒弃了原来的铁氧体磁心,采用新的技术制造,克服了原有的电感式接近开关对不同金属的检测距离不一样的问题,在检测不同金属时可以通过电路调节提高产品的检测距离,并且全金属检测距离无衰减,抗干扰能力也有所提升。

图文
基于多传感融合的大飞机制造过程自动监测物联网系统

2. 开发新材料

传感器材料是传感器技术的重要基础,随着材料科学的进步,人们可制造出各种新型传感器。例如用高分子聚合物薄膜制成的温度传感器、宽频带水听器等,光导纤维制成的压力、流量、温度、位移等多种传感器,用陶瓷制成压力传感器等。

图文
新材料制成传感器

3. 采用新工艺

半导体技术中的加工方法有氧化、光刻、扩散、沉积、平面电子工艺、各向导性腐蚀及蒸镀、溅射薄膜等,这些都已引进到传感器制造中,因而产生了各种新型传感器,例如利用半导体技术制造出硅微传感器,利用薄膜工艺制造出快速响应的气敏、湿敏传感器,利用溅射薄膜工艺制造出压力传感器等。MEMS 技术是传感器技术未来的主要趋势之一,**基于 MEMS 技术的硅微加工技术,传感器具有体积小、低功耗等特点,易于集成在各种模拟和数字电路中,广泛应用于汽车碰撞实验、测试仪器、设备振动监测等领域。**

4. 集成化、多功能化

集成传感器的优势是传统传感器无法达到的,它不是一个简单的传感器,而是将辅助电路中的元件与传感元件集成在一块芯片上,使之具有校准、补偿、自诊断和网络通信的功能,可降低成本、增加产量。传感器在技术水平和功能上的迅速发展,一方面来自计算机、检测等技术的发展,另一方面则源于应用领域需求的驱动。现在的传感器要求能够根据用户的需求实现多种功能,并且操作简便。

5. 智能化

图文
智能化传感器

智能化传感器是一种带微处理器的传感器,是微型计算机和传感器相结合的成果,它兼有检测、判断和信息处理功能,与传统传感器相比有很多特点,具有判断和信息处理功能,可实现多传感器多参数测量,有自诊断和自校准功能,测量数据可存取,且具有数据通信接口,能与微型计算机直接通信。把传感器、信号调节电路、单片机集成在一块芯片上形成超大规模集成化的高级智能传感器已经成为一个新的发展趋势。

操作训练

项目准备

项目一设备和工具列表

任务一·绘制常用传感器的系统框图

1. 目的要求

(1)了解传感器的作用。

(2)熟悉传感器的主要性能指标。

（3）掌握传感器的结构和分类。

（4）学会绘制常用传感器的系统框图。

2. 仪器设备及器材

计算机、笔、尺子等。

3. 操作步骤

（1）了解本任务所需的仪器设备及器材。

通过计算机可方便地上网查询传感器的相关资料，尺子和笔方便绘图。

（2）寻找两种常用的传感器，了解其结构和工作原理。

（3）找到这两种传感器的敏感元件、传感元件和测量转换电路，分别填入表 1-1 中。

表 1-1　常用传感器的结构

传感器名称	敏感元件	传感元件	测量转换电路

（4）根据表 1-1，绘制这两种传感器的系统框图。

4. 任务内容和评分标准

表 1-2　项目一任务一评分表

任　务　内　容	配分	评　分　标　准	得分
认识本任务所需仪器设备及器材	10	遗漏一个仪器设备及器材，扣 2 分，最多扣 10 分	
寻找两种传感器	20	遗漏一种传感器，扣 10 分，最多扣 20 分	
分析两种传感器的结构	30	遗漏一个部分，每处扣 5 分，最多扣 30 分	
绘制两种传感器的系统框图	20	绘制不正确，每处扣 5 分，最多扣 20 分	
团结协作意识	10	小组共同完成项目，组员缺乏合作意识，扣 10 分	
正确使用设备和工具	10	只要不符合安全操作要求，就从总分中扣除	
总得分		教师签字	

将你所找到的传感器进行分类，指出每一类传感器适用于哪些场合，举出一两个应用的例子。

任务二・认识 THSRZ-2 型传感器技术实训装置

1. 目的要求

（1）了解 THSRZ-2 型传感器技术实训装置的结构。

（2）熟悉 THSRZ-2 型传感器技术实训装置各部分的作用。

（3）学会 THSRZ-2 型传感器技术实训装置各部分输出参数的调节和使用方法。

2. 仪器设备及器材

THSRZ-2 型传感器技术实训装置。

3. 操作步骤

（1）了解 THSRZ-2 型传感器技术实训装置的各组成部分

THSRZ-2 型传感器技术实训装置由实验台、检测源模块、传感器及信号调理（模块）、数据采集卡组成，如图 1-20 所示。

① 实验台

实验台上有信号源、直流稳压电源、恒流源、数字式仪表、计时器和高精度的温度调节仪。 信号源可以输出两种不同的信号，一种是 1～10 kHz 的音频信号，V_{p-p} 在 0～17 V 范围可调；另一种是 1～30 Hz 的低频信号，V_{p-p} 在 0～17 V 范围可调，并且有短路保护功能，如图 1-21 所示。

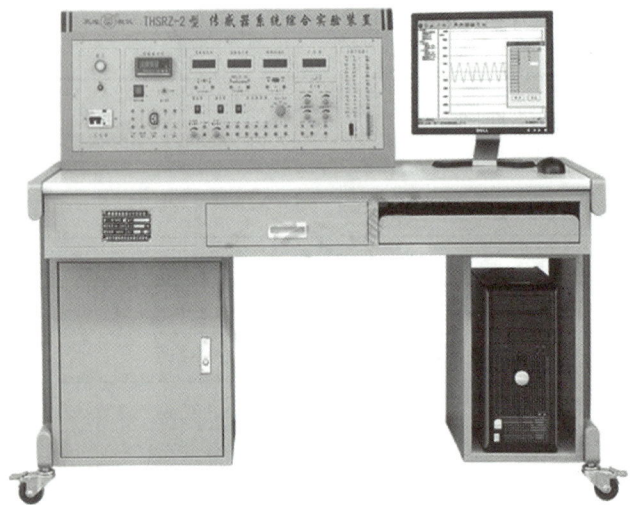

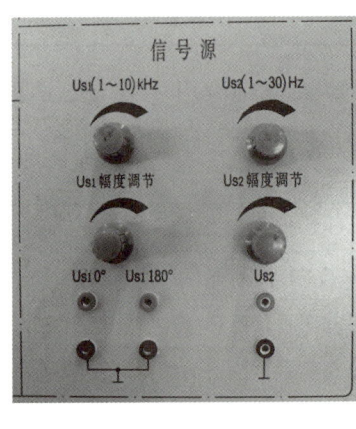

图 1-20　THSRZ-2 型传感器技术实训装置　　　　　　　　图 1-21　信号源

五组直流稳压电源是 +24 V、±15 V、+5 V、±2～±10 V 分五挡输出、0～5 V 可调电源，带短路保护功能。实验台自带的恒流源是 0～20 mA 连续可调输出，最大输出电压12 V，如图 1-22 所示。

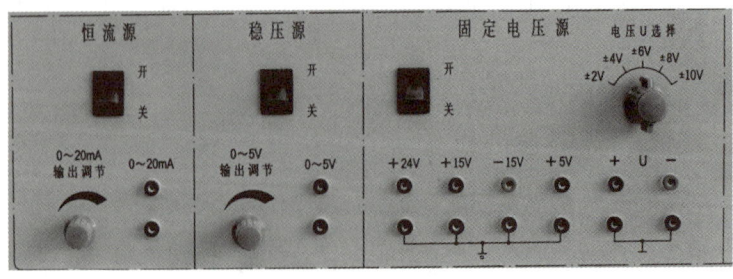

图 1-22　直流稳压电源和电流源

实验台上有数字式电压表、数字式毫安表和频率/转速表三种数字式仪表。其中数字式电压表的量程为 0～20 V，分为 200 mV、2 V、20 V 三挡、精度为 0.5 级。数字式毫安表的量程为 0～20 mA，三位半数字显示、精度为 0.5 级，有内测外测功能。频率/转速表的参数是频率测量范围 1～9 999 Hz，转速测量范围 1～9 999 r/min。各仪表外形如图 1-23 所示。

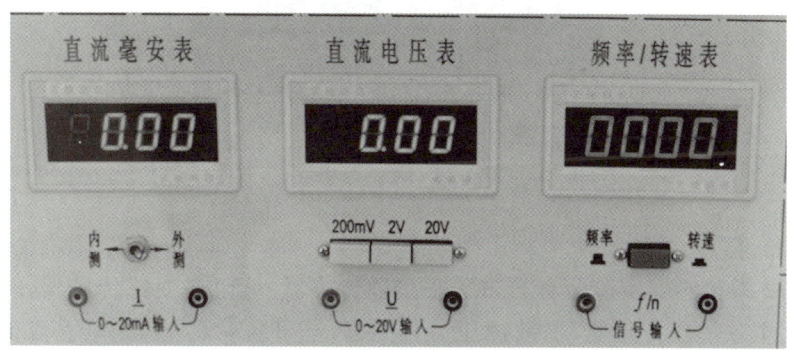

图 1-23　数字式检测仪表

除了以上这些仪器设备外，实验台上还有能够在 0～9 999 s 范围内，精确到 0.1 s 计时的计时器和用于温度测量的高精度智能温度调节仪，这种温度调节仪具有多种输入输出规格，人工智能调节以及参数自整定功能，先进控制算法，温度控制精度达 ±0.5 ℃，如图 1-24 所示。

② 检测源模块

检测源模块分为加热源、转动源、振动源三个模块，如图 1-25 所示。 图 1-25（a）为加热源，其采用 0～220 V 交流电源加热，内部配有风扇，温度可控制在室温～120 ℃。图 1-25（b）为转动源，其采用 2～24 V 直流电源驱动，转速可在 0～3 000 r/min 范围内调节。图 1-25（c）所示为振动源，其振动频率为 1～30 Hz（连续可调），共振频率为 12 Hz 左右。

图 1-24　智能温度调节仪

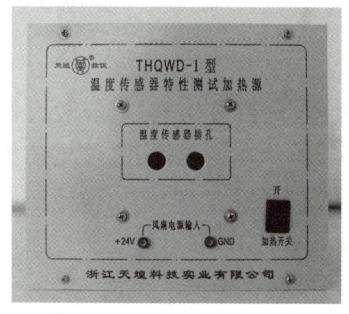

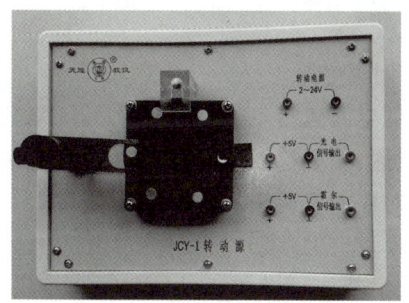

（a）加热源　　　　　　　　　　　　　　（b）转动源

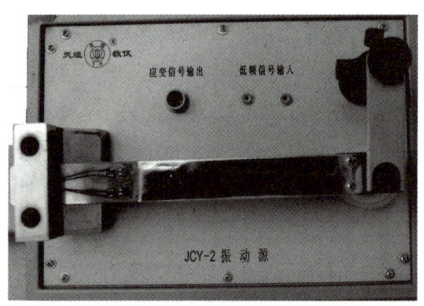

(c) 振动源

图 1-25　检测源模块

③ 各种传感器

THSRZ-2 型传感器实验装置自带了很多种传感器：电阻应变式传感器、差动变压器、电容传感器、霍尔位移传感器、扩散硅压力传感器、光纤位移传感器、电涡流传感器、压电加速度传感器、磁电传感器、Pt100 热电阻、AD590、K 型热电偶、E 型热电偶、Cu50 热电阻、PN 结温度传感器、NTC、PTC、气敏传感器（酒精敏感、可燃气体敏感）、湿敏传感器、光敏电阻、光电二极管、红外传感器、磁阻传感器、光电开关传感器、霍尔开关传感器、扭矩传感器、PSD 位移传感器、光电编码器、长光栅传感器等。这些传感器有些直接做在实验模块上，形成一个整体，有些需要另行安装在相对应的实验模块中。如图 1-26 所示的红外传感器就是直接做在传感器实验模块上的，而图 1-27 所示的 Pt100 热电阻就需要和图 1-28 所示的温度传感器实验模块配合使用。具体的各个传感器及其对应的实验模块会在后面的项目中具体介绍。

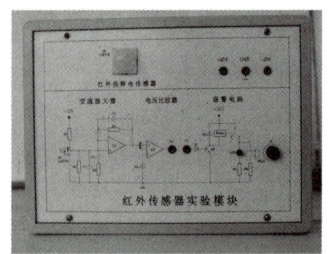 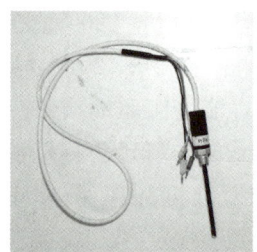 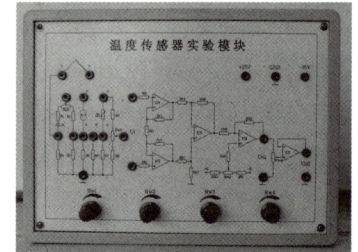

图 1-26　红外传感器实验模块　　　图 1-27　Pt100 热电阻　　　图 1-28　温度传感器实验模块

④ 信号调理电路

信号调理电路包括电桥、电压放大器、差分放大器、电荷放大器、电容放大器、低通滤波器、涡流变换器、相敏检波器、移相器、V/I 转换电路、F/V 转换电路、直流电动机驱动等，这些也是做在对应的实验模块中。如图 1-29(a) 所示的就是将移相器、相敏检波器、低通滤波器做在一个模块上的移相/相敏检波/低通滤波实验模块。图 1-29(b) 是将电压放大器，V/I、F/V 转换电路，直流电动机驱动做在一个模块上的信号转换模块。

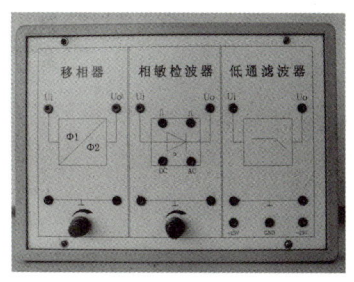 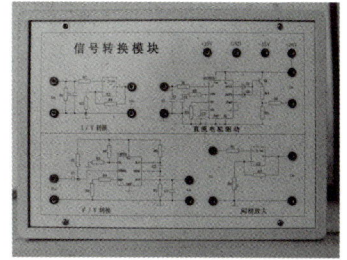

(a) 移相/相敏检波/低通滤波实验模块　　(b) 信号转换模块

图 1-29　信号调理电路

⑤ 数据采集卡

THSRZ-2 型传感器实验装置附带了一个高速 USB 数据采集卡(图 1-30):含 4 路模拟量输入,2 路模拟量输出,8 路开关量输入输出,14 位 A/D 转换,A/D 采样速率最大 400 kHz。并且配有相应的上位机软件,该软件配合 USB 数据采集卡使用,实时采集实验数据,对数据进行动态或静态处理和分析,实现双通道虚拟示波器的功能。

(2) 调节音频信号的频率和幅度(峰-峰值)

利用示波器观察信号源中的音频输出信号 U_{s1} 0°的波形,调节其频率和输出幅度,使输出波形为 4 kHz, V_{p-p} 为 8 V。

(3) 测量振动源共振频率

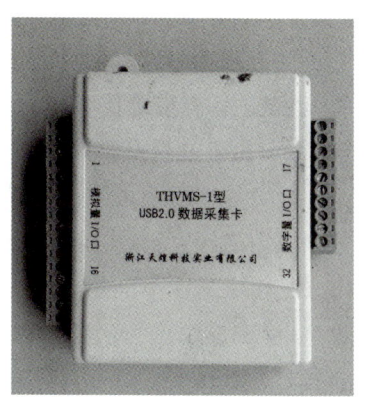

图 1-30　数据采集卡

将信号源低频信号频率调至最小,幅值调至中间位置,然后将输出 U_{s2} 接振动源"低频信号输入",同时将该信号接至频率/转速表,将转换开关选择频率输出。打开实验台电源,逐步增大低频信号的频率,观察悬臂梁的振动情况,当悬臂梁振动幅度最大时,通过观察频率/转速表记录下此时的低频信号频率,该频率即为悬臂梁的共振频率。

(4) 实验结束后,关闭实验台电源,整理好实验设备

4. 任务内容和评分标准

表 1-3　项目一任务二评分表

任 务 内 容	配分	评 分 标 准	得分
认识本任务所需仪器设备及器材	10	遗漏一个仪器设备及器材,扣 2 分,最多扣 10 分	
调节音频信号的频率和幅度(峰-峰值)	30	(1) 波形显示不完整,扣 10 分 (2) 频率调节错误,扣 10 分 (3) 幅值调节错误,扣 10 分	
测量振动源共振频率	40	(1) 接线错误,每处扣 2 分,最多扣 10 分 (2) 频率/转速表转换开关选择错误,扣 10 分 (3) 悬臂梁不振动,扣 10 分 (4) 读数不正确,扣 10 分	
团结协作意识	10	小组共同完成项目,组员缺乏合作意识,扣 10 分	
正确使用设备和工具	10	只要不符合安全操作要求,就从总分中扣除	
总得分		教师签字	

做一做

从刚才的任务中了解了 THSRZ-2 型传感器实验装置的组成和各部分的作用,通过技能训练只是了解了信号源的调节和使用。转动源、加热源以及其他的仪表、电源如何使用? 读者可以自己尝试一下,本书也会在以后的任务中一一展开说明。

知识拓展

传感器在手机中的应用

随着技术的进步,手机的功能日益增多。传感器在手机中的应用也越来越多。现在**在智能手机中,有重力传感器、光线传感器、触摸传感器(触摸屏是典型应用)、加速度传感器(iPhone 的三轴陀螺仪)等。**

重力传感器采用弹性敏感元件制成悬臂式位移器,与采用弹性敏感元件制成的储能弹簧来驱动电触点,完成从重力到电信号的转换。重力传感器的工作原理简单来说就是,用户本来把手机拿在手里是竖着的,将它旋转 90°横过来,它的页面就跟随用户的重心自动反应过来,也就是说,页面也转了 90°。还有就是在玩游戏时可以不通过按键,将手机平放,左右摇摆就可以代替模拟游戏的方向左右移动。目前绝大多数中高端智能手机和平板电脑都内置了重力传感器,如苹果的系列产品、Android 系列的手机等。

光线传感器应用在手机上已经很久了。例如在光线充足的地方,屏幕很亮,键盘灯关闭;在暗处则相反,键盘灯会亮,这就是光线传感器的作用。**在手机中使用的光线传感器一般是光电三极管,它是一种能够将光信号转换成电信号的光电元件,用它可以检测光线的强弱,及时对手机进行智能调节,达到节能和方便用户使用的目的。**

图 1-31　手机触摸屏

现在很多智能手机都是触摸屏形式,如图 1-31 所示的手机触摸屏就是触摸传感器。**现在实际使用的触摸屏分成电阻式触摸屏和电容式触摸屏两大类。**以电容式触摸屏为例,该触摸屏是在玻璃表面贴上一层透明的特殊金属导电物质,当手指触摸在金属层上时,触点的电容就会发生变化,使得与之相连的振荡器频率发生变化,通过测量频率变化可以确定触摸位置获得信息。手机市场上销量较大的 iPhone 手机就是使用的电容式触摸屏,屏幕面板和触摸屏合二为一,透光率高,使用寿命长,适合手机的超薄化设计,加上拥有多点触摸功能,深受用户的喜爱。

近年来各种智能手机中都加入了陀螺仪,例如 iPhone 中就加入了三轴陀螺仪,**三轴陀螺仪里面的"三轴"即 X 轴、Y 轴、Z 轴。三个轴围成的立体空间联合检测手机的各种动作,**陀螺仪和我们最常见的重力传感器有什么区别? 重力感应是通过感受重力正交两个方向的分力大小,来判断水平方向,而陀螺仪则是一个立体的方向。三轴陀螺仪对一般用户来说最容易接触到的用途估计就是可以用在各种大型游戏上了,用陀螺仪操作射击游戏,比用触摸屏更加得心应手。除此之外,陀螺仪还可以配合其他设备实现 GPS 定位,如 Google 的街景就有利用到陀螺仪配合定位。图 1-32 是意法半导体(STMicroelectronics,ST)公司推出的高性能三轴类比陀螺仪 L3G3250A,可用于手机、游戏机、GPS 导航系统、家用电器以及机器人等需要陀螺仪的产品。

图 1-32 三轴类比陀螺仪 L3G3250A

通过了解重力传感器、光线传感器、触摸传感器等在手机中的应用,可以发现,由于各种传感器的加入,使手机智能化程度不断提高,操控更加简单,功能多样化、人性化。而生产生活中的其他产品也会因为传感器的加入,越来越集成化、智能化,操作也会越来越简便。

项目小结

传感器(sensor/transducer)是能够感受被测量并按照一定的规律转换成可用的输出信号的器件或装置。传感器通常由敏感元件、传感元件、测量转换电路以及辅助电源四部分组成。敏感元件在传感器中直接感受被测量,传感元件把敏感元件的输出作为它的输入,转换成电参数,电参数接入测量转换电路,便可转换成电量输出。辅助电源提供传感器正常工作所需的电源。

传感器的静态性能可以用灵敏度、线性度、迟滞、重复性、分辨力和分辨率等指标来描述。

传感器的输出信号要进行一定的预处理,使输出信号便于显示和控制。能实现这种预处理功能的电路称为信号调理电路。常见的信号调理电路有信号放大电路、信号变换电路和滤波电路。

目前,传感器的市场巨大,传感器在新技术、新材料、新工艺的帮助下,已经开始向微型化、集成化、多功能化、智能化方向发展。

习 题

互动练习

项目一互动
习题

一、填空题

1. 传感器由_____、_____、_____、_____四部分组成。

2. 按构成滤波器的元件类型分为_____、_____滤波器。

3. 传感器实际曲线与理论直线之间的_____与输出满量程之比称为传感器的_____。

4. 传感器的灵敏度是指稳态下,_____变化量与_____变化量的比值。对_____传感器来说,其灵敏度是常数。

5. 作为传感器的核心部件,直接感受被测物理量并对其进行转换的元件称为_____。

二、问答题

1. 什么是传感器？

2. 什么是传感器的静态特性？它有哪些性能指标？

3. 传感器的分类方法有哪几种？各有什么优缺点？

4. 传感器的信号调理电路有哪些？各有什么作用？

项目二　测量力和压力

项目简介

在日常的生产生活中,力和压力的测量非常重要。力是物体间的相互作用,生产生活中有很多场合需要测量力,例如在工程上,房屋、桥梁需要对其钢筋混凝土结构的应变(受力情况)进行监测。在施工过程中,将力传感器经特殊防护处理后,埋置于混凝土内,可以对受力结构进行实时监测。又如生活中购买食物、生活用品等都需要称重,即测量物体的重力。

压力是单位面积上的垂直作用力,**常见的压力有绝对压力和表压力。绝对压力是指以完全真空为零标准的压力值**,而表压力是以当地的大气压为零标准的压力值,也就是仪表所指示的压力值,也称为相对压力。对于生产生活过程中的气体、液体的压力需要及时地测量,以保证安全生产。例如气动设备需要进行压力检测,以防压力过大,对人员造成伤害。还有飞机气流分布,机翼的抖动等均要使用压力传感器进行检测。本项目主要介绍三种传感器,分别是电阻应变片式传感器、压阻式压力传感器、压电传感器。

相关知识

一、电阻应变片

1. 应变效应

电阻应变片是利用导体或半导体材料的"应变效应"实现力的测量,**导体或半导体材料在受到外界力的作用时,会产生机械变形导致其阻值变化,这种现象称为应变效应。**

以金属电阻丝为例,其电阻与金属材料的电阻率及其几何尺寸有关。电阻丝的电阻 R 为

$$R = \rho \frac{L}{A} \tag{2-1}$$

式中:ρ——金属电阻丝的电阻率;

$\quad\ L$——金属电阻丝的长度;

$\quad\ A$——金属电阻丝的截面积。

如图 2-1 所示,当金属电阻丝受到外力作用时,电阻丝长度、横截面积、电阻率均发生改变,引起电阻值的变化。**实验证明,在金属电阻丝的拉伸极限内,电阻的相对变化量与材料**

力学中的轴向应变成正比,即

$$\frac{\Delta R}{R} = K\varepsilon \tag{2-2}$$

式中:K ——金属电阻丝的灵敏度;

ε ——金属电阻丝的轴向应变。

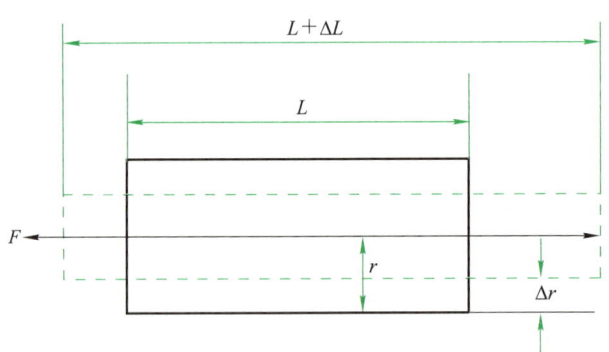

图 2-1　电阻应变效应示意图

式(2-2)表示金属电阻丝的电阻相对变化量与轴向应变成正比关系,所以测量电阻的变化,可得知金属材料应变的大小。金属电阻丝的灵敏度受两个因素影响,一个是受力后材料几何尺寸的变化,另一个是受力后材料的电阻率发生的变化。**金属材料的灵敏度主要是以材料几何尺寸的变化为主,灵敏度较小,一般都在 1～2 之间;半导体材料则相反,以电阻率变化为主,所以灵敏度比金属材料大几十倍。**

2. 电阻应变片的测量原理

实际应用时,通常将电阻丝做成电阻应变片来测量机械应变,如图 2-2 所示。将直径为 0.01～0.05 mm、高电阻率的金属电阻丝排列成栅网状,粘贴在绝缘基片上,上面覆盖一层薄膜(保护用),电阻丝两端焊有引出线。图 2-2 中电阻应变片的有效工作部分称为线栅,L 为线栅的长度,b 为线栅的宽度。

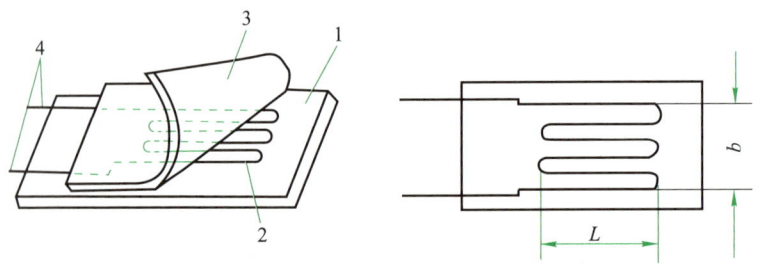

1—基片;2—直径为 0.025 mm 左右高电阻率的合金电阻丝;
3—覆盖层;4—引线,用于和外接导线连接。

图 2-2　电阻应变片的结构示意图

用应变片测量试件的应变或应力时,首先将电阻应变片粘贴在试件表面,在外力作用

下,试件产生微小的机械变形,应变片随之发生变形,导致应变片电阻发生变化。只要测得应变片电阻值变化量 ΔR,便可得到试件的应变值 ε,根据应力和应变的关系,推导得到相应的应力值

$$F = AE\varepsilon = \frac{AE}{K} \cdot \frac{\Delta R}{R} \tag{2-3}$$

式中: F ——试件的应力;

ε ——试件的应变;

E ——试件材料的弹性模量;

A ——试件的横截面积。

图文

电阻应变片
的种类和
结构

3. 电阻应变片的种类及结构

常用的电阻应变片可分为金属电阻应变片和半导体电阻应变片两大类。金属电阻应变片根据敏感栅的不同可以分为丝式、箔式和薄膜式三种。

金属丝式应变片是最早使用的电阻应变片,有纸基和胶基之分。金属丝式应变片由于蠕变较大、金属丝易脱胶,已经逐渐被横向效应小、其他方面性能更优越的金属箔式应变片所代替。

金属箔式应变片的线栅采用电阻率较高、热稳定性好的铜镍合金(康铜)通过光刻、腐蚀等工艺制成很薄的金属薄栅(厚度一般在 $0.001\sim0.005$ mm)。金属箔式应变片的线栅的尺寸正确、线条均匀、一致性好,并且可根据需要制成任意形状,再加上线栅截面积为矩形,表面积大,散热好,便于批量生产,生产率高,所以被广泛使用。

金属薄膜式应变片是采用真空蒸镀技术,在薄的绝缘基片上蒸镀金属电阻薄膜,再加上保护层制成的。其优点是灵敏度高、允许通过的电流密度大、工作温度范围广。

半导体电阻应变片则是用锗或硅等半导体材料作为敏感栅,灵敏度较大,机械滞后小,频率响应快,电阻值变化范围较宽,容易小型化;但是热稳定性差,测量误差较大。

如图 2-3 所示为各种电阻应变片。

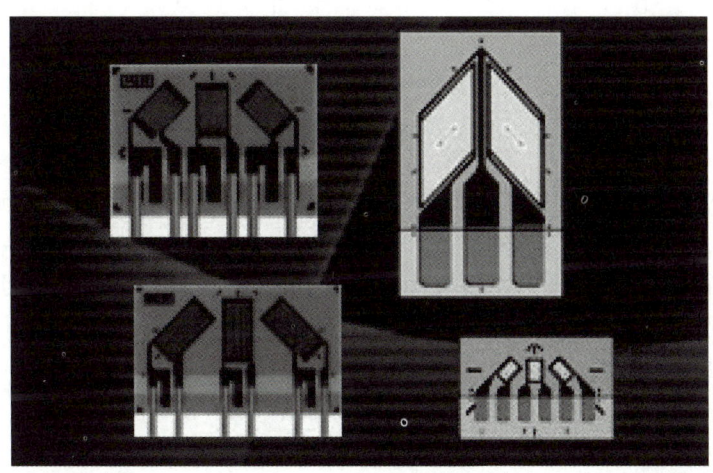

图 2-3 各种电阻应变片

4. 应变片的测量转换电路

由于电阻应变片的电阻值变化一般都很小（$5 \times 10^{-4} \sim 10^{-1} \Omega$），要把微小电阻值的变化精确地用电阻表测量出来非常困难。**实际使用时，通常采用不平衡电桥来测量微小的电阻值变化。**

直流电桥的基本形式如图 2-4(a) 所示。R_1、R_2、R_3、R_4 称为电桥的桥臂，R_L 为其负载（可以是测量仪表内阻或其他负载）。当 $R_L \rightarrow \infty$（开路）时，电桥的输出电压 U_o 应为：

$$U_o = U_i \left(\frac{R_1}{R_1 + R_2} - \frac{R_3}{R_3 + R_4} \right) \tag{2-4}$$

当电桥平衡时，$U_o = 0$，由式(2-4)可得到

$$R_1 \cdot R_4 = R_2 \cdot R_3 \text{ 或 } R_1/R_2 = R_3/R_4$$

上式称为电桥平衡条件。

为了获得最大的电桥输出，常采用全等臂电桥（$R_1 = R_2 = R_3 = R_4 = $初始值）。当产生应变时，若应变片电阻值变化分别为 ΔR_1、ΔR_2、ΔR_3 和 ΔR_4，当每个桥臂的电阻变化量 $\Delta R_i \ll R_i$，且各桥臂应变片的灵敏度相同时，电桥输出电压可以用下式表示

$$U_o = \frac{U_i}{4} \left(\frac{\Delta R_1}{R_1} - \frac{\Delta R_2}{R_2} + \frac{\Delta R_3}{R_3} - \frac{\Delta R_4}{R_4} \right) = \frac{U_i}{4} K (\varepsilon_1 - \varepsilon_2 + \varepsilon_3 - \varepsilon_4) \tag{2-5}$$

在实际使用时，四个桥臂的应变片 R_1、R_2、R_3 和 R_4 不可能严格相等，在未受力时，电桥的输出电压不一定为零，所以在直流电桥中设有调零电路，如图 2-4(b) 所示。调节 R_p 可使电桥平衡，输出电压为零，其中的 R_5 为限流电阻。

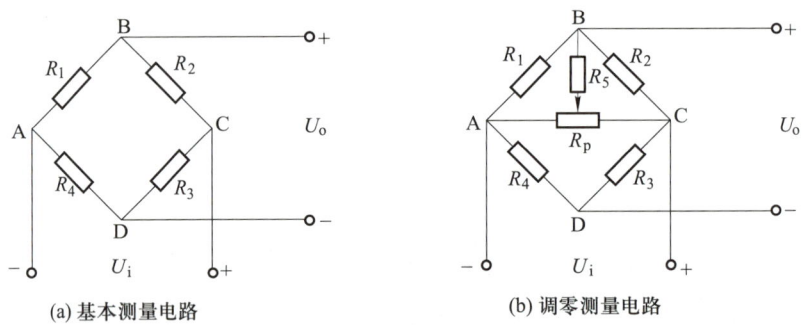

(a) 基本测量电路　　　　　　　　　　(b) 调零测量电路

图 2-4　直流电桥测量电路

根据不同的要求，直流电桥有不同的工作方式。如图 2-5 所示，有惠斯通电桥、双臂电桥（半桥）、全桥三种工作方式。

惠斯通电桥就是电桥中的一个桥臂为应变片，其余三个桥臂为固定电阻。如图 2-5(a) 所示，R_1 为应变片，R_2、R_3 和 R_4 为固定电阻，当应变片受力后产生的电阻变化量为 ΔR_1 时，电桥的输出电压为

$$U_o = \frac{1}{4} U_i \frac{\Delta R_1}{R_1} \tag{2-6}$$

如图 2-5(b) 所示，将两个应变相反的应变片（即一个应变片被拉伸，一个应变片被压缩，

应变符号相反)接入电桥的相邻臂中,其余两个桥臂为固定电阻,就构成了双臂电桥(半桥)。若两个应变片 $\Delta R_1 = -\Delta R_2$,$R_1 = R_2$,电桥输出电压 U_o 为

$$U_o = \frac{1}{4} U_i \left(\frac{\Delta R_1}{R_1} - \frac{\Delta R_2}{R_2} \right) = \frac{1}{2} U_i \frac{\Delta R_1}{R_1} \tag{2-7}$$

若四个桥臂均为应变片,并且其中的两个应变片被拉伸,另外两个应变片被压缩,两个应变符号相反的应变片接入相邻臂,就构成全桥电路,如图 2-5(c)所示。若满足 $\Delta R_1 = -\Delta R_2 = \Delta R_3 = -\Delta R_4$,$R_1 = R_2 = R_3 = R_4$ 的条件,则输出电压为

$$U_o = \frac{U_i}{4} \left(\frac{\Delta R_1}{R_1} - \frac{\Delta R_2}{R_2} + \frac{\Delta R_3}{R_3} - \frac{\Delta R_4}{R_4} \right) = U_i \frac{\Delta R_1}{R_1} \tag{2-8}$$

对比三种工作方式的输出电压可以看出,全桥工作方式的输出灵敏度最高,是双臂电桥(半桥)的两倍,惠斯通电桥的四倍。

在应变片实际使用时,温度的变化也会引起应变片电阻值的变化,造成一定的测量误差。为了消除温度变化引起的测量误差,电阻应变片的测量转换电路需要进行温度补偿。**采用双臂电桥(半桥)或全桥工作方式时,温度引起应变片的电阻值变化 ΔR_t 相同,代入式(2-7)或式(2-8)后,ΔR_t 可以相互抵消,实现温度自动补偿。**

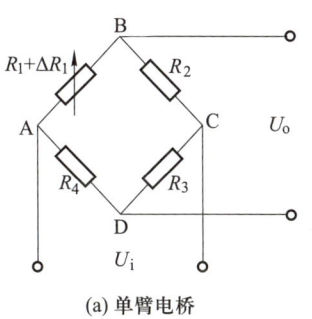

(a) 单臂电桥

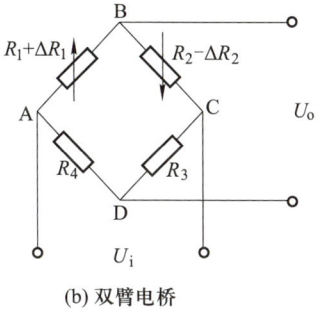

(b) 双臂电桥

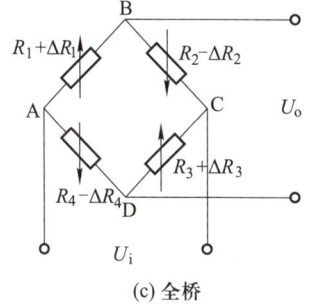

(c) 全桥

图2-5　直流电桥测量电路

图文

温度自补偿

图文

应变式传感器

电阻应变片的应用主要分成两大类:第一类是将应变片贴在某些弹性体上,并且将其接入测量转换电路,这样就构成测量力、压力、加速度、扭矩等物理量的专用应变式传感器;第二类是将应变片贴于被测试件上,然后将其接到应变仪上就可直接从应变仪上读取被测试件的应变量。

电阻应变片的应用非常广泛,在国家一些大型项目中也有它的身影,例如,我国的 C919 大飞机的全机静力试验。当试验装置模拟飞机在空中受到空气动力、发动机推力等一系列复杂载荷时,紧贴机身的电阻应变片产生电信号,反馈飞机各个部位的强度、应力等,便于技术人员验证飞机结构的刚度、强度等指标是否符合飞机的设计标准。

二、压阻式固态压力传感器

1. 压阻效应

压阻效应是指当半导体材料在某一方向承受应力时,其电阻率(或电阻)发生变化的现

象。当半导体(单晶硅)材料受到外力作用,产生肉眼无法察觉的极微小应变,其原子结构内部的电子能级状态发生变化,从而导致其电阻率剧烈地变化,由这种材料制成的电阻的阻值会出现极大的变化。

　　利用压阻效应原理,采用集成电路工艺技术及一些专用特殊工艺,在单晶硅片上,沿特定晶向制成应变电阻,构成直流电桥,并同时利用硅的弹性力学特性,在同一硅片上进行特殊的机械加工,制成集应力敏感与力电转换于一体的力学量传感器,称为压阻式固态压力传感器,如图 2-6 所示。其主要特点是结构尺寸小,重量轻,易集成,适合对微小压力进行检测。为了满足我国两弹一星事业发展需求,我国在 1972 年组建成立第一批压阻传感器研制单位,并于 1974 年研制成功第一个实用压阻式压力传感器,现已发展出多个种类。

文本

压阻式固态
压力传感器

图 2-6　常见的压阻式固态压力传感器

2. 压阻式固态压力传感器的结构和工作原理

　　压阻式固态压力传感器由外壳、硅膜片和引出线等组成。硅膜片是传感器中感受压力的部分,如图 2-7 所示,该膜片上有四个阻值相等的应变电阻,其中 R_1 和 R_4 位于膜片中央,R_2 和 R_3 位于膜片的边缘,将四个应变电阻接入直流电桥,构成全桥工作方式。当硅膜片两端压力相等时,膜片不发生形变,四个应变电阻阻值相等,电桥输出电压为零。

文本

国产压力传
感器助力中
国航天员遨
游太空

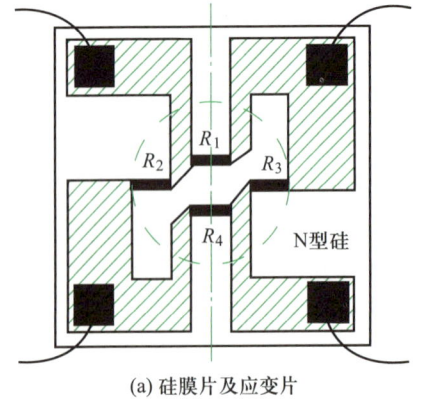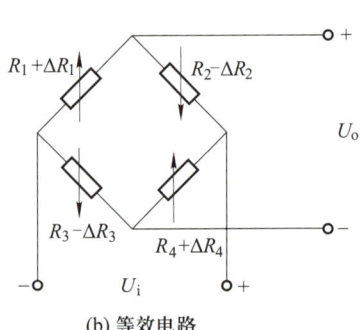

(a) 硅膜片及应变片　　　　　　　(b) 等效电路

图 2-7　压阻式固态压力传感器的结构

当膜片两端压力不等时,膜片产生形变,位于膜片中心的电阻 R_1 和 R_4 被拉伸,位于膜片边缘的电阻 R_2 和 R_3 被压缩,产生机械形变,引起应变电阻阻值变化。当四个电阻阻值发生变化时,电桥失去平衡,输出电压。此时**直流电桥的输出电压与膜片两侧的压差成正比**。

压阻式固态压力传感器测量准确度受到温度的影响,由于采用恒压源供电的直流电桥输出电压与 $\Delta R/R$ 成正比,输出电压受环境温度的影响。而**采用恒流源供电的电桥输出电压与 ΔR 成正比,环境温度的变化对其没有影响**,故压阻式固态压力传感器通常采用恒流源供电方式。压阻式固态压力传感器的应用有很多,可以用于测量气体、液体的压力或压力差,还可以做成投入式液位计进行液位测量。

图文
压阻式固态压力传感器的应用

动画
压电效应

三、压电传感器

1. 压电效应

某些电介质,如石英、钛酸钡等,在沿一定方向受到外力的作用而形变时,其内部会产生极化现象,在它的两个相对表面上出现等量的正负电荷。当外力撤去后,又会恢复到不带电的状态,这种现象称为正压电效应,如图 2-8(a)所示。当作用力的方向改变时,产生的电荷的极性也随之改变。相反,如果在电介质的极化方向上施加电场,这些电介质又会发生机械形变,电场去掉后,电介质的形变也随之消失,这种现象称为逆压电效应,或电致伸缩现象,如图 2-8(b)所示。

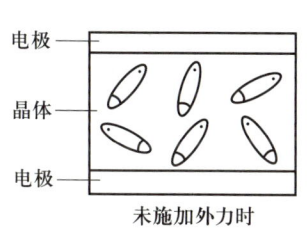
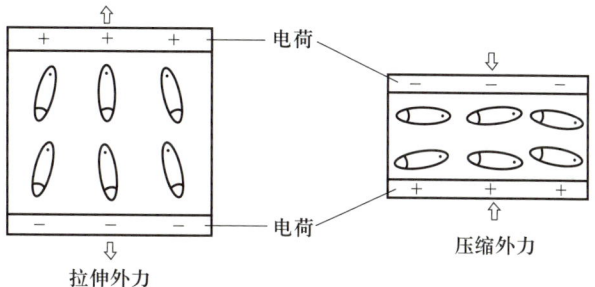

(a) 正压电效应——外力使晶体产生电荷

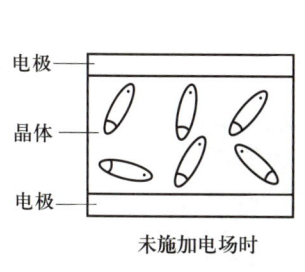
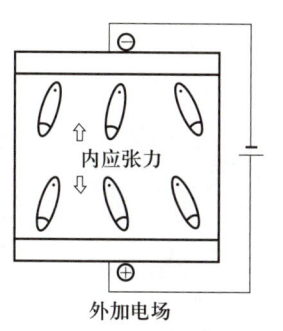
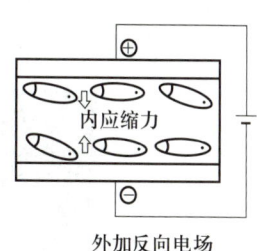

(b) 逆压电效应——外加电场使晶体产生形变

图 2-8 压电效应原理图

在日常生活中家用的煤气燃气灶就是利用正压电效应来点火的,当按下点火装置的弹簧时,传动装置将压力传送到压电元件上,产生很高的电压,再通过尖端放电,将燃气灶点燃。如果一个交流电信号加在压电元件上，压电元件就会产生与之对应的形变即振动，如果这个振动频率在音频波段内就会发出相应的声音，这就是用于制作音乐贺卡、门铃、寻呼机等的压电蜂鸣器的工作原理，它是利用逆压电效应工作的。

能产生压电效应的电介质称为压电材料或压电元件，依据压电效应的原理工作的一类传感器称为压电传感器。

实验证明，在晶体的弹性限度内，压电材料受力后，产生的电荷 Q 和所施的力 F 之间的关系是

$$Q = dF \tag{2-9}$$

式中：d——压电材料的压电系数。

图文

压电材料

2. 压电材料

选用合适的压电材料对压电传感器很重要，**常用的压电材料有三大类：压电晶体、经过极化处理的压电陶瓷、高分子压电材料。**

常见的压电晶体包括石英晶体（SiO_2）、硫酸锂（$LiSO_4$）、碘酸锂（$LiIO_3$）、铌酸锂（$LiNbO_3$）等。其中，石英晶体应用较广，它的压电系数很小（$d = 2.31 \times 10^{-12} \, C/N$），但是稳定性很高，在 20～200 ℃ 的范围内压电系数的变化率只有 -0.016/℃，一般适合用做标准频率控制的振子、高选择性（多属高频狭带通）的滤波器以及高频、高温超声换能器等。

压电陶瓷[图 2-9(a)]是人工制造的一种多晶压电体，通过改变配方或掺杂微量元素等方法使材料性能有所提高。原始的压电陶瓷没有压电效应，这主要是由压电陶瓷的结构决定的。压电陶瓷由无数电畴组成，每个电畴都有压电效应，由于各个电畴杂乱分布，它们的压电效应相互抵消，所以不具有压电效应。**一般都要对压电陶瓷进行极化处理，即在一定温度条件下，对压电陶瓷加上强电场，使压电陶瓷内部电畴定向排列，从而使压电陶瓷具有压电性质。**

经极化处理的压电陶瓷不但压电系数非常高，而且制造成本较低，所以常用的压电元件绝大多数都是压电陶瓷。

高分子压电材料是一种近年来发展较快的新型压电材料，具有压电常数高等特点，如聚偏二氟乙烯（PVF2 或 PVDF）的压电常数比压电陶瓷还高十几倍，而且非常柔软，耐冲击，弹性、柔软性好，可以加工成几微米厚的薄膜，也可以弯曲成任何形状。 由于其声阻抗较低与水接近，能很好地与水介质匹配，可用来制作频率较高的换能器以及宽频带水听器。高分子压电材料的工作温度适用范围为 100 ℃ 以下，机械强度较低，不耐紫外线照射，如图 2-9(b) 所示。

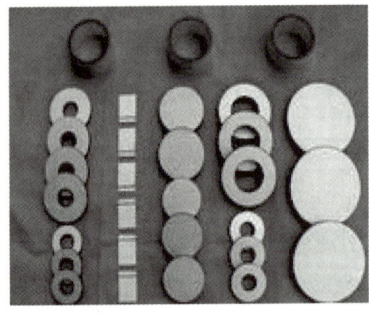
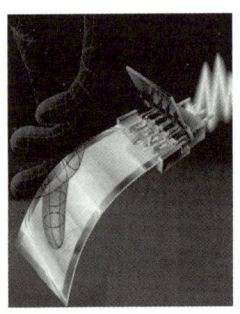

(a) 压电陶瓷　　　　　　　　　(b) 高分子压电材料

图 2-9　各种压电材料

3. 压电式传感器的等效电路

压电元件受到外力作用后,就会在相对的表面产生正负等量电荷,相当于一个电荷发生器。又由于压电元件上聚集正负电荷的两个表面类似于电容器的两个极板,所以压电元件也可看成是一个以压电元件为介质的电容器,其电容量为

$$C_a = \frac{\varepsilon_0 \varepsilon_r A}{d} \tag{2-10}$$

式中:ε_0——真空介电常数;

ε_r——压电材料的相对介电常数;

d——压电元件的厚度;

A——压电元件的电极板面积。

因此,可以把压电元件等效成如图 2-10 所示的电压源,也可以等效为一个电荷源。

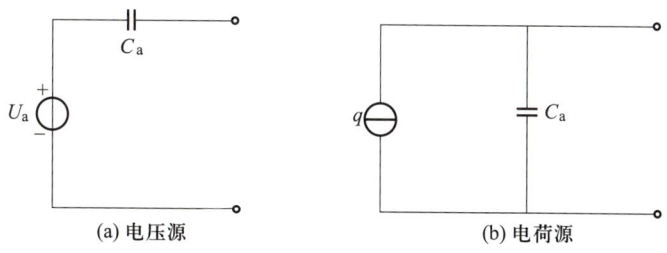

(a) 电压源   (b) 电荷源

图 2-10　压电元件的等效电路

压电传感器如果与测量仪表配套使用,还应考虑连接电缆的分布电容 C_c、放大电路的输入电阻 R_i、输入电容 C_i 及压电传感器的内阻 R_a。所以压电传感器的实际等效电路如图 2-11 所示。

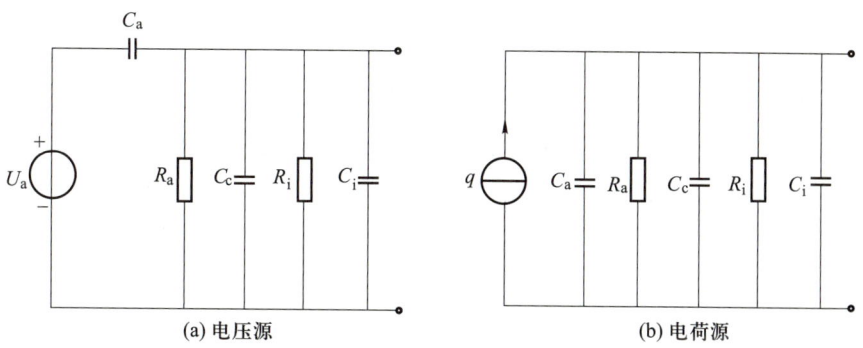

(a) 电压源   (b) 电荷源

图 2-11　压电传感器的实际等效电路

4. 压电传感器的测量电路

压电传感器的输出信号非常微弱,需要接入一个前置放大器,前置放大器的作用是将压电传感器的高输出阻抗变换为低输出阻抗,并且实现信号放大。**压电传感器的输出可以是电压信号,也可以是电荷信号,因此前置放大器也有两种形式:电压放大器和电荷放**

大器。如图 2-12 所示的为电压放大器,理想情况下,电压放大器的输入电压为

$$U_i = \frac{q}{C_a + C_c + C_i} \tag{2-11}$$

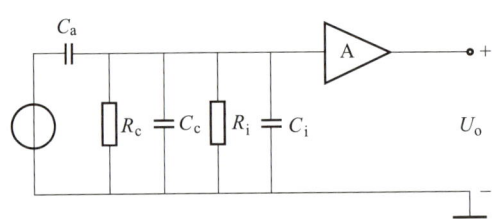

图 2-12   电压放大器原理电路

从式(2-11)可以看出**电压放大器的输入电压与连接电缆的分布电容 C_c 有关**。当压电传感器和电压放大器之间的连接电缆更换或长度发生变化时,连接电缆的分布电容 C_c 也发生变化,进而影响测量结果,所以现在常用的是电荷放大器。电荷放大器原理电路如图 2-13 所示。实验证明,电荷放大器的输出为

$$U_o \approx -\frac{q}{C_f} \tag{2-12}$$

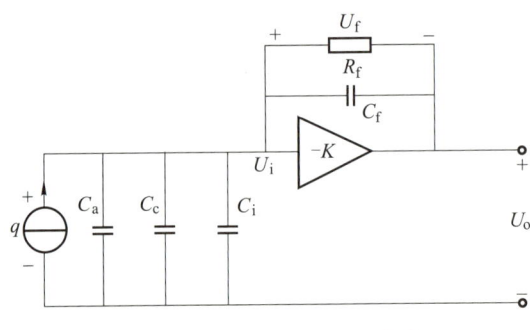

图 2-13   电荷放大器原理电路

电荷放大器的输出与分布电容 C_c 无关,只取决于输入电荷和反馈电容,且与 q 成正比,连接电缆的分布电容变化不影响灵敏度,所以电荷放大器可以远距离传输。

操作训练

任务一 · 电阻应变片式传感器测量砝码重量

1. 目的要求

(1)了解电阻应变片式传感器的结构和分类。

(2)掌握电阻应变片的工作原理。

(3)熟悉直流电桥的三种工作方式及其输出特性。

(4)学会利用电阻应变片式传感器测量砝码重量。

文本

我国首个具有完全自主知识产权的高量级压电式冲击传感器

项目准备

项目二设备和工具列表

2. 仪器设备及器材

直流电压表、直流稳压电源、应变传感器实验模块(电阻应变片式传感器已安装在实验模块上)、砝码、托盘、导线等。

3. 操作步骤

（1）了解本任务所需的仪器设备及器材

直流稳压电源、直流电压表在 THSRZ-2 型实验装置的实验台上。应变传感器实验模块如图 2-14 所示，**在该实验模块上安装了一个悬臂梁，它是一种弹性敏感元件，一端为固定端，另一端为受力端，在受力端安装了一个托盘。四个电阻应变片就贴在悬臂梁的上、下表面，一面贴两个应变片，如图 2-15 所示。当砝码放置在托盘上时，悬臂梁受力，其上、下表面会产生机械形变，导致上表面的两片应变片被拉伸，下表面的两片应变片被压缩，引起应变片电阻的变化。** 将电阻应变片接入直流电桥，通过差分放大电路输出，就将电阻的变化转换成电压的变化，所以输出电压的大小直接反映砝码的重量。

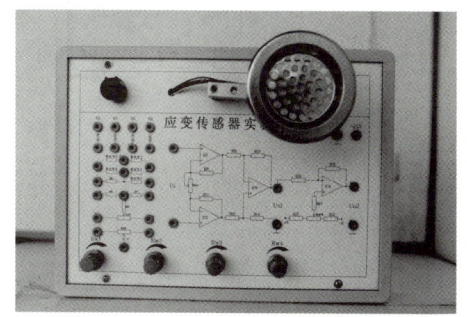

图 2-14 应变传感器实验模块

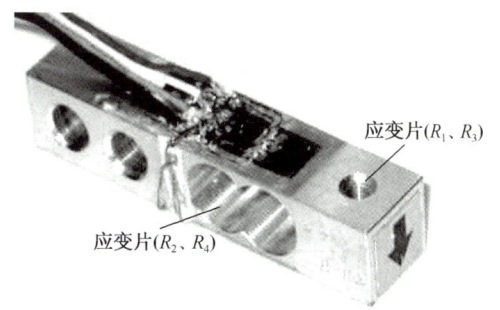

应变片(R_1、R_3)

应变片(R_2、R_4)

图 2-15 悬臂梁和应变片

（2）差分放大电路调零

应变传感器实验模块中差分放大电路所需的 ±15 V 电源从实验台的直流稳压电源接入，将差分放大电路的输入端 U_i 短接，输出端 U_{o2} 接直流电压表，打到 2 V 挡。检查无误后，合上实验台电源开关，打开直流稳压电源开关，将电位器 R_{w3} 调到最大位置（顺时针转到底），调节电位器 R_{w4} 使直流电压表显示为 0 V，如图 2-16 所示。调零完毕后，关闭直流稳压电源开关。**注意：R_{w3}、R_{w4} 的位置确定后不能改动。**

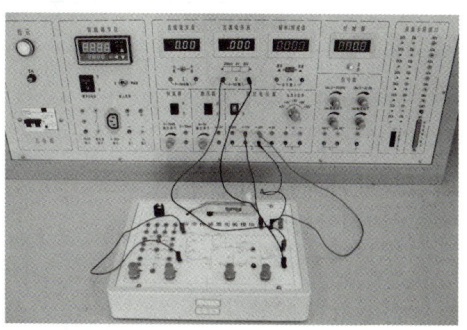

图 2-16 差分放大电路调零接线图

（3）惠斯通电桥的接线

拔掉差分放大器输入端的短接线，按图 2-17 连线，将悬臂梁上的一个电阻应变片 R_1 与固定电阻 R_5、R_6、R_7 接入电路构成一个惠斯通电桥。图中惠斯通电桥的输入电压 ± 4 V 由实验台的可调电压源接入。

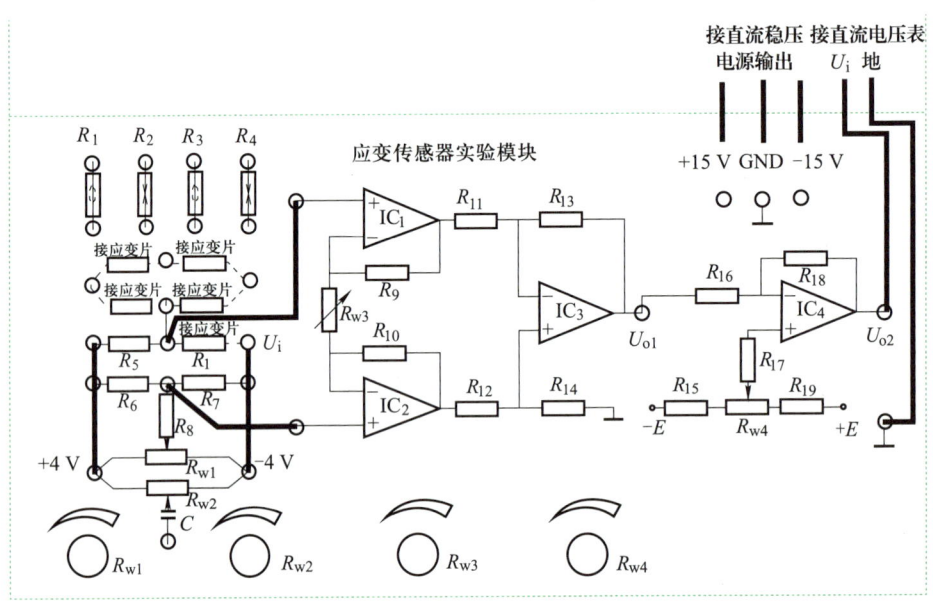

图 2-17　惠斯通电桥接线图

（4）惠斯通电桥输出调零

在悬臂梁一端加上托盘，并且将直流电桥输出接到差分放大电路的输入端 U_i，检查接线无误后，合上直流稳压电源开关，预热 5 min，调节 R_{w1} 使直流电压表显示为零。

（5）采用惠斯通电桥对砝码称重

在托盘上放置一只标准砝码（20 g），读取直流电压表的数值，并记录在表 2-1 中，依次增加砝码和读取相应的直流电压表的数值，直到 10 个砝码即 200 g 砝码加完。

表 2-1　砝码重量和惠斯通电桥输出电压的关系

重量/g										
电压/mV										

（6）双臂电桥的接线

关闭实验台电源，拔掉惠斯通电桥的接线。重复实验步骤（2），并保持差分放大电路中的 R_{w3}、R_{w4} 位置不变。按图 2-18 所示，将电阻应变片 R_1、R_2 与固定电阻 R_6、R_7 接入构成双臂电桥。

（7）双臂电桥输出调零

将双臂电桥输出接到差分放大电路的输入端，检查接线无误后，接通电源，调节 R_{w1} 使电压表显示为零。

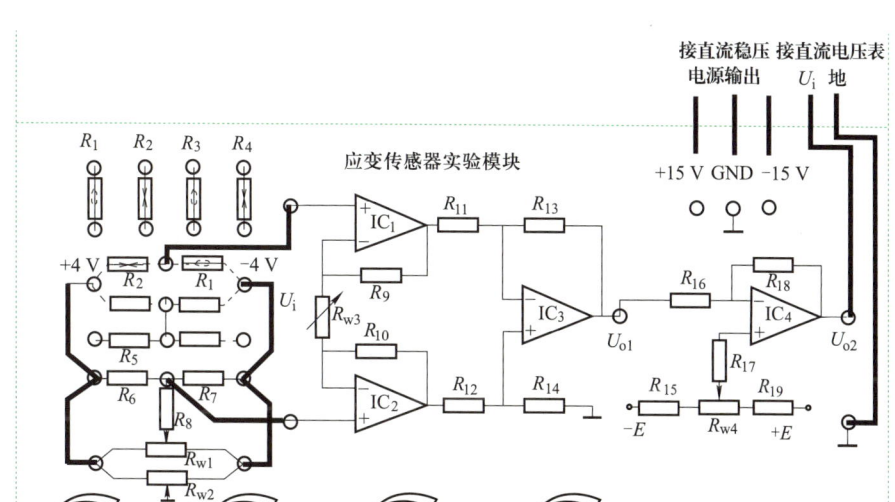

图 2-18　双臂电桥接线图

（8）采用双臂电桥对砝码称重

在托盘上依次放上 10 个标准砝码（每个 20 g），每增加一个砝码，读取一次直流电压表的数值，并记录在表 2-2 中。完成后关闭直流稳压电源开关，并拔掉双臂电桥的接线。

表 2-2　砝码重量和双臂电桥输出电压的关系

重量/g										
电压/mV										

（9）全等臂电桥的接线

重复步骤（2），并保持差分放大电路 R_{w3}、R_{w4} 的位置不变，拔掉双臂电桥的接线，按图 2-19 所示，将电阻应变片 R_1、R_2、R_3、R_4 接入电桥组成全桥工作方式。

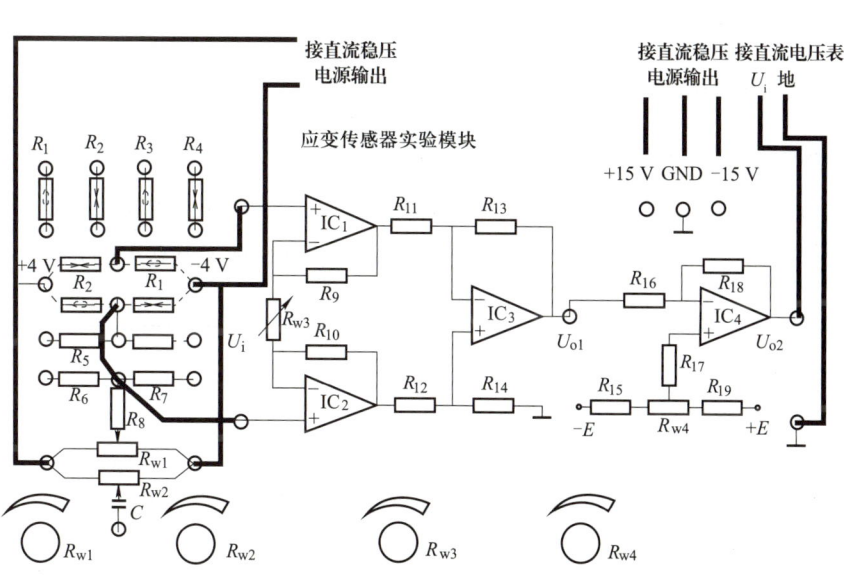

图 2-19　全等臂电桥接线图

（10）全等臂电桥的输出调零

将全等臂电桥的输出接到差分放大电路的输入端，检查接线无误后，接通电源，通过调节 R_{w1} 调零。

（11）采用全等臂电桥对砝码称重

在托盘上依次放上 10 个标准砝码（每个 20 g），每增加一个砝码就读取相应的直流电压表的数值，并记录在表 2-3 中。

表 2-3　砝码重量和全等臂电桥输出电压的关系

重量/g										
电压/mV										

（12）实验结束后，关闭实验台电源，整理好实验设备

4. 任务内容和评分标准

表 2-4　项目二任务一评分表

任　务　内　容	配分	评　分　标　准	得分
认识本任务所需仪器设备及器材	10	遗漏一个仪器设备及器材，扣 2 分，最多扣 10 分	
差分放大电路调零	10	（1）接线错误，每处扣 2 分，最多扣 6 分 （2）调零不正确，每处扣 2 分，最多扣 4 分	
惠斯通电桥接线	10	接线错误，每处扣 2 分，最多扣 10 分	
惠斯通电桥调零	5	调零不正确，扣 5 分	
惠斯通电桥测量砝码重量	5	读数不正确，扣 5 分	
双臂电桥接线	10	接线错误，每处扣 2 分，最多扣 10 分	
双臂电桥调零	5	调零不正确，扣 5 分	
双臂电桥测量砝码重量	5	读数不正确，扣 5 分	
全等臂电桥接线	10	接线错误，每处扣 2 分，最多扣 10 分	
全等臂电桥调零	5	调零不正确，扣 5 分	
全等臂电桥测量砝码重量	5	读数不正确，扣 5 分	
团结协作意识	10	小组共同完成项目，组员缺乏合作意识，扣 10 分	
正确使用设备和工具	10	只要不符合安全操作要求，就从总分中扣除	
总得分		教师签字	

做一做

电阻应变片式传感器除了可以制作成电子秤测量物体重量之外，还可以测量物体的扭矩。如果感兴趣的话，按照下面的实验步骤自己动手做一下，做完了别忘了给自己评分。

1. 仪器设备及器材

直流电压表、直流稳压电源、应变传感器实验模块、扭矩传感器、砝码、托盘、导线等。

2. 操作步骤

（1）了解所需的仪器设备及器材

采用的扭矩传感器是一段圆截面的扭转棒（测量横杆）。当棒端承受力矩 M 时，在棒边面产生的最大剪切应力为

$$\tau_{\max} = M \Big/ \left(\dfrac{J}{r}\right) \tag{2-13}$$

式中：M ——力矩；

$\quad\quad r$ ——扭转棒圆半径；

$\quad\quad J$ ——扭转棒横截面对圆心的极惯性矩。

式(2-13)表明，**棒边面产生的最大剪切力与作用的力矩 M 成正比**，将金属箔式应变片贴在垂直于应力的方向上，组成全桥输出，则可线性地反映出扭矩的变化，如图 2-20 所示。

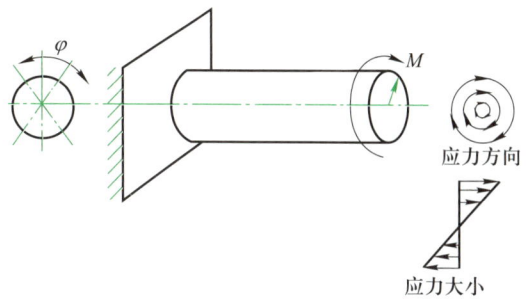

图 2-20　扭矩传感器工作原理图

（2）差分放大电路调零

应变传感器实验模块中差分放大电路所需的 ±15 V 电源从实验台的直流稳压电源接入，将差分放大电路的输入端 U_i 短接，输出端 U_{o2} 接直流电压表，打到 2 V 挡。检查无误后，合上实验台电源开关，将电位器 R_{w3} 调到最大位置（顺时针转到底），调节电位器 R_{w4} 使直流电压表显示为 0 V，如图 2-21 所示。调零完毕后，关闭实验台电源。**注意：R_{w3}、R_{w4} 的位置确定后不能改动。**

（3）安装测量横杆，全等臂电桥接线和调零

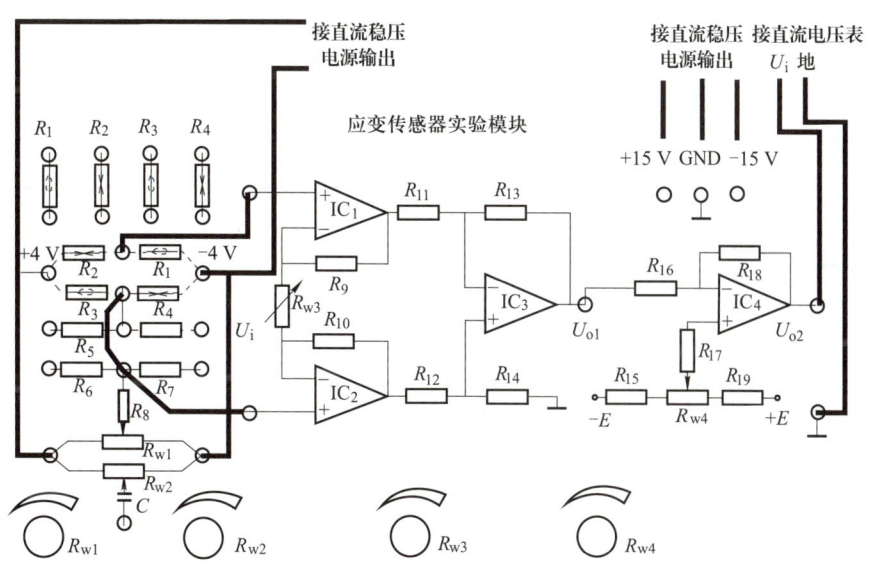

图 2-21　扭矩传感器接线图

扭矩传感器的测量横杆装入扭矩传感器，4 根引出线接入应变传感器实验模块构成全桥。每个桥臂的阻值均为 $700\,\Omega$，通过万用表测量找出两根引出线之间电阻为 $700\,\Omega$ 的两组引线，作为全桥的两个对角，接入应变传感器实验模块中，并将全桥的输出接入差分放大电路保持扭矩传感器不动，调节 R_{w1} 使 U_{o2} 输出为零。

（4）测量扭矩

将砝码盘挂在测量横杆的第一个刻槽内（5 cm 处），读取直流电压表数值，依次往砝码盘内加砝码并读取相应的数值，直到 200 g 砝码加完（扭矩 $M = FL = mgL$），然后依次从砝码盘内取出砝码，记下实验结果，填入表 2-5 中。

将砝码盘挂在横杆的不同刻槽内，重复步骤（4），观察扭矩的变化。

表 2-5　扭矩和应变传感器实验模块输出电压的关系

扭矩/N·M	0.0	0.05	0.1	0.15	0.2	0.25	0.3	0.35	0.4	0.45	0.5
输出电压/mV											

3. 任务内容和评分标准

表 2-6　评分表

任 务 内 容	配分	评 分 标 准	得分
认识本任务所需仪器设备及器材	10	遗漏一个仪器设备及器材，扣 2 分，最多扣 10 分	
差分放大电路调零	10	（1）接线错误，每处扣 2 分，最多扣 6 分 （2）调零不正确，每处扣 2 分，最多扣 4 分	
安装测量横杆，全等臂电桥接线	30	（1）安装错误，扣 10 分 （2）接线错误，每处扣 2 分，最多扣 20 分	
全等臂电桥调零	10	调零不正确，扣 10 分	
测量扭矩	20	读数不正确，每处扣 5 分，最多扣 20 分	
团结协作意识	10	小组共同完成项目，组员缺乏合作意识，扣 10 分	
正确使用设备和工具	10	只要不符合安全操作要求，就从总分中扣除	
总得分		教师签字	

任务二 · 压阻式压力传感器测量气体压力

1. 目的要求

（1）了解压阻效应。

（2）了解压阻式压力传感器的结构。

（3）掌握压阻式压力传感器的工作原理。

（4）学会利用压阻式压力传感器测量气体压力。

2. 仪器设备及器材

直流电压表、直流稳压电源、压力传感器实验模块（压阻式压力传感器已安装在实验模块上)、导线等。

3.操作步骤

（1）了解本任务所需的仪器设备及器材

直流稳压电源、直流电压表已经装在 THSRZ-2 型实验装置的实验台上。**压力传感器实验模块采用的是摩托罗拉公司生产的 MPX10 系列的压阻式压力传感器，该压力传感器有两个输入口，P_1 端为正压力输入口，P_2 端为负压力输入口，对外有 4 个引出脚，1 脚接地、2 脚为 U_{o+}、3 脚接 +5 V 电源、4 脚为 U_{o-}**，如图 2-22 所示。

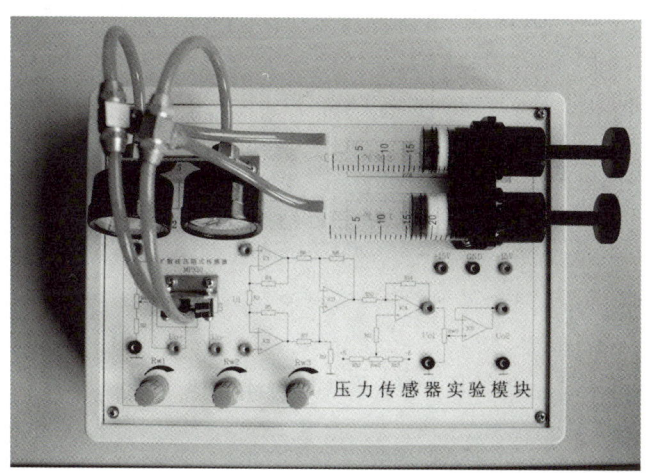

图 2-22 压力传感器实验模块

MPX10 系列压阻式压力传感器的单晶硅片的中央被刻蚀成正方形、厚度较薄的膜片，作为承受均布压力的区域。膜片边缘制作出四个硅应变电阻，排列成英文字母 X 形，如图 2-23 所示。当硅片受到从上往下的压力时，X 形硅电阻的压阻效应呈各向异性。当 1、3 脚有恒流输入时，2、4 脚两端的输出电压 U_o 与硅片所受的压力成正比。**当 $p_1 > p_2$ 时，压力传感器输出为正，反之为负。**

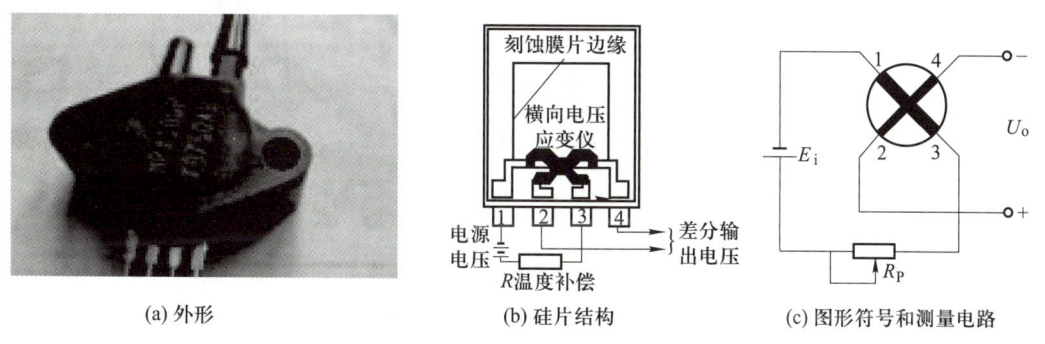

(a) 外形   (b) 硅片结构   (c) 图形符号和测量电路

图 2-23 MPX10 压力传感器

（2）气路连接和调试

观察如图 2-24 所示的气路，气室 1 的压力为 p_1，通过气压计 1 显示其压力大小，同理气室 2 的压力为 p_2,通过气压计 2 显示其压力大小,将气室 1、2 的活塞推到 17 mL 处,此时两个气室的压力相等,相对于大气压均为 0 MPa。

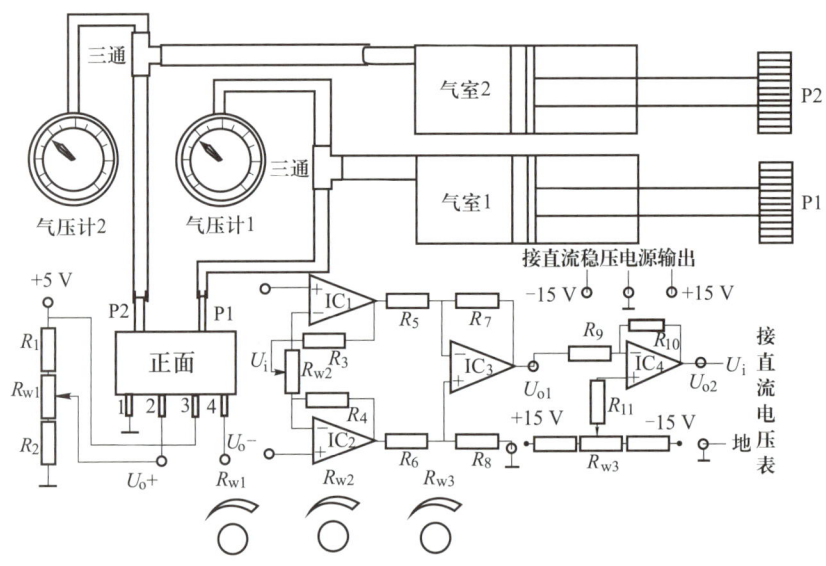

图 2-24　压力传感器接线图

（3）差分放大电路调零

从实验台将 ±15 V 直流稳压电源接至压力传感器实验模块,并将模块输出端 U_{o2} 接实验台上直流电压表,电压表打至 200 mV 挡,调节 R_{w2} 到中间位置并保持不动,用导线将差分放大电路的输入端 U_i 短路,接通电源,然后调节 R_{w3} 使直流电压表显示为零,如图 2-25 所示。调零完成后,关闭实验台电源。

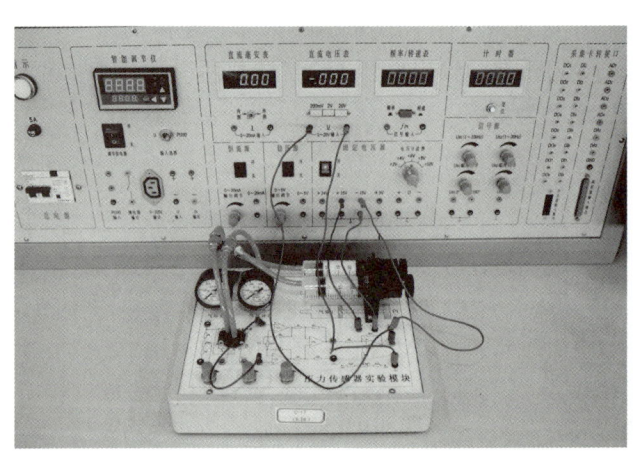

图 2-25　差分放大电路调零

（4）压阻式压力传感器调零

取下短路导线,从实验台将 +5 V 直流稳压电源接至压力传感器实验模块,并将 MPX10 压力传感器的输出接到差分放大电路的输入端 U_i,打开实验台电源,调节 R_{w1} 使直流电压表显示为零,如图 2-26 所示。

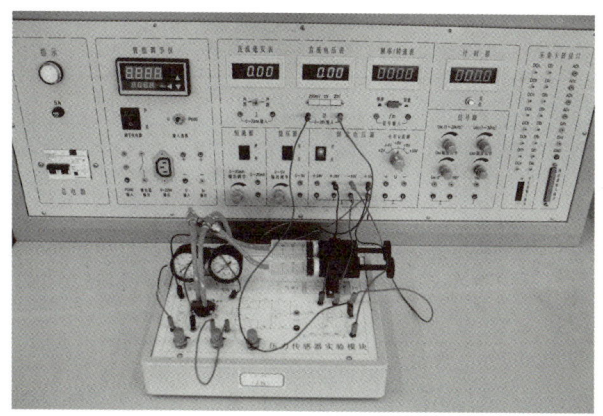

图 2-26 压阻式压力传感器调零

(5)压力差测量

保持负压力 p_2 为 0 MPa 不变,增大正压力 p_1 的压力,每隔 0.005 MPa,将实验模块输出 U_{o2} 的电压值记录在表 2-7 中,直到 p_1 的压力达到 0.095 MPa。

表 2-7　正压力 p_1 与压力传感器实验模块输出电压的关系($p_2 = 0$ MPa)

p_1/MPa									
U_{o2}/V									

保持正压力 p_1 为 0.095 MPa 不变,增大负压力 p_2 的压力,每隔 0.005 MPa,在表 2-8 中记录下实验模块输出 U_{o2} 的电压值,直到 p_2 的压力达到 0.095 MPa。

表 2-8　负压力 p_2 与压力传感器实验模块输出电压的关系($p_1 = 0.095$ MPa)

p_2/MPa									
U_{o2}/V									

保持负压力 p_2 为 0.095 MPa 不变,减小正压力 p_1 的压力,每隔 0.005 MPa,在表 2-9 中记录下实验模块输出 U_{o2} 的电压值,直到 p_1 的压力减至 0 MPa。

表 2-9　正压力 p_1 与压力传感器实验模块输出电压的关系($p_2 = 0.095$ MPa)

p_1/MPa									
U_{o2}/V									

保持正压力 p_1 为 0 MPa 不变,减小负压力 p_2 的压力,每隔 0.005 MPa,在表 2-10 中记录下实验模块输出 U_{o2} 的电压值,直到 p_2 的压力减至 0 MPa。

表 2-10　负压力 p_2 与压力传感器实验模块输出电压的关系($p_1 = 0$ MPa)

p_2/MPa									
U_{o2}/V									

视频

压阻式压力
传感器测量
气体压力——
压力差测量

（6）实验结束后，关闭实验台电源，整理好实验设备

4. 任务内容和评分标准

表 2-11　项目二任务二评分表

任　务　内　容	配分	评　分　标　准	得分
认识本任务所需仪器设备及器材	10	遗漏一个仪器设备及器材，扣 2 分，最多扣 10 分	
差分放大电路调零	20	（1）接线错误，每处扣 2 分，最多扣 10 分 （2）调零不正确，每处扣 5 分，最多扣 10 分	
压阻式压力传感器调零	10	（1）接线错误，每处扣 2 分，最多扣 6 分 （2）调零不正确，扣 4 分	
压力差测量	40	（1）正、负压力值调节错误，每处扣 5 分，最多扣 10 分 （2）电压表量程选择错误，每处扣 2 分，最多扣 10 分 （3）读数不正确，每处扣 2 分，最多扣 20 分	
团结协作意识	10	小组共同完成项目，组员缺乏合作意识，扣 10 分	
正确使用设备和工具	10	只要不符合安全操作要求，就从总分中扣除	
总得分		教师签字	

想一想

根据上面的实验结果，考虑一下，能不能对压阻式压力传感器的气路进行小的修改，将其变成能够测量表压的压力传感器？（提示：表压是指相对于大气压的压力。）

任务三·压电式传感器测量悬臂梁振动

1. 目的要求

（1）了解压电效应及其应用。

（2）了解压电元件的分类。

（3）掌握压电传感器的工作原理。

（4）学会利用压电传感器测量悬臂梁的振动频率。

2. 仪器设备及器材

信号源、直流稳压电源、压电传感器实验模块、压电传感器、移相检波低通实验模块、示波器、导线等。

3. 操作步骤

（1）了解本任务所需的仪器设备及器材

信号源、直流稳压电源、示波器均在实验台上。**压电传感器如图 2-27（a）所示，由惯性质量块和压电陶瓷片等组成，将压电传感器放置在振动源的悬臂梁上，当悬臂梁开始振动后，压电传感器的质量块与悬臂梁一起以相同的频率振动，这样质量块上下振动就给压电陶瓷片施加一个交变的力信号，由于正压电效应，压电陶瓷片表面产生电荷，电荷的极性和大小正比于交变的力信号。将这些电荷通过压电传感器实验模块和移相检波低通实验模块，转**

换成电压输出,通过测量输出电压就可以知道悬臂梁的共振频率。

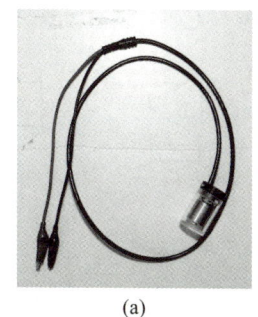 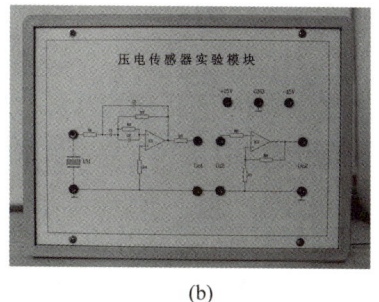

(a)　　　　　　　　(b)

图 2-27　压电传感器和压电传感器实验模块

(2)安装压电传感器

如图 2-28 所示,将压电传感器安装在振动梁的圆盘上。

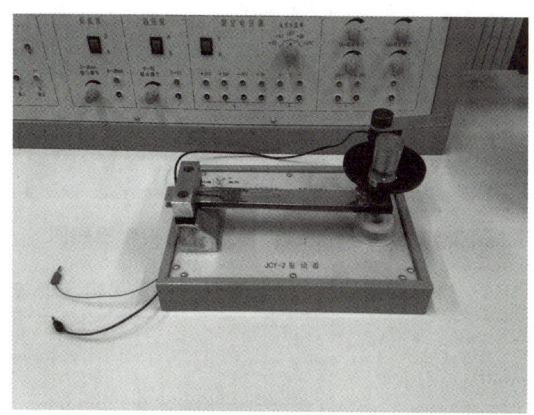

图 2-28　压电传感器安装图

(3)调节悬臂梁的振动幅度

将实验台上的信号源的 U_{S2} 接到振动源的"低频输入"端,检查接线无误后,合上实验台电源开关,调节 U_{S2} 幅度到最大、频率调至适当位置,使悬臂梁的振幅逐渐增大。

(4)压电传感器实验模块、移相检波低通实验模块的接线

将压电传感器的输出端接到压电传感器模块的输入端 U_{i1},再将压电传感器实验模块上的 U_{o1} 接 U_{i2},再将 U_{o2} 接移相检波低通实验模块的低通滤波器输入 U_i,最后将低通滤波器的输出 U_o 接示波器,具体的接线图如图 2-29 所示,实物接线图如图 2-30 所示。

(5)测量共振频率

改变 U_{S2} 的频率,记录振动源不同振动频率下压电传感器输出波形的幅值,填入表 2-12 中,并由此得出悬臂梁的共振频率。

(6)实验结束后,关闭实验台电源,整理好实验设备

压电传感器实验模块

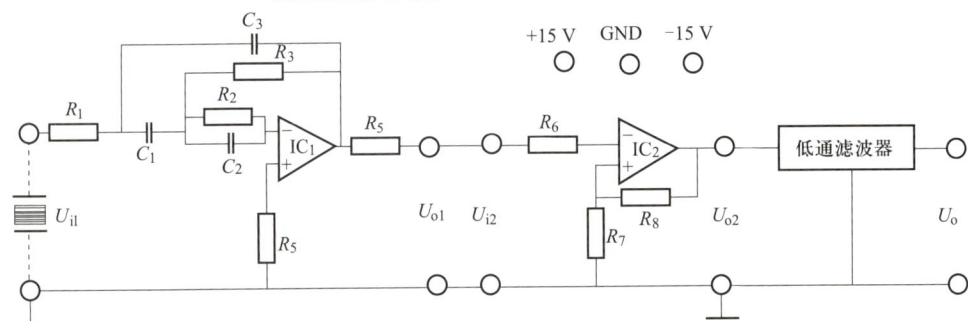

图 2-29　压电传感器测量振动的接线图

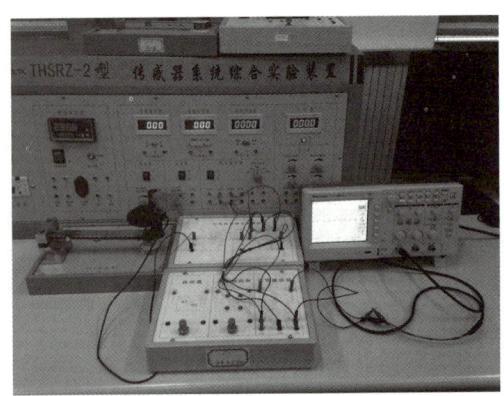

图 2-30　压电传感器测量振动的实物接线图

表 2-12　悬臂梁振动频率与压电传感器输出电压的关系

振动频率/Hz	5	6	7	8	9	10	11	12	13	14	15	18	20	22	24	26	30
$V_{p\text{-}p}$/V																	

4.任务内容和评分标准

表 2-13　项目二任务三评分表

任 务 内 容	配分	评 分 标 准	得分
认识本任务所需仪器设备及器材	10	遗漏一个仪器设备及器材,扣2分,最多扣10分	
安装压电传感器	10	安装位置错误,扣10分	
调节悬臂梁的振动幅度	20	(1) 接线错误,每处扣2分,最多扣10分 (2) 振动幅度不是最大,扣10分	
压电传感器实验模块、移相检波低通实验模块的接线	20	接线错误,每处扣2分,最多扣20分	
测量共振频率	20	(1) 读数不正确,每处扣2分,最多扣10分 (2) 共振频率选择错误,扣10分	
团结协作意识	10	小组共同完成项目,组员缺乏合作意识,扣10分	
正确使用设备和工具	10	只要不符合安全操作要求,就从总分中扣除	
总得分		教师签字	

请查阅相关的资料,找到压电传感器测量物体的加速度或动态力的应用实例,并分析其结构和工作原理。

知识拓展

MEMS 压力传感器

微机电系统(microelectromechanical systems,MEMS)是指集微型传感器、执行器以及信号处理和控制电路、接口电路、通信和电源于一体的微型机电系统。MEMS 压力传感器是发展最早且市场占有率极大的微型传感器,目前应用领域已大大扩展,远远突破了在工业变送器等领域的传统应用。**MEMS 压力传感器可分为压阻式和电容式两种**。

图文

力传感器在
中国空间站
机械臂中的
应用

1. 压阻式 MEMS 压力传感器

压阻式 MEMS 压力传感器结构如图 2-31 所示,上下两层是玻璃体,中间是硅片,硅片中部做成一应力杯,其应力硅薄膜上部有一真空腔,使之成为一个典型的压力传感器。采用 MEMS 技术直接将四个高精密半导体应变片刻制在应力硅薄膜表面应力最大处,组成惠斯通测量电桥。当外面的压力经引压腔进入传感器应力杯中时,应力硅薄膜会因受外力作用而微微向上鼓起,发生弹性形变,四个半导体应变片阻值发生变化,电桥输出与压力成正比的电压信号,其测量精度能达 $0.01\%\sim0.03\%$FS。图 2-32 是压阻式 MEMS 压力传感器实物图。

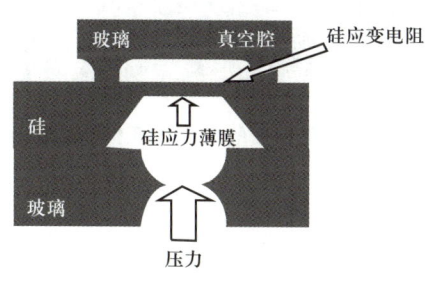

图 2-31 压阻式 MEMS 压力传感器结构

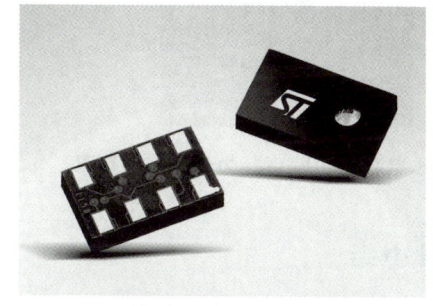

图 2-32 压阻式 MEMS 压力传感器实物图

2. 电容式 MEMS 压力传感器

如图 2-33 所示电容式 MEMS 压力传感器利用 MEMS 技术在硅片上制造出横隔栅状,

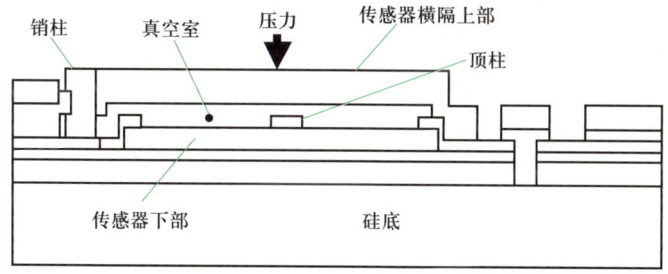

图 2-33 电容式 MEMS 压力传感器结构

上下两根横隔栅成为一组电容式压力传感器,上横隔栅受压力作用向下移动,改变了上下两根横隔栅的间距,也就改变了两个横栅格之间的电容量的大小。电容式 MEMS 压力传感器实物如图 2-34 所示。

MEMS 压力传感器主要应用于汽车方面,可用来测量进气歧管压、大气压、油压、轮胎气压等。

汽车电控燃油喷射系统 EFI 要使用多重压力 MAP 传感器,监测发动机进气歧管绝对压力,提高其动力性能,降低油耗,减少废气排放。微型硅压阻式 MEMS 压力传感器可用于发动机废气循环系统,替代陶瓷电容式压力传感器,汽车空调压缩机中的压力测量也是 MEMS 的一个很大市场。除现有的各种应用外,另一个极具市场前景的是轮胎气压自动监测系统,如图 2-35 所示。MEMS 压力传感器适合于任何类型的轮胎,在轮胎胎壁埋设一小块压力敏感芯片,自动测量轮胎气压、温度、转速和其他一些数据,并用特定的代码发送出来,这样可提高安全系数,缩短制动距离 5%～10%,并能降低油耗 10%左右。

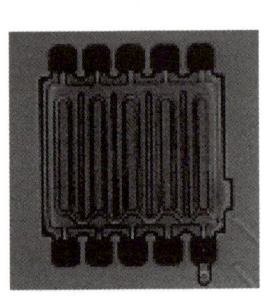

图 2-34　电容式 MEMS 压力传感器实物图

胎压监测
传感器

图 2-35　测量胎压的 MEMS 压力传感器

项目小结

电阻应变片式传感器是利用应变效应进行检测的。电阻应变片可以分为金属和半导体两大类。电阻应变片构成的力传感器具有体积小、耐冲击、输出信号小、受温度影响大的特点。

压阻式压力传感器是利用压阻效应原理工作的。压阻式压力传感器体积小、灵敏度高、坚固,可以用于测量气体、液体的压力或压力差。

压电式传感器是利用压电效应进行检测的。压电式传感器具有体积小、重量轻、结构简单、工作可靠等优点,但是不适合测量静态力。

习　题

一、填空题

1. 半导体应变片的主要优点是_____。

2. 电阻应变式传感器的测量转换电路为直流电桥,电桥灵敏度高、线性好、有温度自动补偿功能的是_____。

3. 影响金属导电材料应变灵敏系数 K 的主要因素是_____。

4. 制作应变片敏感栅的材料中,用得最多的金属材料是_____。

5. 压阻式固态压力传感器是利用硅的_____效应和集成电路技术制成的新型传感器。

6. 压电材料在使用中一般是两片以上,在以电荷作为输出的地方一般是把压电元件_____起来,而当以电压作为输出的时候则一般是把压电元件_____起来。

7. 压电式传感器利用压电效应工作,常用的前置放大器有_____和_____。

8. 用石英晶体制作的压电式传感器,晶面上产生的_____与作用在晶面上的压强成正比,而与晶片_____和面积无关。

二、问答题

1. 什么是应变效应?

2. 电阻应变片可以分为哪几种?各有什么特点?

3. 什么是压阻效应?

4. 压阻式传感器可以测量哪些物理量?

5. 说明压电效应的原理。

6. 简述压电式传感器前置放大器的作用及两种形式各自的优缺点。

项目三　测量温度

思维导图

测量温度

项目引入

测量温度

学习目标

测量温度

文本

接触式测温
与非接触式
测温比较

项目简介

　　温度是表示物体冷热程度的物理量，从微观上来讲是物体分子热运动的剧烈程度，即分子运动越快，物体越热，温度越高；分子运动越慢，物体越冷，温度越低。温度测量在日常生活、生产、科研中占重要的地位，但是温度不能直接测量，只能通过物体随温度变化的某些特性来间接测量。

　　温度数值的表示方法称为温标，它规定了温度的读数起点（零点）和测量温度的基本单位。目前国际上用得较多的温标有华氏温标（℉）、摄氏温标（℃）和热力学温标，其中世界通用的国际温标是热力学温标。由于是开尔文根据热力学第二定律提出来的，因此又称开氏温标。它的符号是 **T**，其单位是开尔文（符号为 **K**）。我国和很多国家使用的是摄氏温标，该温标是把标准大气压下水的冰点规定为 0 度，水的沸点规定为 100 度。根据水这两个固定温度点来对玻璃水银温度计进行分度。两点间作 100 等分，每一份称为 1 摄氏度，记作1 ℃，它的符号是 t。由于水的冰点的温度为 273.15 K，所以两种温标的换算公式为

$$t/\text{℃} = T/\text{K} - 273.15 \tag{3-1}$$

　　温度测量的方法有很多种，根据感温元件是否与被测介质接触，可分为接触式测温法和非接触式测温法两大类。接触式测温法的特点是测温元件直接与被测对象接触，结构简单，工作可靠。采用接触式测温法的温度传感器有膨胀式温度计、热电阻传感器、热电偶等，如图 3-1 所示。非接触式测温法的特点是感温元件不与被测对象相接触，而是通过辐射进行

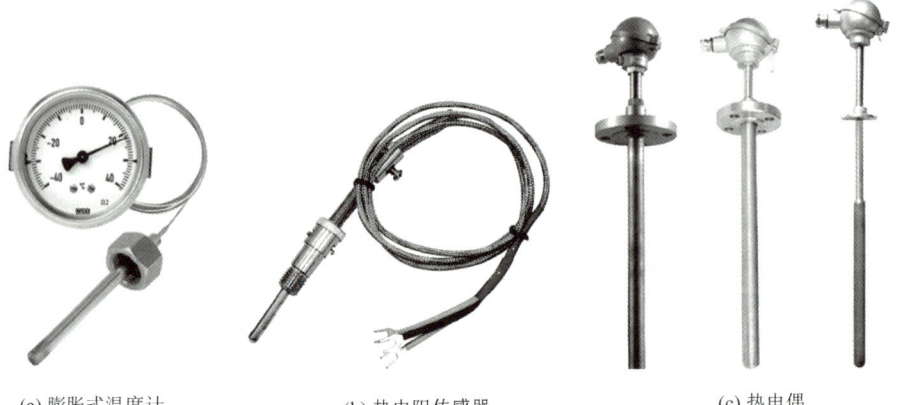

(a) 膨胀式温度计　　　　(b) 热电阻传感器　　　　(c) 热电偶

图 3-1　用于接触式测温的温度传感器

热交换,故可以避免接触式测温法的缺点,具有较高的测温上限,对于 1 800 ℃ 以上的高温,主要采用非接触式测温法,主要是采用红外辐射温度计、光学高温温度计等,如图 3-2 所示。

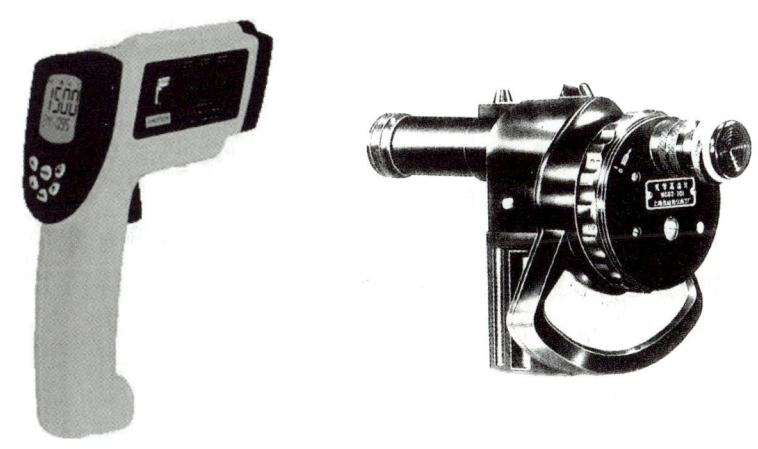

(a) 红外辐射温度计 　　　　　　(b) 光学高温温度计

图 3-2　用于非接触式测温的温度传感器

随着科学技术的发展,温度传感器逐步向微型化、无线化和智能化发展,例如:在北京冬奥会期间,我国就推出了集定位、报警于一体的"体温贴",其外观小巧,可以直接贴在腋下,通过手机 App 绑定,远程将测量的体温数据上传数据后台,如果体温异常就会自动报警。

相关知识

一、热电偶

1. 热电效应

将两种不同的导体或半导体组成一个闭合回路,如图 3-3 所示。当两结点处的温度不同时,回路中将产生一个电动势,这种现象称为**热电效应**。由两种导体组成的回路称为**热电偶**,组成该回路的两种导体称为**热电极**,热电极的两端结点处温度不同,一端温度为 T,称为测量端(也称工作端)或热端,另一端温度为 T_0,称为自由端(也称参考端)或冷端。**热电偶回路中产生的电动势则称为热电动势,该电动势的方向和大小与导体的材料及两结点的温度有关。**

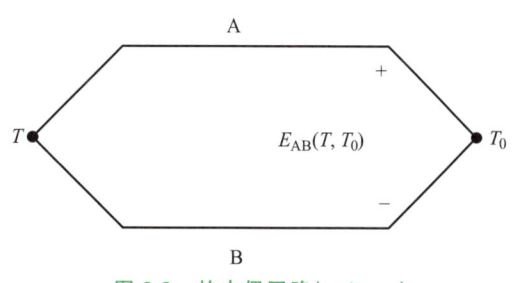

图 3-3　热电偶回路($n_A > n_B$)

热电偶产生的热电动势由接触电动势和温差电动势两种电动势组成。

如果导体 A 的电子密度大于导体 B 的电子密度(即 $n_A > n_B$),则在同一瞬间由导体 A 扩散到导体 B 的电子将比由导体 B 扩散到导体 A 的电子多,因而导体 A 失去电子带正电,导体 B 获得电子带负电,在接触处便产生电场,导体 A、B 之间便产生了一定的接触电动势。

对于任何一种金属,当其两端温度不同时,两端的自由电子浓度也不同,温度高的一端自由电子浓度大,温度低的一端浓度小。高温端的自由电子要向低温端扩散,高温端因失去电子而带正电,低温端得到电子而带负电,形成温差电动势,又称汤姆森电动势。

实践证明,在热电偶回路中起主要作用的是接触电动势,温差电动势只占极小部分,可以忽略不计,所以热电偶回路的热电动势可以写成

$$E_{AB}(T, T_0) = e_{AB}(T) - e_{AB}(T_0) \tag{3-2}$$

式(3-2)中,由于导体 A 的电子密度大于导体 B 的电子密度,所以导体 A 为正极,导体 B 为负极。脚注 AB 的顺序表示电动势的方向。

由式(3-2)可以看出,**热电偶回路中热电动势的大小只与组成热电偶的导体材料和两结点的温度有关**,而与热电偶的直径、形状和几何尺寸无关。当热电偶两电极材料固定后,热电动势便是两结点温度 T 和 T_0 的函数差,即

$$E_{AB}(T, T_0) = f(T) - f(T_0) \tag{3-3}$$

如果使冷端温度 T_0 保持不变,则热电动势便成为测量端温度 T 的单一函数,即

$$E_{AB}(T, T_0) = f(T) - C \tag{3-4}$$

动画

热电偶工作
原理演示
实验

由式(3-4)可以看出,**当自由端 T_0 恒定时,热电偶产生的热电动势只随测量端温度的变化而变化**,只要用测量热电动势的方法就可测得实际的温度,完成测温的任务。

2. 热电偶的基本定律

(1) 均质导体定律

如果**热电偶回路中的两个热电极材料相同,无论两结点的温度如何,总的输出的热电动势为零**。根据这个定律,可以检验两个热电极材料成分是否相同(称为同名极检验法),也可以检查热电极材料的均匀性。

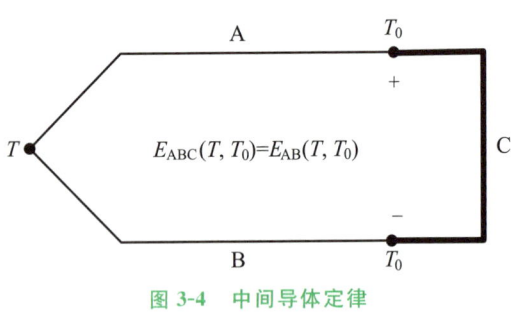

图 3-4 中间导体定律

(2) 中间导体定律

中间导体定律是在热电偶回路中接入第三种导体,只要第三种导体的两结点温度相同,则回路中总的热电动势不变,如图 3-4 所示。热电偶的这种性质在实际测温时有着重要的意义,它使我们可以方便地在回路中直接接入各种类型的显示仪表或调节器,即将各种显示仪表或调节器看作是中间导体,只要保证它们的两端温度相同,就不会影响热电偶的热电动势。

(3) 中间温度定律

热电偶在两结点温度为 T、T_0 时的热电动势等于该热电偶在结点温度为 T、T_n 和 T_n、T_0 时的相应热电动势的代数和。

如图 3-5 所示,热电偶的两个结点温度为 T_1、T_2 时,热电动势为 $E_{AB}(T_1, T_2)$;两结点温度为 T_2、T_3 时,热电动势为 $E_{AB}(T_2, T_3)$,那么当两结点温度为 T_1、T_3 时的热电动势则为

$$E_{AB}(T_1, T_3) = E_{AB}(T_1, T_2) + E_{AB}(T_2, T_3) \tag{3-5}$$

式(3-5)就是中间温度定律的表达式。如：$T_1 = 100\ ℃$，$T_2 = 20\ ℃$，$T_3 = 0\ ℃$，则

$$E_{AB}(100, 0) = E_{AB}(100, 20) + E_{AB}(20, 0)$$

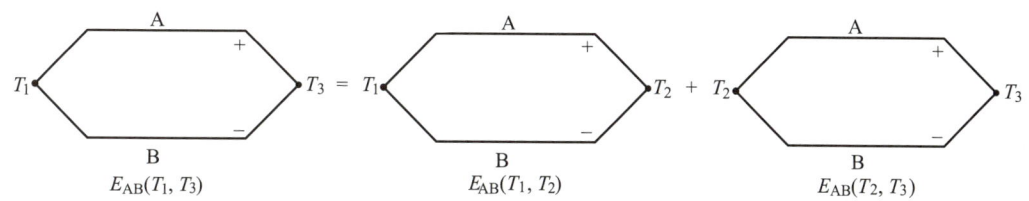

图 3-5　热电偶中间温度定律示意图

中间温度定律为热电偶引入补偿导线提供了理论依据。它表明如果在热电偶回路中分别接入与热电极 A、B 具有相同的热电特性的导体 C、D，且它们之间连接的两点温度相同，则总回路的热电动势与连接点温度无关，只与延长以后的热电偶两端的温度有关。

3. 热电偶材料和标准热电偶

为了保证在工业现场应用可靠，并具有足够的精度，热电偶的热电极材料在被测温度范围内应满足：在规定的测温范围内有较高的精确度，热电势随温度的变化率要大，热电动势与温度尽可能呈线性对应关系，而且物理化学性能稳定，具有足够的机械强度，复制性和互换性好等要求，满足这些条件的热电偶材料并不是很多。我国把性能符合专业标准或国家标准并具有统一分度表的热电偶材料称为定型热电偶材料。

我国从 1991 年开始采用国际计量委员会规定的"1990 年国际温标"(简称 ITS—90)的新标准，按此标准指定 S、B、E、K、R、J、T、N 共八种标准化热电偶为我国统一设计型热电偶。**每种热电偶均制定了相应的分度表，并且有相应的线性化集成电路与之对应。可以直接从热电偶的分度表查温度与热电动势的关系，但是需注意分度表上显示的均是自由端(冷端)温度为 0 ℃时的热电动势**，本书附录中有工业中常用的 K 型热电偶的分度表。标准热电偶的特性见表 3-1。

表 3-1　标准热电偶的特性

文本

标准热电偶

名称	分度号	测温范围/℃	特点
铂铑$_{30}$-铂铑$_6$	B	50～1 820	材料性能稳定，测量精度高，测温上限高；但是在还原性气体中易被侵蚀，成本高
铂铑$_{13}$-铂	R	−50～1 768	材料性能稳定，测量准确度较高，可做成标准热电偶或基准热电偶；宜在氧化性、惰性气氛中工作；但是在还原性气体中(如气体中含 CO、H_2 等)易被侵蚀，需要用保护套管，成本较高
铂铑$_{10}$-铂	S	−50～1 768	优点和 R 型相同，但是性能不如 R 型
镍铬-镍硅	K	−270～1 370	测温范围很宽，热电动势与温度关系近似线性、热电动势大、高温下抗氧化能力强、价格低，工业上应用广泛；但热电动势的稳定性和精度较 B 型或 S 型热电偶差，在还原性气体和含有 SO_2、H_2S 等气体中易被侵蚀

续 表

名　　称	分度号	测温范围/℃	特　　点
镍铬硅-镍硅	N	−270～1 300	一种新型热电偶,各项性能均比 K 型热电偶好,用于工业测量
镍铬-铜镍(康铜)	E	−270～800	热电动势较其他常用热电偶大,适宜在氧化性或惰性气氛中工作;但不能用于还原性气体;工业上应用广泛
铁-铜镍(康铜)	J	−210～760	价格低、热电动势较大(仅次于 E 型热电偶)、灵敏度高(约为 53 μV/℃)、线性度好、价格低廉,可在 800 ℃ 以下的还原介质中使用;但是铁极易氧化和腐蚀
铜-铜镍(康铜)	T	−270～400	精度高、复现性好、稳定性好、价格低廉;铜极易氧化,故在氧化性气氛中使用时,一般不能超过 300 ℃,常用于低温测量。在 0～−100 ℃ 范围内,铜-铜镍热电偶已被定为三级标准热电偶,用以检测低温仪表的精度,误差不超过±0.1 ℃

注:铂铑$_{30}$表示该合金含 70% 的铂和 30% 的铑,以下类推。

图文

装配型热电偶

4. 热电偶的结构

(1) 装配型热电偶

装配型热电偶主要由热电极、绝缘管、保护套管和接线盒等主要部分组成,其结构如图 3-6 所示,常用于测量气体和液体等介质的温度。

贵重金属热电极的直径一般为 0.3～0.65 mm,普通金属热电极的直径一般为 0.5～3.2 mm;热电极的长度由安装条件和插入深度而定,一般为 350～2 000 mm。

绝缘管用于防止两根电极短路,保护套管用于保护热电极不受化学腐蚀和机械损伤。

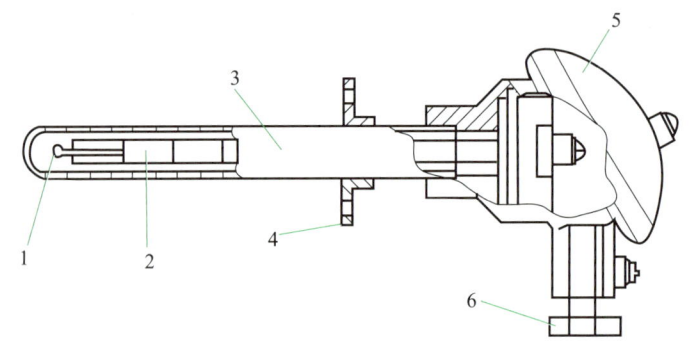

1—热电偶工作端;2—绝缘管;3—保护套管;4—安装法兰;5—接线盒;6—引线口。

图 3-6　装配型热电偶的结构

(2) 铠装型热电偶

铠装型热电偶是由热电极、绝缘材料和金属套管三者经过拉伸加工成形的,其结构如图 3-7 所示。金属套管一般为铜、不锈钢、镍基高温合金等。保护套管和热电极之间填充绝缘材料粉末,常用的绝缘材料有氧化镁、氧化铝等。**铠装热电偶具有动态响应快、可靠性好、机械强度高、抗震性好、可弯曲等优点,可安装在结构较复杂的装置上(如狭小的弯**

曲管道),应用十分广泛。

在石油化工等相关项目中,各种反应器在生产过程中,需要测量的温度点较多时,通常将多支微型热电偶由密封组件集成固定在一起构成多点柔性铠装热电偶来进行测温。例如:中国石油化工股份有限公司华北分公司的渣油加氢装置反应器就采用了丁锡端父子研制的国产高压多点柔性铠装热电偶进行测温,实现了设备的国产化改造。

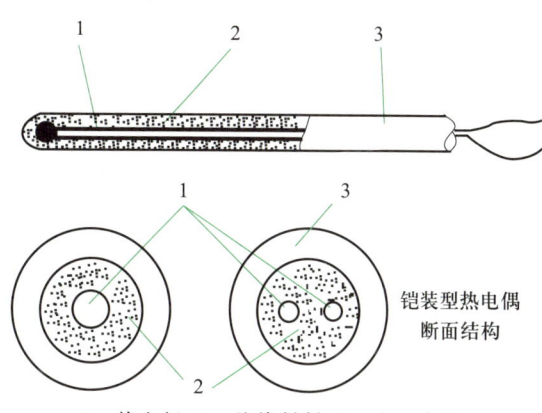

1—热电极;2—绝缘材料;3—金属套管。

图 3-7　铠装型热电偶的结构

5. 热电偶冷端的延长

在实际测温时,热电偶的长度有限,而测温点到仪表的距离有时很远,并且自由端的温度易受环境温度的影响,容易造成测量误差。**由于热电偶的材料一般都比较贵重(特别是采用贵金属时),如果制作得很长,成本会很高,所以为了降低成本,工业上通常利用补偿导线来延伸自由端,将补偿导线的一端接热电偶,另一端接到仪表端子上,就可以把热电偶的自由端从温度较高和不稳定的现场延伸到温度较低而且比较稳定的地方。热电偶的补偿导线如图 3-8 所示。补偿导线在 0～100 ℃范围内的热电动势与配套的热电偶的热电动势相等,所以不影响测量精度。**

补偿导线使用时需注意的是必须在规定的温度内使用补偿导线,两根补偿导线与热电偶的两个热电极的结点温度必须相同,且极性不能接反;各种补偿导线只能与对应型号的热电偶配用。表 3-2 所示为常用的补偿导线型号和参数。

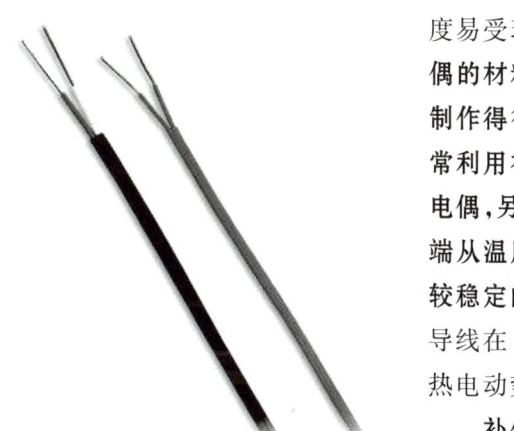

图 3-8　补偿导线外形

表 3-2　常用的补偿导线型号和参数

补偿导线型号	配用热电偶型号 (正极-负极)	补偿导线 (正极-负极)	导线外皮颜色	
			正	负
BC	B($铂铑_{30}$-$铂铑_6$)	铜-铜	红	灰
SC	S($铂铑_{10}$-铂)	铜-铜镍 0.6	红	绿
RC	R($铂铑_{13}$-铂)	铜-铜镍 0.6	红	绿
KCA	K(镍铬-镍硅)	铁-铜镍 22	红	蓝

注:铜镍 0.6 表示该合金含 99.4% 的铜和 0.6% 的镍,以下类推。

6. 热电偶的冷端温度补偿

热电偶的分度表均是在冷端温度为 0 ℃时做出的,如果直接利用分度表测温,必须把冷端温度保持为 0 ℃。**由于实际测量时冷端的温度往往高于 0℃,而且也是不恒定的(即使有空调也是不恒定的)**,这时,测得热电偶产生的热电动势必然会产生误差,所以在应用热电偶时,通常需要进行必要的修正和处理冷端的温度才能得出准确的测量结果,这种方式称为冷端温度补偿。

目前,热电偶冷端温度主要有以下几种处理方法:

(1) 冷端恒温法

将热电偶的冷端置于装有冰水混合物的恒温容器中,使冷端的温度保持在 0 ℃不变。为了避免冰水导电引起两个连接点短路,必须把连接点分别置于两个玻璃试管里,浸入同一冰点槽,使相互绝缘。此法也称冰浴法,它消除了 t_0 不等于 0 ℃而引入的误差,此种方法一般只适用于实验室中。

(2) 计算修正法

当热电偶的冷端温度 $t_0 \neq 0$ ℃时,由于热端与冷端的温差随冷端的变化而变化,使测得的热电动势 $E_{AB}(t, t_0)$ 与冷端为 0 ℃时所测得的热电动势 $E_{AB}(t, 0 ℃)$ 不等,所以必须对温度进行修正。修正公式如下:

$$E_{AB}(t, 0 ℃) = E_{AB}(t, t_0) + E_{AB}(t_0, 0 ℃) \tag{3-6}$$

例 3-1 用镍铬-镍硅(K 型)热电偶测炉温,测出的热电动势为 36.123 mV。再用温度计测出环境温度为 30 ℃(且恒定),求炉温为多少。

解 由镍铬-镍硅热电偶分度表查出

$$E_{AB}(30, 0) = 1.203 \text{ mV}$$

所以:$E_{AB}(t, 0) = E_{AB}(t, 30) + E_{AB}(30, 0) = 36.123 \text{ mV} + 1.203 \text{ mV} = 37.326 \text{ mV}$

查分度表知其对应的实际温度为 $t = 900$ ℃,即炉温是 900 ℃。

(3) 仪表机械零点调整法

当热电偶通过补偿导线连接显示仪表时,如果热电偶冷端温度不是 0 ℃,但十分稳定(如恒温车间或有空调的场所),可预先将有零位调整器的显示仪表的指针从刻度的初始值调至已知的冷端温度值上,这时显示仪表的示值即为被测量的实际温度值。这种方法有一定的误差,但是方便实施,在工业上常采用。

(4) 电桥补偿法

电桥补偿法是仪表中最常用的一种处理方法,它利用不平衡电桥产生的不平衡电压来自动补偿热电偶因冷端温度变化而引起的热电动势变化值,可购买与被补偿热电偶对应型号的补偿电桥。

二、金属热电阻

金属热电阻一般适用于 −200~+960 ℃范围内的温度以及和温度有关的测量,在工业

上应用广泛,其特点是测量准确、稳定性好、性能可靠。

1. 金属热电阻的工作原理

金属热电阻是基于导体电阻值随着温度的升高而增大的特性来测量温度的。只要测量出热电阻的阻值变化,就可以知道实际的温度。**目前用于制作热电阻的材料主要是铂和铜,随着科技的发展,现在已开始采用镍、锰和锗等材料制造热电阻。**

（1）铂热电阻

铂热电阻的性能较好,具有电阻温度系数大、线性好、性能稳定、使用温度范围宽（−200～＋960 ℃）等特点。铂热电阻的电阻值和温度的关系式为

$$在 −200～0 ℃ 之间：R_t = R_0[1 + At + Bt^2 + Ct^3(t - 100)] \tag{3-7}$$

$$在 0～+960 ℃ 之间：\qquad R_t = R_0(1 + At + Bt^2) \tag{3-8}$$

式(3-7)、式(3-8)中,R_t 为温度为 t 时的阻值;R_0 为温度为 0 ℃ 时对应的电阻值;A、B、C 为温度系数。在 ITS—90 标准中,$A = 3.9083 \times 10^{-13}/℃$,$B = -5.775 \times 10^{-7}/℃^2$,$C = -4.183 \times 10^{-12}/℃^4$。**我国最常用的铂热电阻有 $R_0 = 10\ \Omega$、$R_0 = 100\ \Omega$ 和 $R_0 = 1000\ \Omega$ 等几种,它们的分度号分别为 Pt10、Pt100、Pt1000,每种铂热电阻都有自己的分度表,即 R_t-t 关系表。**只要测量得到铂热电阻的阻值就可以通过分度表找到对应的温度,目前常用的是 Pt100。

（2）铜热电阻

铜热电阻具有电阻温度系数较大、线性好、价格低廉等特点,但是由于铜在高温下易氧化,所以测温范围较小,只适合于 −50～＋150 ℃ 的低温场合。铜热电阻的电阻值和温度的关系式为

$$R_t = R_0(1 + \alpha t) \tag{3-9}$$

式中:α 为铜热电阻的温度系数,$\alpha = 4.28 \times 10^{-3}/℃$。与铂热电阻相比,铜热电阻的温度系数要大一些。**目前常用的铜热电阻有 $R_0 = 50\ \Omega$ 和 $R_0 = 100\ \Omega$ 两种,它们的分度号为 Cu50 和 Cu100,其中 Cu50 的应用广泛。**

2. 金属热电阻的结构

热电阻广泛应用于各种条件下的温度测量,目前常见的结构有普通型热电阻、铠装型热电阻、薄膜热电阻等,它们的外形如图 3-9 所示。

图文
热电阻流量计测量气体流量

文本
Pt100 铂热电阻

文本
Cu50 铜热电阻

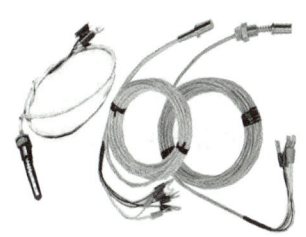

(a) 普通型热电阻　　　　(b) 铠装型热电阻　　　　(c) 薄膜热电阻

图 3-9　热电阻的外形

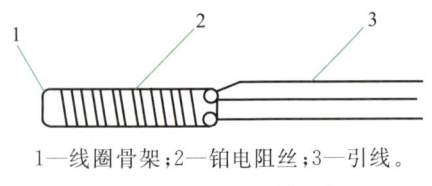

1—线圈骨架；2—铂电阻丝；3—引线。

图 3-10　铂热电阻的结构

普通型热电阻主要由电阻体、绝缘管、保护套管和接线盒等主要部分组成。其中电阻丝常采用双线绕制，制成无感电阻，如图 3-10 所示为铂热电阻的结构。

铠装型热电阻比装配式热电阻直径小，易弯曲，抗震性好，适宜安装在装配式热电阻无法安装的场合。在保护套管和热电阻之间填充绝缘材料粉末，常用的绝缘材料有氧化镁、氧化铝等，使其具有很强的抗污染和优良的机械强度。

薄膜热电阻采用真空蒸发、磁控溅射等工艺，在耐高温基底上附着金属薄膜，其尺寸可以小到几平方毫米，可以精确测量局部温度，热响应速度快。

3. 金属热电阻的测量转换电路

热电阻是把温度变化转换为电阻值变化的一次元件，通常需要把电阻信号通过测量转换电路（如电桥）将其信号传递到计算机控制装置或其他二次仪表上。常用的引线方式有三种，如图 3-11 所示。

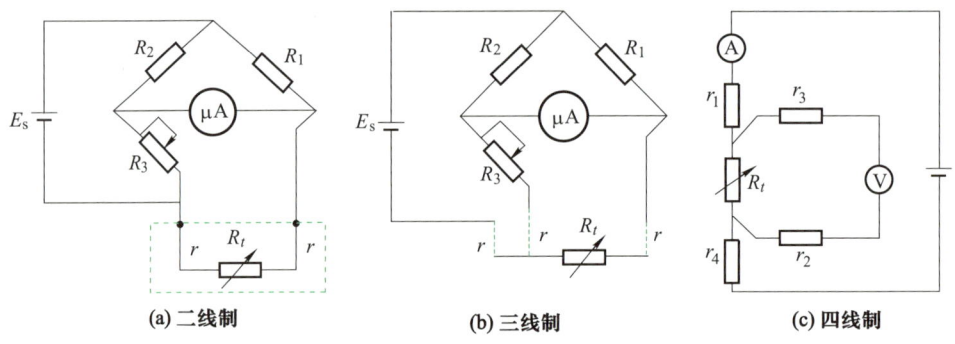

(a) 二线制　　　　　(b) 三线制　　　　　(c) 四线制

图 3-11　金属热电阻的引线方式

（1）二线制接线

二线制接线即在热电阻的两端各连接一根导线来引出电阻信号。这种引线方式最简单。但由于连接导线必然存在引线电阻 r，r 的大小与导线的材质和长度等因素有关。引线电阻引起的变化会引起附加误差。因此，这种引线方式只适用于引线不长、测量精度要求较低的场合。

（2）三线制接线

三线制接线即在热电阻根部的一端连接一根引线，另一端连接两根引线。这种方式通常与电桥配套使用，可以较好地消除引线电阻的影响，是工业过程中最常用的引线方式。

（3）四线制接线

四线制接线在热电阻根部两端各连接两根引线，其中两根引线为热电阻提供恒定电流 I，把 R_t 转换为电压信号 U，再通过另外两根引线把 U 引至二次仪表。可见，这种引线方式可以完全消除引线电阻的影响,主要用于高精度的温度检测。

三、热敏电阻

1. 热敏电阻的工作原理

图片

热敏电阻

热敏电阻的测温原理是基于半导体电阻值随着温度的变化而变化的特性。只要测量出热敏电阻的阻值变化,就可以测量出温度。热敏电阻的图形符号如图 3-12 所示。

2. 热敏电阻的分类

根据热敏电阻阻值随温度变化的情况,热敏电阻可分为正温度系数热敏电阻器(PTC)、负温度系数热敏电阻器(NTC)和突变型负温度系数热敏电阻器(CTR)。

(1) PTC 热敏电阻

文本

温度传感器技术在南极科考深海热流探测中的应用

PTC 热敏电阻是指电阻值随温度升高而增大的热敏电阻。它的主要材料是掺入其他金属离子的 $BaTiO_3$ 半导体陶瓷,通过这种方式改变其温度系数和临界点温度。其温度-电阻特性曲线如图 3-13 所示,是非线性的,从图中可以看出,当流过 PTC 的电流超过一定限度,引起 PTC 温度升高超过一定温度或其检测的温度超过一定限度时,PTC 的电阻会突然增大,所以 PTC 热敏电阻通常用作各种电器的过热保护、发热源的定温控制、电路的限流元件。

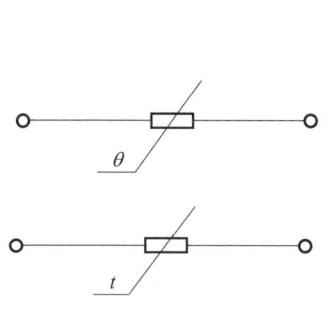

图 3-12　热敏电阻的图形符号　　图 3-13　各种热敏电阻的特性曲线

现在新能源汽车的空调制热也可以通过给 PTC 热敏电阻通电实现,为了防止新能源汽车在运行中产生高电压,孝感华工高理电子有限公司自主研发 1 800 V 高压 PTC 热敏电阻,适用新能源汽车热管理的应用需求。

(2) NTC 热敏电阻

电阻值随温度升高而下降的热敏电阻称为 NTC 热敏电阻,它的材料主要是一些过渡金属氧化物半导体陶瓷。从图 3-13 可以看出,NTC 热敏电阻的温度-电阻特性曲线线性度较好,严格按照负指数关系变化,可以用于物体表面温度、温差、温场等的测量,也可以用于自动控制及电子线路的热补偿线路。

（3）CTR 热敏电阻

CTR 热敏电阻的电阻值在某特定温度范围内随温度升高而降低 3～4 个数量级，即具有很大负温度系数，如图 3-13 所示，其主要材料是 **VO_2** 并添加一些金属氧化物。CTR 热敏电阻在各种电器中作为温度开关来使用。

3. 热敏电阻的结构

热敏电阻是由一些金属氧化物，采用不同比例配方混合，研磨后加入黏合剂，埋入适当引线（铂丝），挤压成形再经高温烧结而成。其形状有珠型、片型、柱型、铠装型等，如图 3-14 所示。

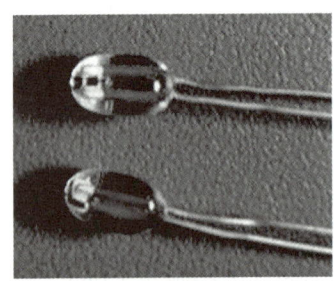
(a) 珠型

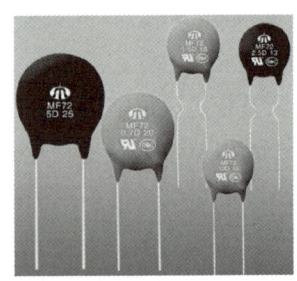
(b) 片型

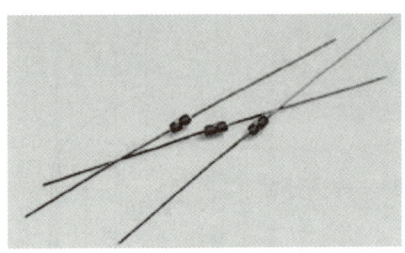
(c) 柱型

图 3-14　热敏电阻的外形

四、集成温度传感器

1. 集成温度传感器的测温原理

集成温度传感器是一种新型的温度传感器，具有线性好、精度适中、灵敏度高、体积小、使用方便等优点，得到广泛应用。集成温度传感器的测温原理是基于 PN 结的温度特性，硅二极管或晶体管的 PN 结在结电流一定时，正向压降 U_D 以 -2 mV/℃变化，通过测量 PN 结的正向压降就可以得到对应的温度值，其测温范围一般在 $-50 \sim +150$ ℃之间。

2. 集成温度传感器的类型

集成温度传感器分为模拟型和数字型两大类，其中模拟型集成温度传感器的输出形式可分为电压输出和电流输出两种。电压输出型的灵敏度一般为 10 mV/K，温度 0 ℃时输出为 0 V。电流输出型的灵敏度一般为 1 mA/K，热力学温度 0 K 时输出为 0 A。**数字型集成温度传感器又可以分为开关输出型、并行输出型、串行输出型等**。电压输出的有 LM34/35，

视频

集成温度传感器 LM35 的应用

TMP35/36 等;电流输出的有 AD590,AD592,TMP17 等型号;数字输出的则有 AD7416,TMP03/04 等型号。

3. AD590 集成温度传感器

图文

AD590 集成温度传感器

（1）AD590 集成温度传感器的工作原理

AD590 集成温度传感器实质上是一种半导体集成电路,它是利用晶体管的 b-e 结(PN 结)压降 U_{be} 与热力学温度 T 和通过发射极电流密度 J 的关系实现对温度的检测。

$$U_{be} = \frac{KT}{q}\ln J \tag{3-10}$$

式中: K ——玻尔兹曼常数;

q ——电子电荷绝对值;

J ——发射极电流密度。

AD590 的测温原理如图 3-15(b)所示,图中性能相同的晶体管 T_3、T_4 将 I_T 分为两个相等的电流 I_1 和 I_2,起恒流作用。晶体管 T_1、T_2 起感温作用,T_2 中的电流密度 J_2 为 T_1 中电流密度 J_1 的 8 倍,即 $J_2 = 8J_1$,T_1 和 T_2 的发射结电压 U_{be1} 和 U_{be2} 反极性串联后施加在 R 上,则 R 的端电压 ΔU_{be} 为

$$U_T = \Delta U_{be} = U_{be2} - U_{be1} = \frac{KT}{q}\ln\frac{8J_1}{J_1} = 179T \quad (\mu V) \tag{3-11}$$

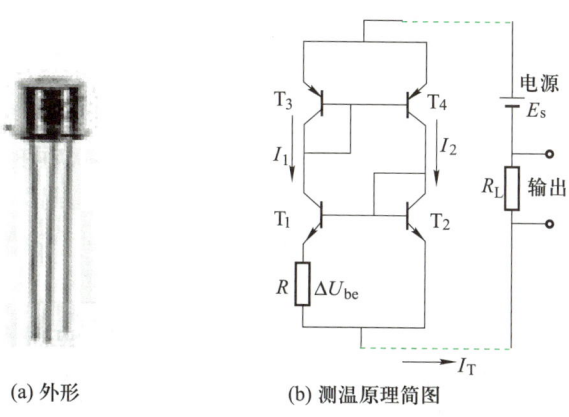

(a) 外形   (b) 测温原理简图

图 3-15 AD590 的外形和测温原理简图

由式(3-11)可知,R 两端的电压正比于绝对温度 T。通过 R 的电流 I_R 近似等于 $I_1 = 179T/R$,与 T 成正比,$I_T = 2I_1$,也与 T 成正比,若 $R = 358\ \Omega$,其比例系数

$$k_T = I_T/T = 2 \times 179/358\ \mu A/K = 1\ \mu A/K \tag{3-12}$$

由式(3-12)可知,温度每升高 1 K,电流就增大 1 μA。AD590 就是按照这个原理制造的。

（2）AD590 集成温度传感器的基本应用电路

① 基本测温电路

AD590 集成温度传感器的基本测温电路如图 3-16 所示。**因为流过 AD590 的电流与热力学温度成正比（1 μA／K），当电阻 R_1 和电位器 R_P 的电阻之和为 1 kΩ 时，输出电压 U_o 随温度的变化为 1 mV／K。**

② 测量摄氏温度电路

如图 3-17 所示为测量摄氏温度的电路，该电路采用运算放大器构成反相加法器来实现电流-电压变换。电位器 R_P 用于调整零点，R_f 用于调整运放的增益。在 0 ℃时调整 R_P，使输出 $U_o = 0$，然后在 100 ℃时调整 R_f 使 $U_o = 1$ V。在室温下进行校验，例如，若室温为 25 ℃，那么 U_o 应为 0.25 V。

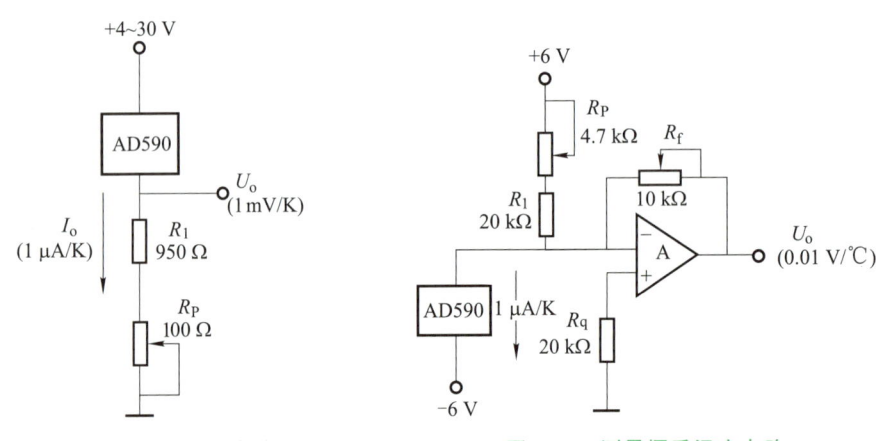

图 3-16 基本测温电路   图 3-17 测量摄氏温度电路

4. LM35 集成温度传感器

LM35 是美国 NS 公司生产的，其输出电压线性地与摄氏温度成正比（＋10 mV／℃），是电压型集成温度传感器。其有两种封装形式：金属封装、塑料封装，如图 3-18 所示。检测精度为 0.4～0.8 ℃，测量范围为 −55～＋150 ℃，工作电压为 4～30 V，误差为 ±0.25 ℃。

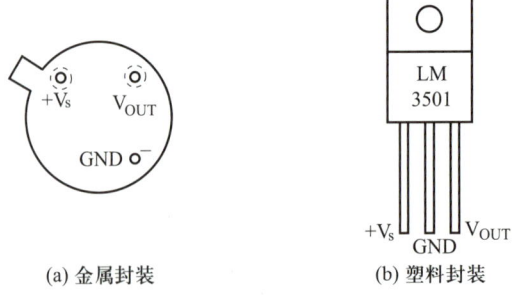

(a) 金属封装   (b) 塑料封装

图 3-18 LM35 的外形和封装

图 3-19 为 LM35 构成的测温电路，分成单电源和正负电源两种接法，单电源只能测量 0.5 ℃以上的温度。需要测量零度以下的温度时，则采用正负电源供电的接法。

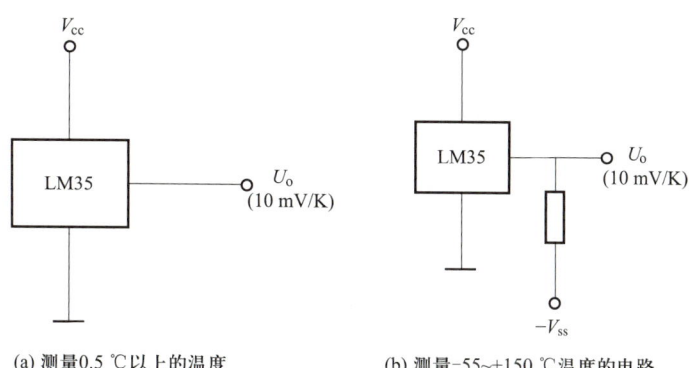

(a) 测量0.5 ℃以上的温度　　　(b) 测量-55~+150 ℃温度的电路

图 3-19　LM35 测温电路

集成温度传感器广泛应用于工业、航空、汽车等领域。以汽车领域为例,集成温度传感器可用于监测发动机和排气管的温度,从而保证汽车的正常运行。为了满足汽车电子对温度传感器的性能需求,有很多厂家推出了车规级集成温度传感器。

图文

车规级
CMOS集
成式温度
传感器

操作训练

任务一 · K型热电偶测量加热源温度

1. 目的要求

(1) 了解热电效应。

(2) 了解热电偶的材料、结构和通用热电偶。

(3) 掌握热电偶冷端温度补偿及其方法。

(4) 学会使用 K 型热电偶测量加热源温度。

2. 仪器设备及器材

直流电压表、直流稳压电源、温度传感器实验模块、K 型热电偶、加热源、智能温度调节仪、Pt100 热电阻、导线等。

3. 操作步骤

(1) 了解本任务所需的仪器设备及器材

本任务所需的直流电压表、直流稳压电源、智能温度调节仪均在实验台上,测温所需的传感器 K 型热电偶以及对应的温度传感器实验模块如图 3-20、图 3-21 所示。与智能温度调节仪配合使用的 Pt100 热电阻如图 3-22 所示。

项目准备

项目三设备
和工具列表

视频

K 型热电偶
测温

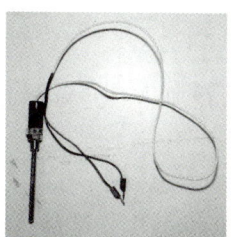

图 3-20　K 型热电偶

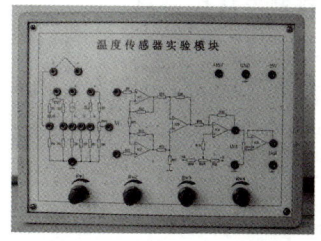

图 3-21　温度传感器实验模块

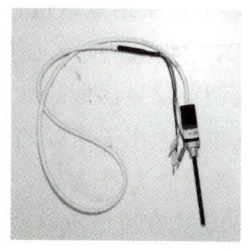

图 3-22　Pt100 热电阻

（2）智能温度调节仪温控电路接线

按照加热源、风扇电源和温度传感器顺序接线。加热源接交流 0～220 V 电源；风扇电源接直流 24 V；在控制台上的"智能调节仪"单元中"输入"选择"Pt100"，如图 3-23 所示。

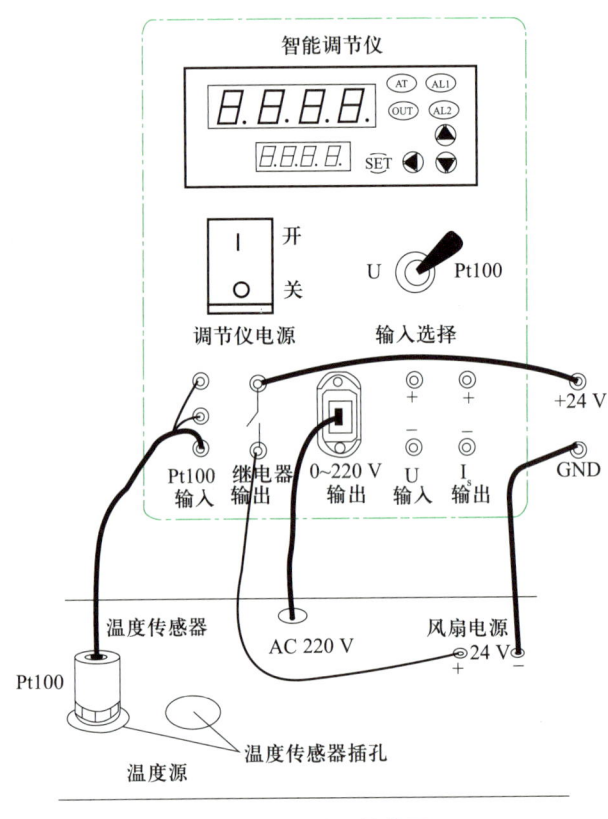

图 3-23　加热源接线图

（3）设定加热源的初始温度

闭合电源开关，包括调节仪电源，此时智能调节仪显示的初始值为室温，将设定温度改为实验所需的初始温度 50 ℃，点击智能调节仪面板上的"SET"，则设定值的末位被选中，如果需要改变高位的值，请按"左键 ◀"，而改变值的大小请按"上 ▲"或"下 ▼ 键"。设定完毕，再次点击"SET"，新的设定值（小于 120）就被确定，如图 3-24 所示。

注意：智能调节仪采用的是 PID 调节和双位调节相结合的方式，需要设定相应的 PID 参数，实验时均采用默认值，不重新调节这些参数。

（4）K 型热电偶插入加热源

智能调节仪显示框的数值开始跳动，最终趋于设定值 50 ℃，在加热源上另一个温度传感器插孔中插入用于实验的 K 型热电偶。

（5）差分放大器调零

将 ±15 V 直流稳压电源接入温度传感器实验模块中。温度传感器实验模块的输出 U_{o2} 接主控台直流电压表。将温度传感器模块上差分放大器的输入端 U_i 短接，调节 R_{w3} 到最大

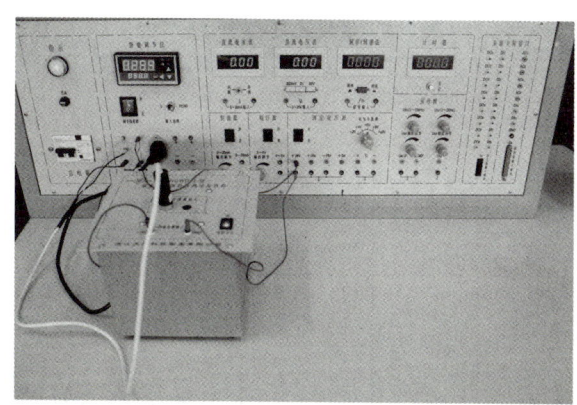

图 3-24 加热源实物接线图(温度设定在 50 ℃)

位置,再调节电位器 R_{w4} 使直流电压表显示为零。

(6)热电偶测温

拿掉短路线,将 K 型热电偶的两根引线,热端(红色)接 a,冷端(绿色)接 b;记下模块输出 U_{o2} 的电压值,如图 3-25 所示。改变温度源的温度每隔 5 ℃ 记下 U_{o2} 的输出值。直到温度升至 120 ℃。并将实验结果填入表 3-3 中。

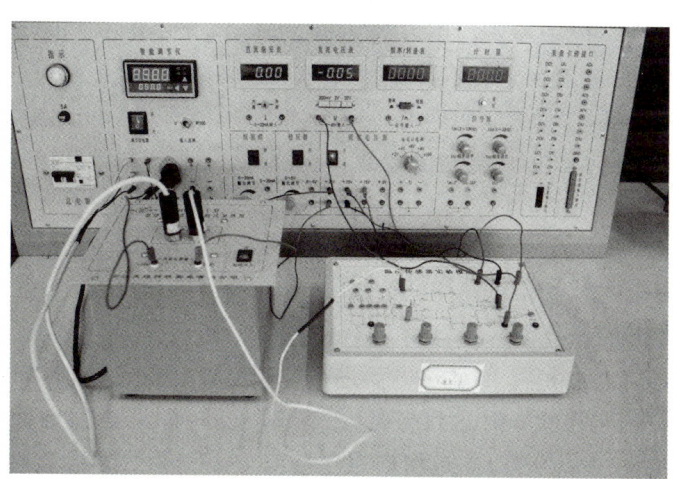

图 3-25 热电偶测温实物接线图

表 3-3 K 型热电偶检测的温度与电路输出之间的关系

$T/℃$														
U_{o2}/V														

(7)实验结束后,关闭实验台电源,整理好实验设备

4. 任务内容和评分标准

任务内容和评分标准见表 3-4。

表 3-4　项目三任务一评分表

任 务 内 容	配分	评 分 标 准	得分
认识本任务所需仪器设备及器材	10	遗漏一个仪器设备及器材,扣 2 分,最多扣 10 分	
智能温度调节仪温控电路接线	10	接线错误,每处扣 2 分,最多扣 10 分	
设定加热源的初始温度	10	设置错误,扣 10 分	
K 型热电偶插入加热源	10	操作不正确,扣 10 分	
差分放大器调零	20	(1) 接线错误,每处扣 2 分,最多扣 10 分 (2) 调零不正确,扣 10 分	
热电偶测温	20	(1) 温度设置错误,每处扣 5 分,最多扣 10 分 (2) 读数不正确,每处扣 2 分,最多扣 10 分	
团结协作意识	10	小组共同完成项目,组员缺乏合作意识,扣 10 分	
正确使用设备和工具	10	只要不符合安全操作要求,就从总分中扣除	
总得分		教师签字	

 做一做

请将测量得到的输出电压值除以差分放大器的放大倍数,得到实际的输出电压值,并将该数值与本书中附录的 K 型热电偶的分度表对照,可以发现测量的热电动势偏小,那是因为 K 型热电偶放在实验室中,其冷端温度为室温,不为零度,所以最好是进行冷端补偿,在温度传感器实验模块上有一个补偿电桥,可以利用它实现冷端补偿,动手做一下。

1. 仪器设备及器材

直流电压表、直流稳压电源、温度传感器实验模块、K 型热电偶、加热源、智能温度调节仪、Pt100 热电阻、导线等。

2. 操作步骤

（1）了解所需的仪器设备及器材

电桥补偿法所需的仪器设备及器材与本任务中一样,利用温度传感器实验模块上的
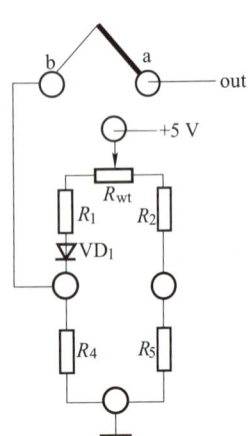

图 3-26　电桥补偿法

电桥对 K 型热电偶进行冷端温度补偿,如图 3-26 所示。**补偿电桥在 0 ℃ 时达到平衡（亦有 20 ℃ 平衡）。当热电偶冷端温度升高时（> 0 ℃）热电偶回路电动势 U_{ab} 下降,由于补偿电桥中 PN 结呈负温度系数,其正向压降随温度升高而下降,促使 U_{ab} 上升,其值正好补偿热电偶因冷端温度升高而降低的电动势,达到补偿的目的。**

（2）重复本任务的（1）～（5）步

（3）接入补偿电桥

拿掉短路导线,按图 3-27 接线,并将 K 型热电偶的两个引线分别接入模块 b、a 两端（红接 a,蓝接 b）；调节 R_{w1} 使温度传感器输出 U_{o2} 电压值为 AE_2（A 为差分放大器的放大倍数、E_2 为 K 型热电偶 50 ℃ 时对应输出的热电动势）。

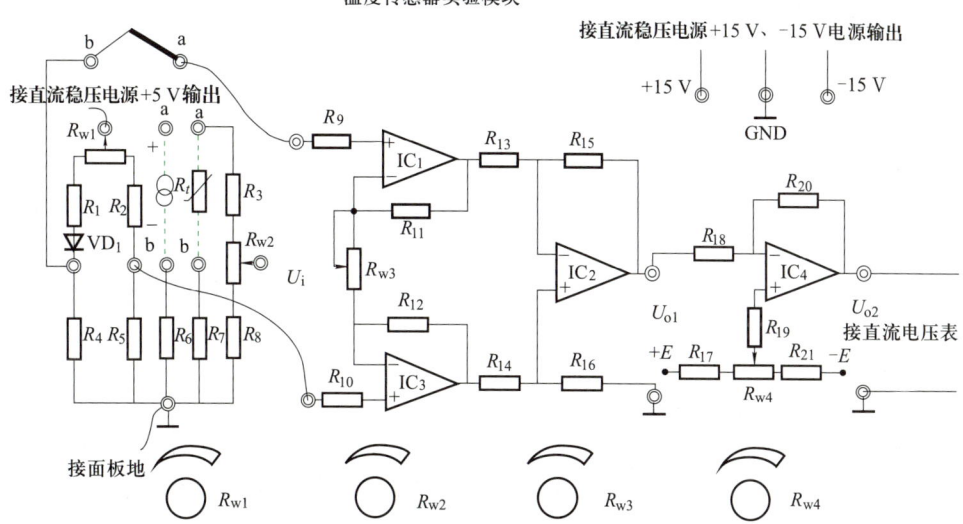

图 3-27 K型热电偶冷端温度补偿接线图

（4）K型热电偶测温

改变加热源的温度每隔 5 ℃记下 U_{o2} 的输出值，直到温度升至 120 ℃，并将实验结果填入表 3-5 中。

表 3-5 冷端补偿后不同温度所对应的热电动势

$T/℃$										
U_{o2}/V										

（5）实验结束后，关闭实验台电源，整理好实验设备

3. 任务内容和评分标准

任务内容和评分标准见表 3-6。

表 3-6 评分表

任 务 内 容	配分	评 分 标 准	得分
认识本任务所需仪器设备及器材	10	遗漏一个仪器设备及器材，扣 2 分，最多扣 10 分	
智能温度调节仪温控电路接线	10	接线错误，每处扣 2 分，最多扣 10 分	
设定加热源的初始温度	10	设置错误，扣 10 分	
K型热电偶插入加热源	10	操作不正确，扣 10 分	
差分放大器调零	10	（1）接线错误，每处扣 2 分，最多扣 6 分 （2）调零不正确，扣 4 分	
接入补偿电桥	10	接线错误，每处扣 5 分，最多扣 10 分	
K型热电偶测温	20	（1）温度设置错误，每处扣 5 分，最多扣 10 分 （2）读数不正确，每处扣 2 分，最多扣 10 分	
团结协作意识	10	小组共同完成项目，组员缺乏合作意识，扣 10 分	
正确使用设备和工具	10	只要不符合安全操作要求，就从总分中扣除	
总得分		教师签字	

任务二 · Pt100 热电阻测量加热源温度

1. 目的要求

（1）了解热电阻的分类。

（2）掌握金属热电阻的工作原理。

（2）学会利用 Pt100 测量加热源温度。

2. 仪器设备及器材

直流电压表、直流稳压电源、温度传感器实验模块、加热源、智能温度调节仪、Pt100 热电阻（2 个）、导线等。

3. 操作步骤

（1）了解本任务所需的仪器设备及器材

本任务所需的直流电压表、直流稳压电源、智能温度调节仪均在实验台上，**测温所需的传感器 Pt100 需要 2 个**，一个与对应的温度传感器实验模块构成测温电路，另一个与智能温度调节仪配合使用实现加热源的温度控制。

（2）重复项目三任务一的（1）～（3）步

（3）Pt100 热电阻插入加热源

当加热源温度稳定在 50 ℃时，在加热源上另一个温度传感器插孔中插入用于实验的 Pt100 热电阻。

（4）差分放大器调零

参见项目三任务一的第（5）步。

（5）Pt100 热电阻测温

拔掉短接线，按图 3-28 接线，实物接线如图 3-29 所示，并将 Pt100 的 3 根引线插入温度传感器实验模块中 R_t 两端（其中颜色相同的两个接线端是短路的）。将电桥的输出接到差分放大器的输入 U_i，记下模块输出 U_{o2} 的电压值。改变加热源的温度，每隔 5 ℃记下 U_{o2} 的输出值，直到温度升至 120 ℃。并记录实验结果，填入表 3-7 中。

视频

Pt100 铂热
电阻测温

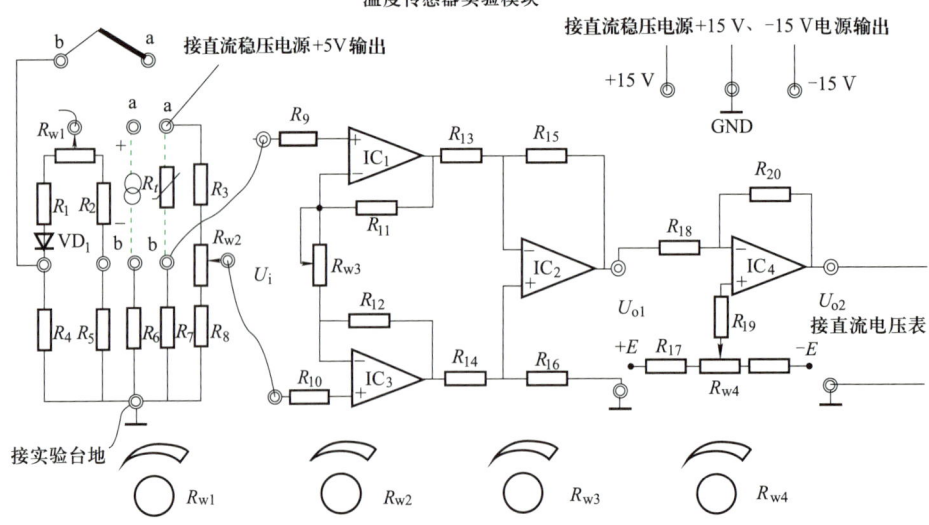

图 3-28　Pt100 测量加热源温度接线图

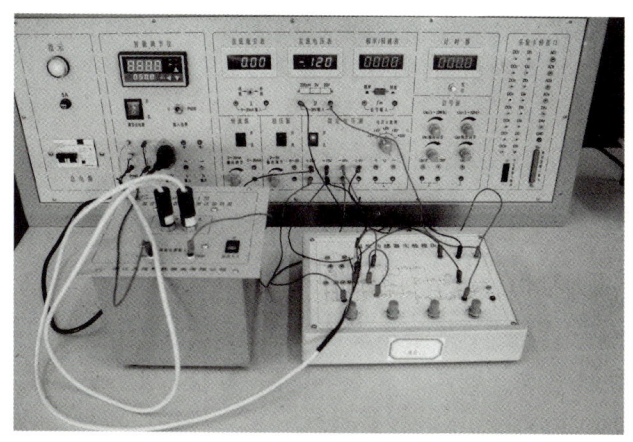

图 3-29　Pt100 测量加热源温度实物接线图

表 3-7　Pt100 检测的温度与电路输出之间的关系

$T/℃$											
U_{o2}/V											

（6）实验结束后，关闭实验台电源，整理好实验设备

4. 任务内容和评分标准

任务内容和评分标准见表 3-8。

表 3-8　项目三任务二评分表

任　务　内　容	配分	评　分　标　准	得分
认识本任务所需仪器设备及器材	10	遗漏一个仪器设备及器材，扣 2 分，最多扣 10 分	
智能温度调节仪温控电路接线	10	接线错误，每处扣 2 分，最多扣 10 分	
设定加热源的初始温度	10	设置错误，扣 10 分	
Pt100 插入加热源	10	操作不正确，扣 10 分	
差分放大器调零	20	（1）接线错误，每处扣 5 分，最多扣 10 分 （2）调零不正确，扣 10 分	
Pt100 热电阻测温	20	（1）温度设置错误，每处扣 5 分，最多扣 10 分 （2）读数不正确，每处扣 2 分，最多扣 10 分	
团结协作意识	10	小组共同完成项目，组员缺乏合作意识，扣 10 分	
正确使用设备和工具	10	只要不符合安全操作要求，就从总分中扣除	
总得分		教师签字	

做一做

　　加热源的温度控制在 0～120 ℃之间，正好在铜热电阻 Cu50 的测温范围内，所以也可以

用 Cu50 铜热电阻来测量加热源的温度,试一试,看看 Cu50 和 Pt100 输出的电压有何区别,在相同的温度变化下,哪一种热电阻的阻值变化大。

1. 仪器设备及器材

直流电压表、直流稳压电源、温度传感器实验模块、加热源、智能温度调节仪、Pt100 热电阻、Cu50 热电阻、导线等。

2. 操作步骤

(1) 了解所需的仪器设备及器材

本任务所需的直流电压表、直流稳压电源、智能温度调节仪均在实验台上,测温所需的传感器 Cu50 与对应的温度传感器实验模块构成测温电路。Cu50 热电阻实物如图 3-30 所示。

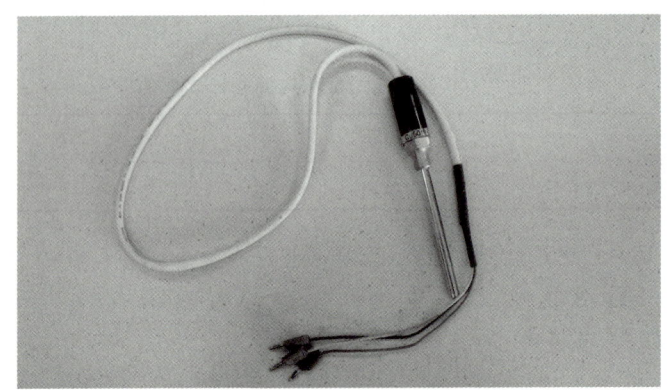

图 3-30 Cu50 热电阻实物

(2) 重复项目三任务一的(1)~(3)步

(3) Cu50 热电阻插入加热源

当加热源温度稳定在 50 ℃时,在加热源上另一个温度传感器插孔中插入用于实验的 Cu50 热电阻。

(4) 差分放大器调零

参见项目三任务一的第(5)步。

(5) Cu50 热电阻测温

拔掉短接线,按图 3-31 接线,将 Cu50 的 3 根引线插入温度传感器实验模块中 R_t 两端（其中颜色相同的两个接线端是短路的）,同时将 R_7 和电阻 R_6 并联。将电桥的输出接到差分放大器的输入 U_i,记下模块输出 U_{o2} 的电压值。改变加热源的温度,每隔 5 ℃记下 U_{o2} 的输出值,直到温度升至 120 ℃。并记录实验结果,填入表 3-9 中。

表 3-9 Cu50 检测的温度与电路输出之间的关系

$T/℃$														
U_{o2}/V														

（6）实验结束后，关闭实验台电源，整理好实验设备

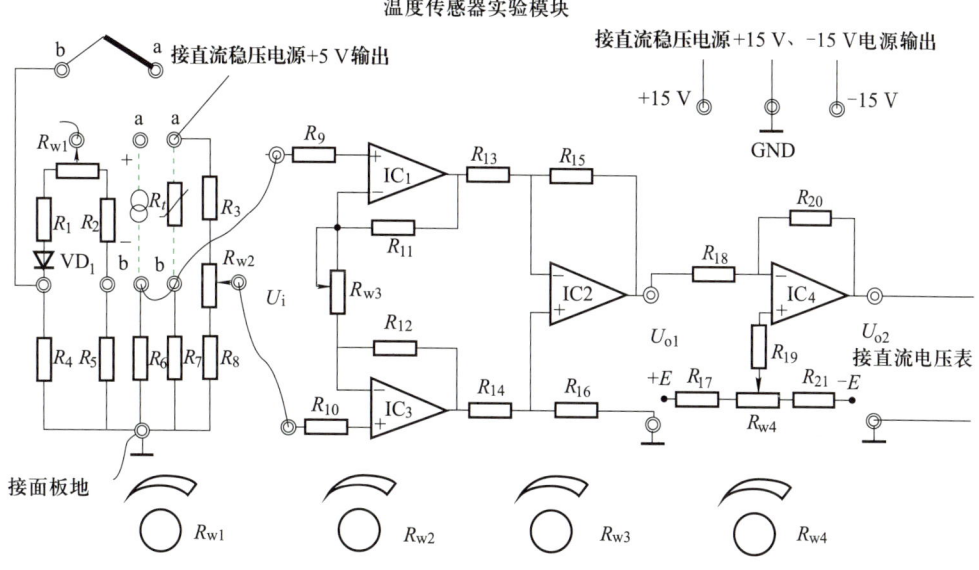

图 3-31　Cu50 热电阻测温电路接线图

3. 任务内容和评分标准

任务内容和评分标准见表 3-10。

表 3-10　评分表

任　务　内　容	配分	评　分　标　准	得分
认识本任务所需仪器设备及器材	10	遗漏一个仪器设备及器材，扣 2 分，最多扣 10 分	
智能温度调节仪温控电路接线	10	接线错误，每处扣 2 分，最多扣 10 分	
设定加热源的初始温度	10	设置错误，扣 10 分	
Cu50 插入加热源	10	操作不正确，扣 10 分	
差分放大器调零	20	（1）接线错误，每处扣 5 分，最多扣 10 分 （2）调零不正确，扣 10 分	
Cu50 热电阻测温	20	（1）温度设置错误，每处扣 5 分，最多扣 10 分 （2）读数不正确，每处扣 2 分，最多扣 10 分	
团结协作意识	10	小组共同完成项目，组员缺乏合作意识，扣 10 分	
正确使用设备和工具	10	只要不符合安全操作要求，就从总分中扣除	
总得分		教师签字	

任务三·热敏电阻测量加热源温度

1. 目的要求

（1）了解热敏电阻的分类。

（2）掌握热敏电阻的特性和应用。

（3）学会利用热敏电阻测量加热源温度。

2. 仪器设备及器材

直流电压表、直流稳压电源、温度传感器实验模块、加热源、智能温度调节仪、PTC 热敏电阻、Pt100 热电阻、万用表、导线等。

3. 操作步骤

（1）了解本任务所需的仪器设备及器材

直流电压表、直流稳压电源、温度传感器实验模块、加热源、智能温度调节仪、Pt100 热电阻等在前两个任务中已经使用过了，新增的是图 3-32 所示的 PTC 热敏电阻，PTC 热敏电阻的阻值随温度增加而增加，适用的温度范围为 −50～150 ℃。

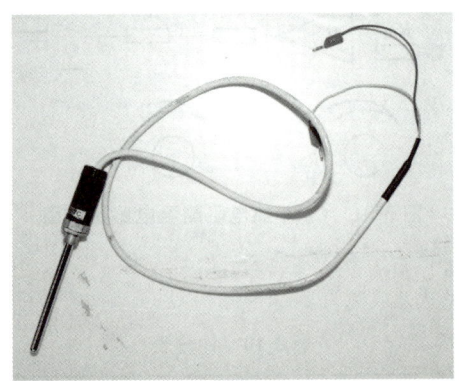

图 3-32　PTC 热敏电阻

（2）重复项目三任务一的（1）～（3）步，从室温开始设置初始值

（3）PTC 热敏电阻插入加热源

当加热源温度达到 50 ℃时，在加热源上另一个温度传感器插孔中插入用于实验的 PTC 热敏电阻。

（4）用万用表电阻挡测量。改变智能调节仪的设定值来改变加热源的温度，每 5 ℃记下 PTC 阻值 R，直到温度升至 120 ℃。并将实验结果填入表 3-11 中。

表 3-11　PTC 热敏电阻的温度特性记录表

$t/℃$														
R/Ω														

（5）实验结束后，关闭实验台电源，整理好实验设备

4. 任务内容和评分标准

任务内容和评分标准见表 3-12。

表 3-12 项目三任务三评分表

任 务 内 容	配分	评 分 标 准	得分
认识本任务所需仪器设备及器材	10	遗漏一个仪器设备及器材,扣2分,最多扣10分	
智能温度调节仪温控电路接线	10	接线错误,每处扣2分,最多扣10分	
设定加热源的初始温度	10	设置错误,扣10分	
PTC 热敏电阻插入加热源	10	操作不正确,扣10分	
PTC 热敏电阻测温	40	(1) 温度设置错误,每处扣5分,最多扣10分 (2) 万用表使用不正确,每处扣5分,最多扣15分 (3) 读数不正确,每处扣5分,最多扣15分	
团结协作意识	10	小组共同完成项目,组员缺乏合作意识,扣10分	
正确使用设备和工具	10	只要不符合安全操作要求,就从总分中扣除	
总得分		教师签字	

做一做

热敏电阻分为三大类:PTC 热敏电阻、NTC 热敏电阻和 CTR 热敏电阻。THSRZ-2 型传感器实验装置也配有 NTC 热敏电阻,利用它来测量加热源的温度,看看和 PTC 热敏电阻测量结果有何不同,看看哪一种热敏电阻的 $R(\Omega)$ - $t(℃)$ 温度特性曲线线性度更好,更适合温度测量。

1. 仪器设备及器材

直流电压表、直流稳压电源、温度传感器实验模块、加热源、智能温度调节仪、Pt100 热电阻、NTC 热敏电阻、万用表、导线等。

2. 操作步骤

(1) 了解所需的仪器设备及器材

将任务三中的 PTC 热敏电阻换成 NTC 热敏电阻,其他保持不变。NTC 热敏电阻的阻值随温度增加而减小。NTC 热敏电阻如图 3-33 所示。

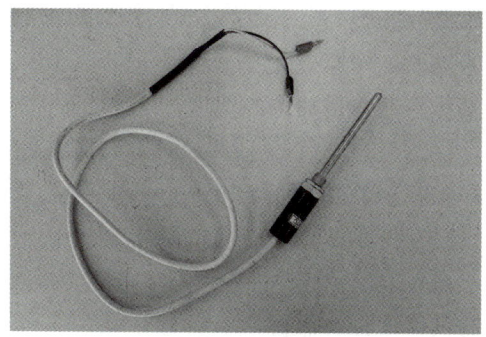

图 3-33 NTC 热敏电阻

（2）测量 NTC 热敏电阻的温度特性

将用于实验的温度传感器改成 NTC 热敏电阻，重复项目三任务三的（2）～（4）步。将实验结果填入表 3-13 中。

表 3-13　NTC 热敏电阻的温度特性记录表

$t/℃$												
R/Ω												

3. 任务内容和评分标准

任务内容和评分标准见表 3-14。

表 3-14　评分表

任 务 内 容	配分	评 分 标 准	得分
认识本任务所需仪器设备及器材	10	遗漏一个仪器设备及器材，扣 2 分，最多扣 10 分	
智能温度调节仪温控电路接线	10	接线错误，每处扣 2 分，最多扣 10 分	
设定加热源的初始温度	10	设置错误，扣 10 分	
NTC 热敏电阻插入加热源	10	操作不正确，扣 10 分	
NTC 热敏电阻测温	40	（1）温度设置错误，每处扣 5 分，最多扣 10 分 （2）万用表使用不正确，每处扣 5 分，最多扣 15 分 （3）读数不正确，每处扣 5 分，最多扣 15 分	
团结协作意识	10	小组共同完成项目，组员缺乏合作意识，扣 10 分	
正确使用设备和工具	10	只要不符合安全操作要求，就从总分中扣除	
总得分		教师签字	

任务四 · 集成温度传感器测量加热源温度

1. 目的要求

（1）了解集成温度传感器的分类。

（2）掌握集成温度传感器的工作原理和基本测温电路。

（3）学会利用集成温度传感器测量加热源温度。

2. 仪器设备及器材

直流电压表、直流稳压电源、温度传感器实验模块、加热源、智能温度调节仪、AD590 集成温度传感器、Pt100 热电阻、导线等。

3. 操作步骤

（1）了解本任务所需的仪器设备及器材

本任务所需的仪器设备及器材和前几个任务相似，不同的是用于测温的是 AD590 集成温度传感器（图 3-34）。

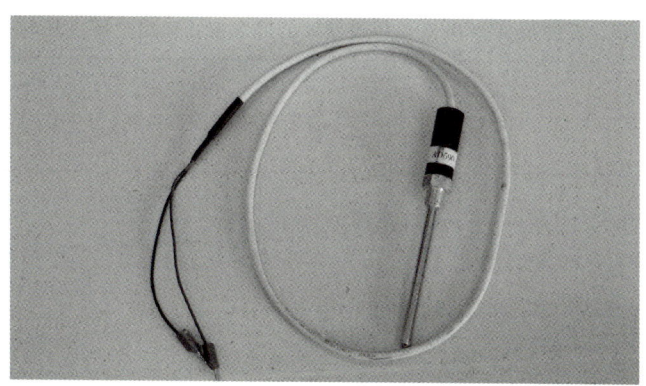

图 3-34 AD590 集成温度传感器

（2）重复项目三任务一的（1）～（3）步

（3）AD590 集成温度传感器插入加热源

当加热源温度稳定在 50 ℃时，将 AD590 集成温度传感器插入加热源上另一个温度传感器插孔中。

（4）差分放大器调零

参见项目三任务一的第（5）步。

（5）AD590 集成温度传感器测温

拿掉短路线，按图 3-35 接线，并将 AD590 两端引线按插头颜色（一端红色，一端蓝色）插入温度传感器实验模块中（红色对应 a，蓝色对应 b）。将 R_6 两端接到差分放大器的输入 U_i，记下模块输出 U_{o2} 的电压值。改变温度源的温度，每隔 5 ℃记下 U_{o2} 的输出值，直到温度升至 120 ℃。并将实验结果填入表 3-15 中。

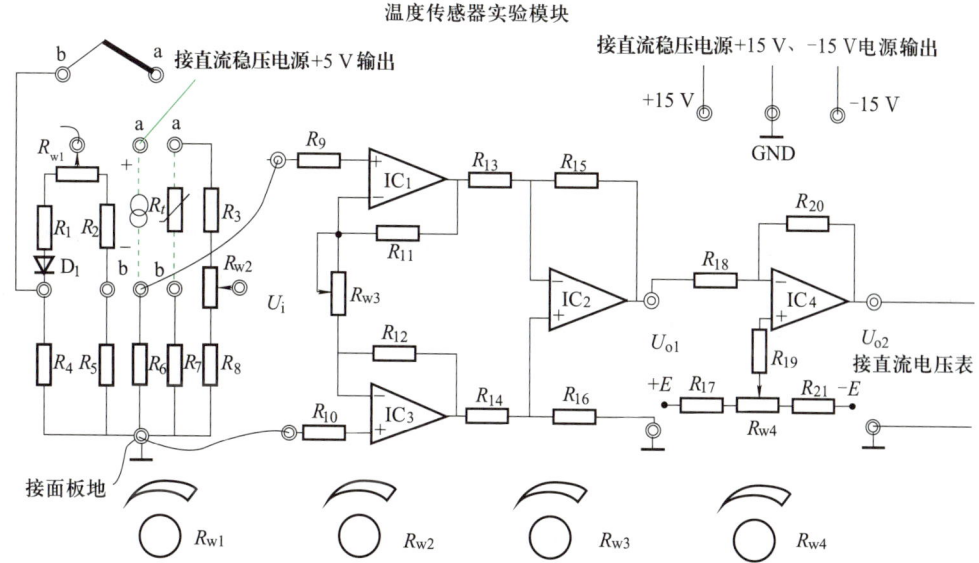

图 3-35 AD590 集成温度传感器测温电路接线图

表 3-15　温度与 AD590 集成温度传感器测温电路输出电压之间的关系

$T/℃$										
U_{o2}/V										

（6）实验结束后，关闭实验台电源，整理好实验设备

4. 任务内容和评分标准

任务内容和评分标准见表 3-16。

表 3-16　项目三任务四评分表

任 务 内 容	配分	评 分 标 准	得分
认识本任务所需仪器设备及器材	10	遗漏一个仪器设备及器材，扣 2 分，最多扣 10 分	
智能温度调节仪温控电路接线	10	接线错误，每处扣 2 分，最多扣 10 分	
设定加热源的初始温度	10	设置错误，扣 10 分	
AD590 集成温度传感器插入加热源	10	操作不正确，扣 10 分	
差分放大器调零	20	（1）接线错误，每处扣 5 分，最多扣 10 分 （2）调零不正确，扣 10 分	
AD590 集成温度传感器测温	20	（1）温度设置错误，每处扣 5 分，最多扣 10 分 （2）读数不正确，每处扣 2 分，最多扣 10 分	
团结协作意识	10	小组共同完成项目，组员缺乏合作意识，扣 10 分	
正确使用设备和工具	10	只要不符合安全操作要求，就从总分中扣除	
总得分		教师签字	

做一做

集成温度传感器基于 PN 结的温度特性，实验证明，在正向电流保持不变的情况下，半导体 PN 结的正向导通电压与温度变化呈线性关系，所以 PN 结也可以构成温度传感器，其测温范围在 -50~150 ℃ 之间。利用 THSRZ-2 型传感器实验装置附带的 PN 结温度传感器测量加热源的温度，并且与 AD590 比较，哪一种测量更方便、更实用？

1. 仪器设备及器材

直流电压表、直流稳压电源、温度传感器实验模块（二）、加热源、智能温度调节仪、PN 结温度传感器、Pt100 热电阻、导线等。

2. 操作步骤

（1）了解本任务所需的仪器设备及器材

本任务所需的仪器设备及器材和前几个任务相似，不同的是用于测温的是 PN 结温度

传感器(图 3-36),与之相对应的是温度传感器实验模块(二)(图 3-37)。

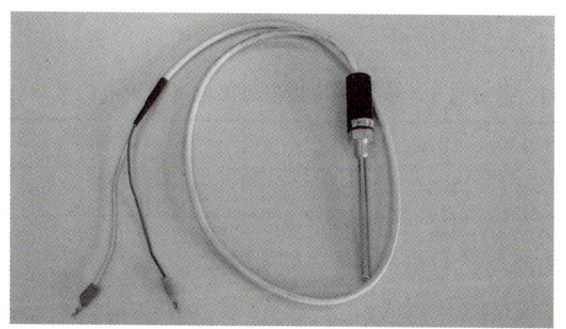

图 3-36　PN 结温度传感器

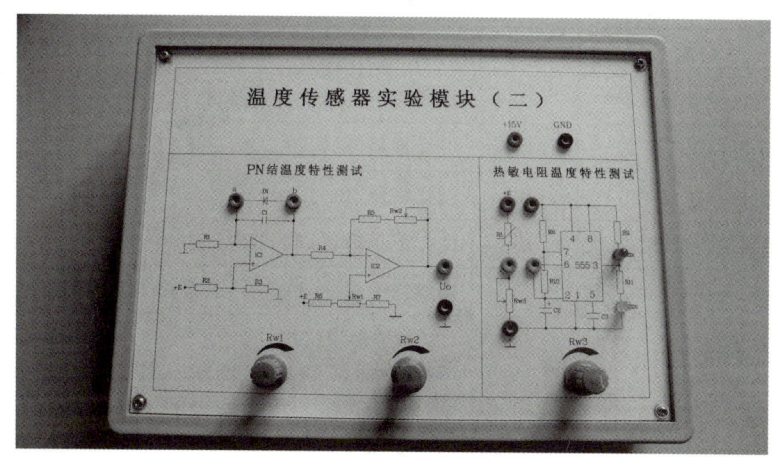

图 3-37　温度传感器实验模块(二)

(2) 重复项目三任务一的(1)～(3)步

(3) 插入 PN 结温度传感器

当加热源温度达到 50 ℃ 并且保持稳定时,将 PN 结温度传感器插入加热源。

(4) PN 结温度传感器接线

按图 3-38 将 PN 结温度传感器接入温度传感器实验模块(二),注意正负极不要接反,从实验台将 15 V 直流稳压电源接至温度传感器实验模块(二)。温度传感器实验模块(二)的输出 U_o 接实验台直流电压表,电压表选择 20 V 挡。

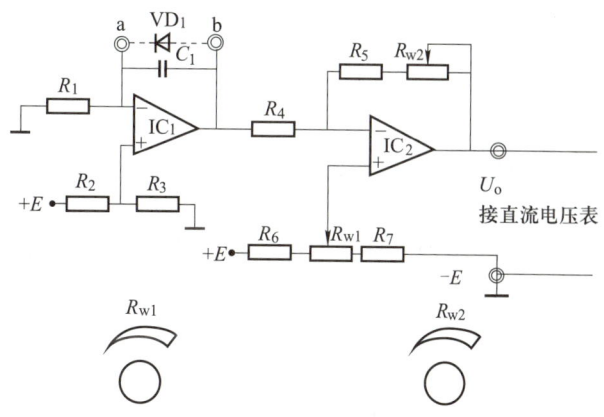

图 3-38　PN 结温度传感器测温电路接线图

（5）PN 结温度传感器测温

打开实验台电源，改变智能调节仪的设定值，每隔 5 ℃记下 U_o 的输出值，直到温度升至 120 ℃。并将实验结果填入表 3-17 中。

表 3-17　温度与 PN 结温度传感器测温电路输出电压之间的关系

$T/℃$										
U_o/V										

（6）实验结束后，关闭实验台电源，整理好实验设备

3. 任务内容和评分标准

任务内容和评分标准见表 3-18。

表 3-18　评分表

任 务 内 容	配分	评 分 标 准	得分
认识本任务所需仪器设备及器材	10	遗漏一个仪器设备及器材，扣 2 分，最多扣 10 分	
智能温度调节仪温控电路接线	10	接线错误，每处扣 2 分，最多扣 10 分	
设定加热源的初始温度	10	设置错误，扣 10 分	
PN 结温度传感器插入加热源	10	操作不正确，扣 10 分	
PN 结温度传感器接线	20	接线错误，每处扣 5 分，最多扣 20 分	
PN 结温度传感器测温	20	（1）温度设置错误，每处扣 5 分，最多扣 10 分 （2）读数不正确，每处扣 2 分，最多扣 10 分	
团结协作意识	10	小组共同完成项目，组员缺乏合作意识，扣 10 分	
正确使用设备和工具	10	只要不符合安全操作要求，就从总分中扣除	
总得分		教师签字	

知识拓展

光纤温度传感器

光纤温度传感器是一种新型的用于测量温度的传感器，光纤温度传感器按照调制机理可分为相位调制、振幅调制、偏振态调制；按工作原理，光纤温度传感器可分为功能型和传输型两种。

目前主要的光纤温度传感器包括分布式光纤温度传感器、光纤光栅温度传感器、光纤荧光温度传感器等。

1. 分布式光纤温度传感器

分布式光纤温度传感器最早是在 1981 年由英国南安普敦大学提出的。激光在光纤传送中的反射光主要有瑞利散射、拉曼散射和布里渊散射三部分，如图 3-39 所示。在激光通过光纤得到反射光的过程中，有一些参数对温度敏感，通过检测得到温度值。分布式光纤温

度传感器主要基于拉曼散射效应及光时域反射计(OTDR)技术实现连续分布式测量。基于布里渊散射光时域及光频域系统也是当前光纤传感器领域研究的热点。在北京冬奥会上，我国科研人员在冰壶赛场冰面下铺设了 200 m 通信光纤，并部署了 2 套分布式光纤传感器设备，实现了对赛场冰体温度的检测，精度可达 0.1 ℃。

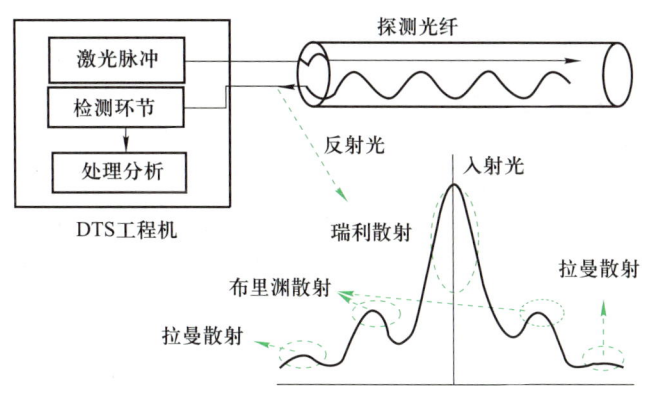

图 3-39 分布式光纤温度传感器基本原理

2. 光纤光栅温度传感器

光纤光栅是一种新型的光子器件，它是在光纤中建立起的一种空间周期性的折射率分布，可以改变和控制光在光纤中的传播行为。利用光纤材料的光敏性(外界入射光子和纤芯内锗离子相互作用引起折射率的永久性变化)，在纤芯内形成空间相位光栅，作用实质上是在纤芯内形成一个窄带的反射或透射的反射镜或滤波器。

光纤光栅温度传感器的工作原理是借助于某种装置将被测参量的变化转换为作用于光纤光栅上的温度的变化，从而引起光纤光栅布拉格波长变化。由光纤光栅布拉格波长的变化测量出被测量的变化。即采用波长调制方式，将被测信息转化为特征波长的移动。实验测定，布拉格波长在 1 550 nm 附近的光纤光栅的温度响应为 1.0×10^{-2} nm/℃。光纤光栅温度传感器就是采用这个原理进行温度测量的。光纤光栅温度传感器如图 3-40 所示。

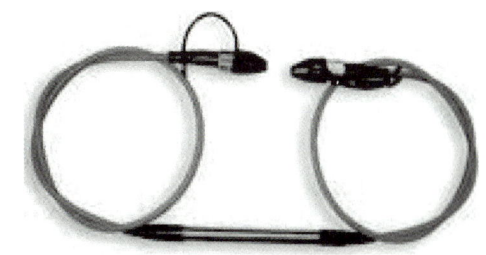

图 3-40 光纤光栅温度传感器

与一般的光纤温度传感器相比，光纤光栅温度传感器尺寸小，检测量是波长信息，因此不受光源稳定性、光纤弯曲损耗、连接损耗和探测器老化等因素的影响，对环境干扰不敏感，且用波长编码，广泛应用于建筑、航天、石油化工、电力等行业。

3. 光纤荧光温度传感器

光纤荧光温度传感器是由多模光纤和在其顶部安装的荧光物体(膜)组成。其工作原理是建立在光致发光这一基本物理现象上。当荧光物质受到一定波长(受激谱)的光激励后，受激辐射出荧光能量。光激励撤销后，荧光余晖的持续性取决于荧光物质特性、环境温度等因素。这种受激发荧光通常是按指数方式衰减的，我们称衰减的时间常数为荧光寿命或荧光余晖时间(ns),通过检测其荧光强度或荧光寿命来得到所需的温度。该传感器适合应用于高电压、强电磁(EMI/RFI/EMP)等特殊工业环境中的温度监测。系统设计形式灵活、可靠性高,适合于各种测温需求及拓扑结构复杂的多点温度监测应用领域。

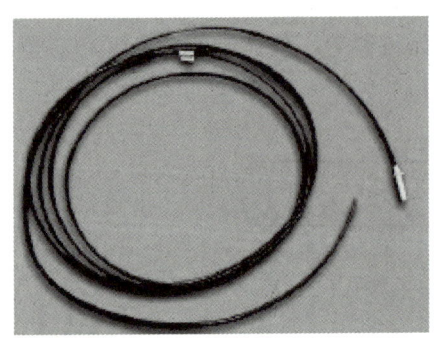

图 3-41　光纤荧光温度传感器探头

光纤温度传感器在电力系统中可以进行电力电缆的表面温度及电缆密集区域的温度监测监控;高压配电装置内易发热部位的监测;发电厂、变电站的环境温度检测及火灾报警系统等。在航天工业上可以测量飞行器的温度。光纤光栅温度传感器还可以用于井下测量。

项目小结

　　热电偶是基于热电效应的原理制作的,由两种不同的金属构成,其输出的热电动势只与热端和冷端的温度差有关,若保持冷端温度不变,则输出是热端(测量端)的温度的函数。热电偶有很多种类,常用的有 K 型、E 型、B 型等。热电偶使用时要注意其冷端补偿和补偿导线的匹配问题。

　　热电阻是基于电阻的热效应进行温度测量的,即电阻体的阻值随温度的变化而变化的特性。因此,只要测量出热电阻的阻值变化,就可以测量出温度。目前主要有金属热电阻和半导体热敏电阻两类。金属热电阻测量精度高,性能稳定。热敏电阻常用于家电和汽车的温度开关和过热保护。

　　集成温度传感器是一种新型的传感器,具有线性度好、灵敏度高、体积小、稳定性好等特点,适合于远距离测温、控制。在计算机、家用电器以及工业上均有应用。

互动练习

项目三互动
习题

习　题

一、填空题

　　1. 热电偶补偿导线的理论依据是＿＿＿＿＿＿。

　　2. 在热电偶测温回路中经常使用补偿导线的最主要的目的是＿＿＿＿＿＿＿。

　　3. 在实验室中测量金属的熔点时,冷端温度补偿采用＿＿＿＿＿＿,可减小测量误差;而在车间,用带微机的数字式测温仪表测量炉膛的温度时,应采用＿＿＿＿＿＿补偿法较为妥当。

　　4. 热电偶的热电动势大小与＿＿＿＿＿＿和＿＿＿＿＿＿有关,为了保证输出热电动势是被测温度的单值函数,必须保持冷端温度＿＿＿＿＿＿。

　　5. 利用热敏电阻对电动机实施过热保护,应选择＿＿＿＿＿＿型热敏电阻。

　　6. 已知某铜热电阻在 0 ℃时的阻值为 50 Ω,则其分度号是＿＿＿＿＿＿。

　　7. PN 结温度每升高 1 ℃,正向压降变化＿＿＿＿＿＿＿。

　　8. 模拟型集成温度传感器的输出形式可分为＿＿＿＿＿＿和＿＿＿＿＿＿两种。AD590 的灵敏度是＿＿＿＿＿＿＿＿,LM35 的灵敏度是＿＿＿＿＿＿＿。

二、问答题

1. 什么是热电效应？

2. 热电偶主要有哪些种类？各有什么特点？

三、计算题

1. 用 K 型热电偶测量炉温时，冷端温度 $t_0 = 30\ ℃$，由电子电位差计测得此时的热电动势为 37.734 mV，求此时的炉温 t。

2. 某热敏电阻的 B 值为 2 900 K，若冰点电阻为 500 kΩ，求热敏电阻在 100 ℃ 时的阻值。

项目四 测量转速

思维导图

测量转速

项目引入

测量转速

学习目标

测量转速

图文

测量转速

项目简介

在很多控制系统中,转速是一个非常重要的参数,转速的测量精度直接影响系统的控制情况。只有转速的高精度检测才能得到高精度的控制系统。**转速是指在单位时间内机械的旋转次数,符号为"n",通常以每分钟的转数(r/min)作为计量单位。**

转速测量方法一般可分为两类,一类是直接法,即直接观测机械或电机的机械运动,测量特定时间内机械旋转的圈数,从而测出机械运动的转速;另一类是间接法,即测量由于机械转动导致其他物理量的变化,从这些物理量的变化与转速的关系来得到转速。同时**根据测量转速的传感器是否与转轴接触又可分为接触式和非接触式。**目前国内外常用的测量转速的传感器有光电传感器、霍尔传感器、电涡流传感器、磁电传感器、磁敏传感器等,图 4-1 是一些转速传感器的示例。

(a) 磁电式

(b) 霍尔式

(c) 光电式

图 4-1　转速传感器

图文

电涡流传感器工作原理

相关知识

一、电涡流传感器

1. 电涡流传感器的工作原理

（1）涡流效应

将金属导体置于变化的磁场中时,导体表面就会有感应电流产生,该感应电流在导体内自行闭合,这种漩涡状的感应电流称为涡流,这种现象称为涡流效应。

在实际生产生活应用中,有时需要减小涡流,例如三相异步电动机采用导磁性能好的硅钢片叠压而成,以减小涡流,防止铁心发热。另外,一些场合又需要利用涡流效应,例如家用电磁炉就是利用涡流效应对食物进行加热的,还有就是工业上的各类中高频感应加热装置也是利用涡流效应熔化金属的。

（2）电涡流传感器的工作原理

当电涡流线圈通入高频正弦交变电流 I_1 时,在线圈周围空间将产生一个高频的正弦交变磁场 H_1。被测金属导体置于交变磁场 H_1 中,产生感应电涡流 I_2。根据楞次定律,H_2 必定反作用 H_1,削弱线圈的磁场 H_1。由于磁场 H_2 的作用,涡流要消耗一部分能量,导致传感器线圈的等效阻抗发生变化,如图 4-2 所示。线圈阻抗的变化完全取决于被测金属导体的涡流效应。

实验证明：电涡流传感器的阻抗与金属导体的电阻率 σ、磁导率 μ、金属导体的形状、表面因素 r、线圈与被测金属导体的距离 x、输入正弦交流电流的频率 f 以及用于励磁的正弦交流电流 i_1 有关,即 $Z=R+j\omega L=f(i_1,\ f,\ \mu,\ \sigma,\ r,\ x)$。

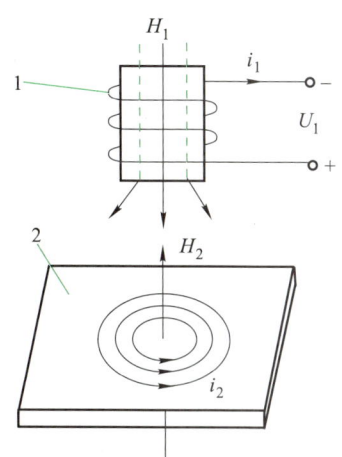

1—电涡流线圈;2—被测金属导体。

图 4-2 电涡流传感器原理图

如果保持 i_1、μ、σ、r、x 不变,电涡流线圈的阻抗就是输入正弦交流电流频率的单值函数,即 $Z=f(f)$,其实**涡流 i_2 在金属导体的纵深方向并不是均匀分布的,只集中在金属表面,被称为集肤效应。输入正弦交流电流频率越高,集肤效应在金属表面就越浅。所以 f 越低,检测深度越深。**利用集肤效应,可以将电涡流制成金属探测器、扫雷器等。

若保持 i_1、f、μ、σ、r 不变,电涡流线圈的阻抗只和金属导体和电涡流线圈之间的位移成正比,可以进行非接触式位移测量。除了以上两种检测,还可以保持 i_1、f、x 不变,检测与 σ、r 相关的表面温度、表面裂纹、表面金属镀层厚度等参数,检测与 μ 有关的材料型号、表面温度等参数。**所以电涡流传感器可以检测很多物理量,唯一要注意的就是电涡流传感器的检测对象必须是金属物体。**

2. 电涡流传感器的结构和特性

（1）电涡流传感器的结构

电涡流传感器的传感元件是一只线圈,俗称电涡流探头。线圈结构如图 4-3 所示,用多股较细的绞扭漆包线（能提高 Q 值）绕制而成,一般为扁平线圈,置于探头的端部,外部用聚四氟乙烯等高品质因数塑料密封。现在新型的电涡流传感器已经将测量转换电路做到电涡流探头中,直接输出信号。

（2）电涡流传感器的参数

一般厂家生产的电涡流传感器的常见技术参数主要是线性量程、线性范围、灵敏度等,表 4-1 为广州精信仪表电器有限公司生产的 JX20 系列电涡流位移传感器的部分技术参数。

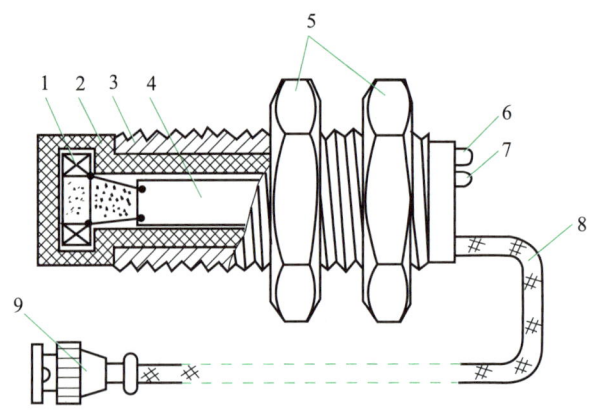

1—电涡流线圈;2—探头壳体;3—壳体上的位置调节螺纹;4—印制线路板;5—夹持螺母;
6—电源指示灯;7—阈值指示灯;8—输出屏蔽电缆线;9—电缆插头。

图 4-3　电涡流传感器线圈结构

表 4-1　JX20 系列电涡流位移传感器的部分技术参数

探头直径/mm	线性量程/mm	线性范围/mm	线性中点/mm	非线性误差	最小被测面/mm	灵敏度/(V/mm)
5	1	0.25~1.25	0.75	±1%	φ15	8
8	2	0.25~2.25	1.25	±1%	φ20	8
11	4	1.0~5.0	3.0	±1%	φ30	4
25	12	1.5~13.5	7.5	±1.5%	φ50	0.8
50	25	2.5~27.5	15	±2%	φ100	0.4

从表中可以看出,**电涡流探头的直径越大,检测的线性范围就越大,但是灵敏度却越低。**

3. 电涡流式传感器的测量转换电路

(1) 调幅式电路

石英振荡器产生稳频、稳幅高频振荡电压用于激励电涡流线圈,被测金属材料在高频磁场中产生电涡流,引起电涡流线圈端电压的衰减,再经高放、检波、低放电路,最终输出的直流电压 U_o 反映了被测金属物体对电涡流线圈的影响,如图 4-4 所示。调幅式的缺点是电压放大器的放大倍数的漂移会影响测量精度,必须采取各种温度补偿措施。

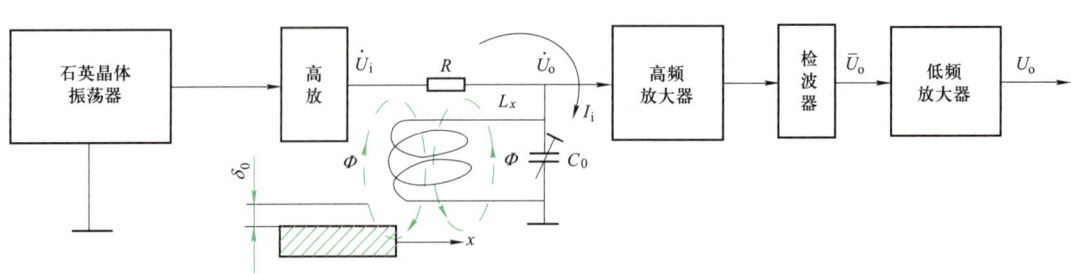

图 4-4　调幅式电路结构

（2）调频式电路

如图 4-5 所示，将电涡流线圈接入 LC 振荡器，作为组成 LC 振荡器的电感元件。当电涡流线圈与被测导体距离 x 改变时，在涡流效应的影响下，传感器的电感变化，导致振荡频率的变化，该变化的频率是距离 x 的函数，此频率可直接送入频率计。如果要用模拟仪表进行显示或记录，则必须使用鉴频器，将 Δf 转换为电压 ΔU。

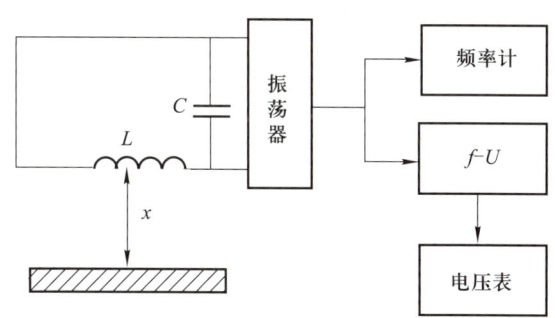

图 4-5　调频式电路结构

4. 电涡流传感器的应用

电涡流传感器广泛应用于电力、石油、化工、冶金等行业，对汽轮机、水轮机、发电机、鼓风机、压缩机、齿轮箱等大型旋转机械的轴的径向振动、轴向位移、轴转速、胀差、偏心、油膜厚度等进行在线测量和安全保护，以及转子动力学研究和零件尺寸检验等方面。图 4-6 列举了电涡流传感器的一些典型应用。

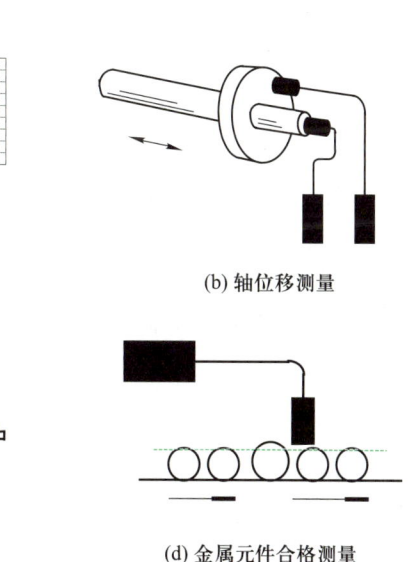

(a) 轴心轨迹测量　　　　　　　　(b) 轴位移测量

(c) 非导电材料厚度测量　　　　(d) 金属元件合格测量

图 4-6　电涡流传感器的典型应用

二、霍尔传感器

1. 霍尔效应

将导体或半导体置于磁感应强度为 B 的磁场中，并且在垂直于磁场的方向通入控制电

流 I，那么在导体的垂直于磁场和控制电流方向的两个端面之间会出现电动势 E_H，这一现象便是霍尔效应，这个电动势称为霍尔电动势。能产生霍尔效应的导体或半导体称为霍尔元件，如图 4-7 所示。

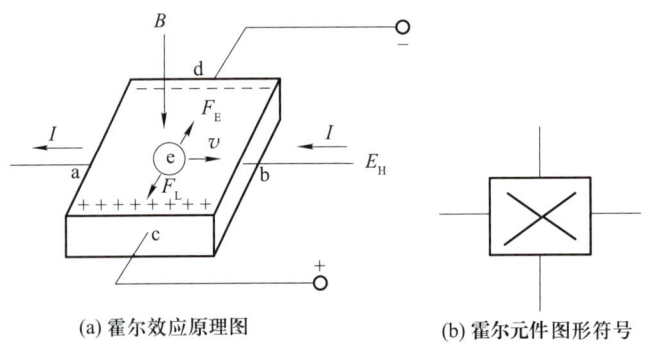

(a)霍尔效应原理图　　　　(b)霍尔元件图形符号

图 4-7　霍尔效应和霍尔元件

霍尔元件多采用 N 型半导体，所以以 N 型半导体薄片为例进行介绍。该导体的载流子是自由电子，在垂直于半导体的磁场作用下，自由电子受到洛伦兹力 F_L 的作用，向 d 侧偏转，使 d 侧形成自由电子的堆积带负电，另一侧因为缺少电子带正电，所以在 c、d 两侧形成一个电场 E，该电场对自由电子的作用力与洛伦兹力方向相反，阻止自由电子向 d 侧偏转，随着自由电子堆积得越多，电场越强，则电场力 F_E 越大，而洛伦兹力始终保持不变，直至电场力和洛伦兹力相等，此时在 c、d 两侧形成稳定的霍尔电动势。

霍尔电动势和通过半导体薄片的电流以及施加在薄片上的磁场有关，故霍尔电动势为

$$E_H = K_H IB \tag{4-1}$$

式中，K_H——霍尔元件的灵敏度，表示一个霍尔元件在单位控制电流和单位磁感应强度时产生的霍尔电动势的大小。**从式(4-1)可知，E_H 正比于 I 和 B，当磁场或电流改变方向时，霍尔电动势 E_H 也随之改变方向，所以霍尔元件既能检测磁场的大小，还能检测磁场的方向。**

若磁感应强度 B 不垂直于霍尔元件，而是与其法线成某一角度 θ，则实际上作用于霍尔元件上的有效磁感应强度是其法线方向（与薄片垂直的方向）的分量，即 $B\cos\theta$，这时的霍尔电动势为

$$E_H = K_H IB\cos\theta \tag{4-2}$$

2. 霍尔元件的主要参数

（1）输入电阻 R_i 和输出电阻 R_o。

如图 4-7 所示，霍尔元件的 a、b 两侧为控制电极，两电极之间的电阻称为输入电阻 R_i，该电阻会随温度的升高而减小，从而使控制电路 I 增大，霍尔电动势 E_H 也随之增大。**为了减小温度对霍尔电动势的影响，通常采用恒流源供电。**输出电阻 R_o 是指霍尔元件 c、d 两侧输出电极之间的电阻，输出电阻和输入电阻一样，也会随着温度变化而变化，所以要采用合适的负载消除温度对输出电阻的影响。输入电阻和输出电阻可以在无磁场时用欧姆表测量。

（2）额定控制电流 I_C

能使霍尔元件在空气中产生 10 ℃温升的控制电流值,称为额定控制电流 I_C。

（3）不等位电动势

霍尔元件在额定控制电流作用下,不施加外磁场时,霍尔元件的输出电压。不等位电动势是由于霍尔元件的电极不对称,材料的电阻率不均衡等因素造成的。不等位电动势通常很小,不大于 1 mV,可以采用电桥法来补偿不等位电动势。

（4）霍尔灵敏度 K_H

$$K_H = \frac{E_H}{IB} \qquad [单位:mV/(mA \cdot T)]$$

（5）霍尔元件的温度系数

霍尔元件的温度系数是指在一定的磁场和控制电流控制下,温度每变化 1 ℃时霍尔电动势变化的百分数,它与霍尔元件的材料有关。

（6）最大激励电流 I_M

由于霍尔电动势随控制电流增大而增大,故在应用中总希望选用较大的控制电流。但控制电流增大,霍尔元件的温度升高,从而引起霍尔电势的温漂增大,因此每种型号的元件均规定了相应的最大激励电流,它的数值从几毫安至十几毫安。

3. 霍尔集成电路

随着电子技术的发展,现在常用的都是霍尔集成电路,就是将霍尔元件和集成电路结合在一起做成的电路,使用非常方便。**常用的霍尔集成电路分为线性型和开关型两大类。**

（1）线性型

线性型霍尔集成电路一般由恒流源、霍尔元件、放大电路等组成,其特点是输出电压与外加磁场强度呈线性关系,所以一般用于检测磁场强度。

线性型可以分为单端输出型和双端输出型。单端输出型常用的有 UGN3501、SL3501T 等;双端输出型有 UGN3501M、SL3501M 等。单端输出型是一个三端元件,其外形和结构如图 4-8 所示,对应的输出特性如图 4-9 所示,反映了输出电压和磁感应强度的关系。

图文

线性型霍尔
集成电路

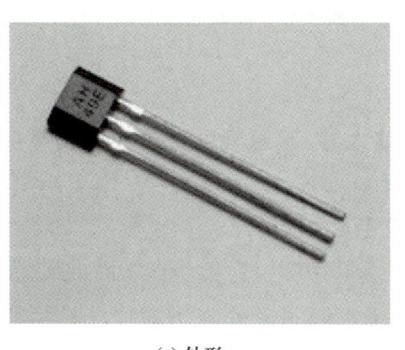

(a) 外形 　　　　　　(b) 电路结构

图 4-8　单端输出型霍尔集成电路的外形和电路结构

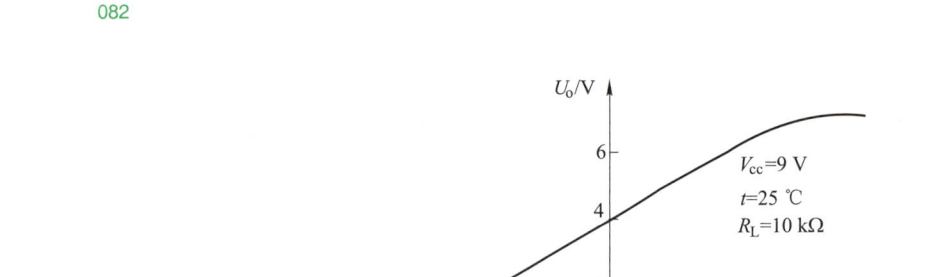

图 4-9　线性霍尔集成电路输出特性

双端输出型霍尔集成电路则是一个双列直插的芯片,采用差分输出方式。如图 4-10 所示为差分输出的线性霍尔集成电路的输出特性,从图中可以看到,当磁场为正时即磁钢的 S 极靠近霍尔集成电路的正面时,输出为正;反之,输出为负。当磁场为零时,输出电压为零。图 4-11 中的 5、6、7 脚外接的电位器是用于消除不等位电动势引起的零点漂移。线性型霍尔集成电路可以用于电流检测、位移监测、力/压力检测等。

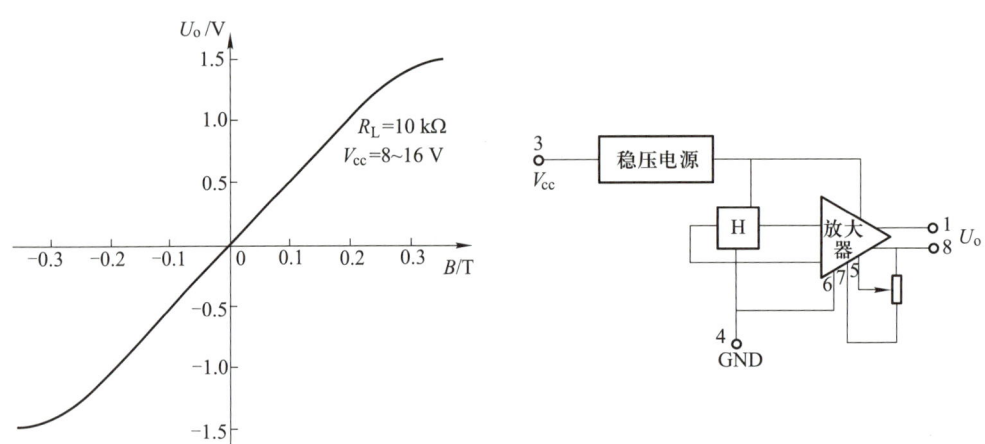

图 4-10　差分输出的线性霍尔集成电路的输出特性　　图 4-11　双端输出型霍尔集成电路

图文

开关型霍尔
传感器

（2）开关型

开关型霍尔集成电路由稳压电源、霍尔元件、放大器、施密特触发器、OC 门等电路集成在一块芯片上制成,如图 4-12(b)所示。其常用的有 UGN3020、3022 等,由于采用 OC 门,即集电极开路输出门,故实际使用时,通常要接上拉电阻。

开关型霍尔集成电路的输出特性如图 4-13 所示,其中 B_{OP} 为工作点"开"的磁感应强度,B_{RP} 为释放点"关"的磁感应强度。当外加的磁感应强度超过动作点 B_{OP} 时,OC 门由高阻态变成导通,输出低电平,当磁感应强度降到动作点 B_{OP} 以下时,传感器输出电平不变,一直要降到释放点 B_{RP} 时,OC 门由导通变回高阻态,输出高电平。B_{OP} 与 B_{RP} 之间的回差可以使霍尔集成电路开关动作更为可靠。

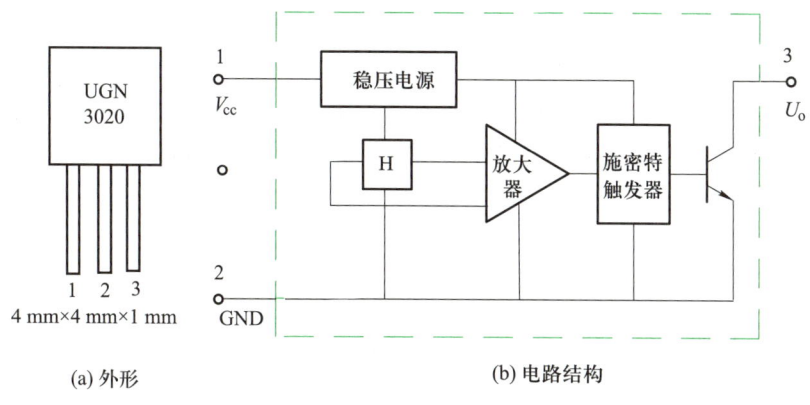

(a) 外形　　　　　　　　　　　　(b) 电路结构

图 4-12　开关型霍尔集成电路 UGN3020 外形和电路结构

另外,如 UGN3075、UGN3175 这些型号的霍尔集成电路,其内部有双稳态电路,特性如图 4-14 所示。传感器输出在外磁场撤销后,还可以保持不变(即锁存状态),必须施加反向磁感应强度,才能使电平产生变化,所以称为"锁键型"(或称"锁存型")霍尔集成电路。

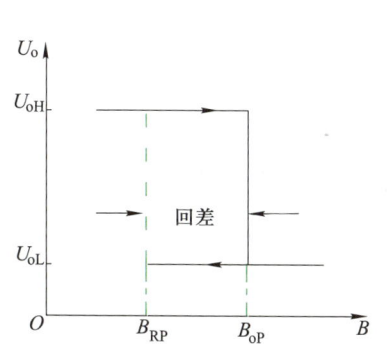

图 4-13　开关型霍尔集成电路的输出特性

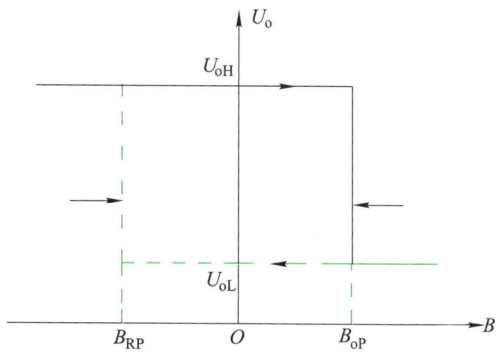

图 4-14　锁存型开关型霍尔集成电路的输出特性

开关型霍尔传感器主要用于测转数、转速、风速、流速、接近开关、关门告知器、报警器、自动控制电路等。

目前在汽车行驶方向检测、机器人导航、航空航天等领域,对磁场检测提出新的要求,即要实现对物体三维磁场的感知。为了满足这种需求,很多厂家推出了 3D 霍尔传感器。

图文

3D 霍尔
传感器

三、磁敏传感器

1. 磁阻效应

某些金属或半导体的电阻值随外加磁场变化而变化,这种现象称为磁阻效应。 从微观上讲,材料的电阻率增加是因为电流的流动路径因磁场的作用而加长所致。

磁敏电阻常用 InSb、InAs、NiSb 等磁阻效应明显的半导体材料制成。磁阻效应除了与材料有关外,还与磁敏电阻的形状有关。

图文

磁阻效应

如图 4-15 所示,当 $L \gg b$ 时由于霍尔效应的原因,长方形磁敏电阻只有两端才有所偏移,这样,自由电子的运动路径增长并不多,电阻增加的不多。而当 $L \ll b$ 时,自由电子的运动路径增长较多,霍尔电动势降低,所以效果比图(a)明显,图(b)是现在常用的磁敏电阻结构把多个横长方形片串联而成,片和片之间的金属导体将霍尔电动势短路掉,使电子的运动总是偏转的,电阻增加的比较多。**实验证明圆盘形的磁阻最大,故磁敏电阻大多做成圆盘结构,如图 4-16 所示。**

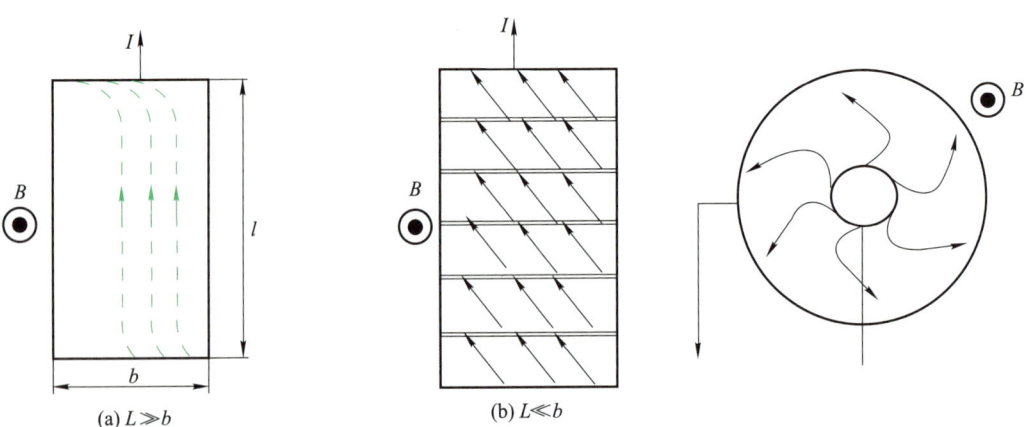

<table>
<tr><td>(a) $L \gg b$</td><td>(b) $L \ll b$</td><td></td></tr>
</table>

图 4-15　自由电子的运动轨迹的偏移　　　　图 4-16　圆盘形磁敏电阻(有磁场作用时)

2. 磁敏电阻的基本特性

(1) 灵敏度

磁敏电阻的灵敏度一般是非线性的,且受温度的影响较大。磁阻元件的灵敏度用在一定磁场强度下的电阻变化率来表示,即磁场-电阻变化率特性曲线的斜率。在运算时常用 R_B/R_0 求得,R_0 表示无磁场情况下磁阻元件的电阻值,R_B 为施加磁感应强度时磁阻元件的电阻值,如图 4-17 所示。

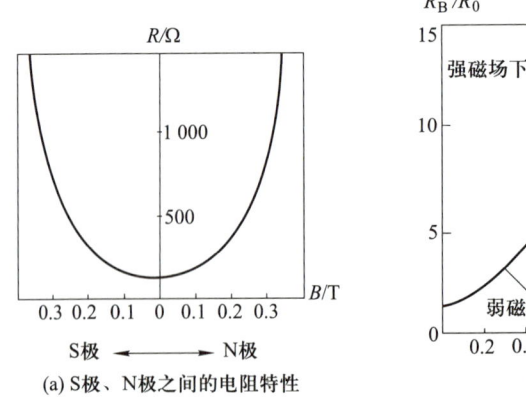

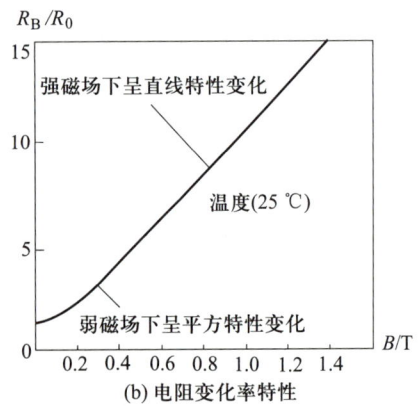

(a) S极、N极之间的电阻特性　　　　(b) 电阻变化率特性

图 4-17　磁敏电阻的灵敏度特性

(2) 温度特性

半导体磁阻元件的温度特性不好。元件的电阻值在不大的温度变化范围内减小得很快,如图 4-18 所示。因此,在应用时,一般都要设计温度补偿电路。

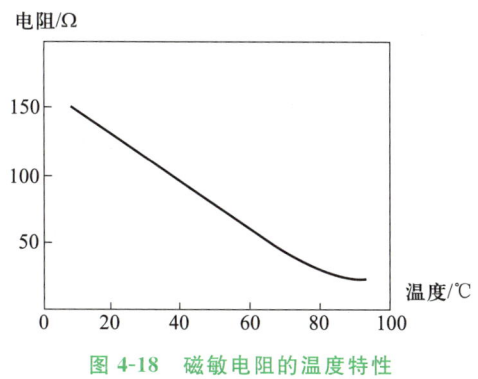

图 4-18 磁敏电阻的温度特性

3. 磁阻效应的应用

目前,磁阻效应广泛用于磁传感、磁力计、电子罗盘、位置和角度传感器、车辆探测、GPS 导航、仪器仪表、磁存储(磁卡、硬盘)等领域。

磁阻器件由于灵敏度高、抗干扰能力强等优点在工业、交通、仪器仪表、医疗器械、探矿等领域得到广泛应用,如数字式罗盘、交通车辆检测、导航系统、伪钞鉴别、位置测量等。

四、磁电传感器

THSRZ-2 型磁电传感器是磁电感应式传感器,其工作原理为 N 匝线圈在磁场中作切割磁感线运动或线圈所在磁场的磁通发生变化时,线圈中所产生的感应电动势 e 为

图片

磁敏电阻的应用

$$e = -N \frac{\mathrm{d}\phi}{\mathrm{d}t} \tag{4-3}$$

当线圈垂直于磁场方向运动时,若以线圈相对磁场运动的速度 v 或角速度 ω 表示,则上式可写成

$$e = -NBLv \tag{4-4}$$

在磁电感应式传感器中,当结构参数确定后,B、L、N、S 均为定值,因此感应电动势 e 与 v(或 ω)成正比,可以通过测量感应电动势的大小来测量转速。

五、光电传感器

文本

光电效应

1. 光电效应

光电传感器通常是指能敏感感受到由紫外线到红外线光的光能量,并能将光能转化成电信号的器件。光电传感器的工作原理主要是基于光电效应。通常光照射到物体表面后产生的光电效应分为:外光电效应、内光电效应、光生伏特效应。在光线的作用下使电子逸出物体表面的现象称为外光电效应。半导体材料受到光照时,使其导电性能增强,光线愈强,阻值愈低,这种光照后电阻率发生变化的现象,称为内光电效应。在光线作用下,能使物体产生一定方向的电动势的现象,称为光生伏特效应。

2. 光电元件

（1）基于外光电效应的光电元件

① 光电管

光电管是基于外光电效应原理工作的光电元件。光电管是一个抽真空或充惰性气体的玻璃管，如图 4-19 所示，内部有涂有光敏材料的光阴极 K、阳极 A。光电管的符号及测量电路如图 4-20 所示，现在常用的是紫外光电管。当入射紫外线照射在紫外管光阴极上时，电子克服金属表面对它的束缚而逸出，被阳极所吸引，形成电子流，外电路就会产生电流。紫外管多用于紫外线测量、火焰监测等。

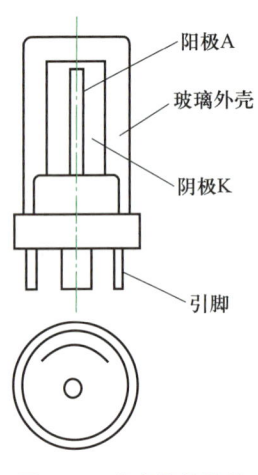

图 4-19　光电管的结构

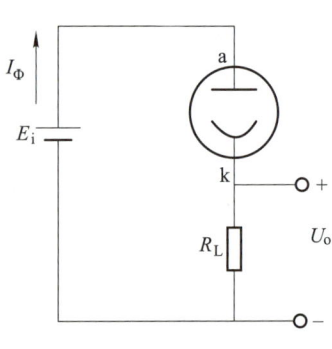

图 4-20　光电管的符号及测量电路

② 光电倍增管

光电管输出较小，实际应用中常采用光电倍增管，其结构与光电管相似，如图 **4-21** 所示，在阳极和阴极之间有若干个光电倍增极（又称二次发射极），涂有光敏物质。

光敏电阻

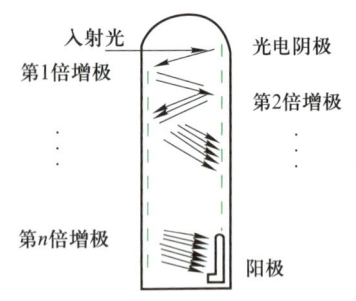

图 4-21　光电倍增管的结构和工作原理

工作时，当光线照射到光电阴极后，它产生的光电子受第 1 倍增极正电位作用，加速并打在这个倍增极上，产生二次发射；由第 1 倍增极产生的二次发射电子，在更高电位的倍增极作用下，又将加速入射到第 2 倍增极上，在第 2 倍增极上又将产生二次发射……这样逐级前进，一直到达阳极 A 为止，这样的话输出信号就要比光电管大很多。

（2）基于内光电效应的光电元件

① 光敏电阻

光敏电阻的结构是在玻璃底板上涂一层对光敏感的半导体物质，做成梳状金属电极，引出两根导线，然后在半导体上覆盖一层漆膜，并封装在玻璃管壳中就构成了光敏电阻。光敏电阻的图形符号如图 4-22(b)所示。

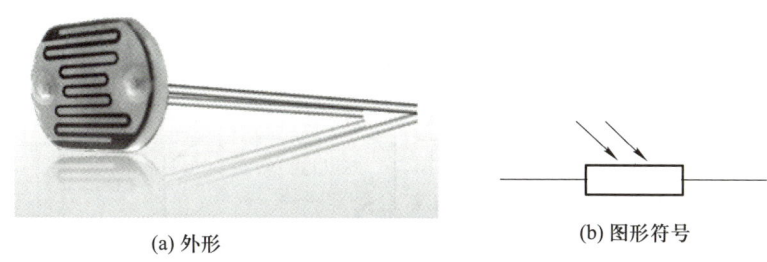

(a) 外形　　　　　(b) 图形符号

图 4-22　光敏电阻的外形和图形符号

　　当无光照时,光敏电阻阻值很大,可以达到兆欧级,此时的电阻称为暗电阻,所以电路中电流很小,这时的电流称为暗电流;有光照时,光敏电阻阻值迅速减小,变成几千欧以下,电路中的电流增大,此时的阻值称为亮电阻,对应的电流称为亮电流。亮电流与暗电流之差称为光电流。

　　② 光电二极管

　　光电二极管与一般二极管的不同之处在于光电二极管的 PN 结设置在透明管壳顶部的正下方,以便接受光线照射,如图 4-23(c)所示。

图文

光电二极管

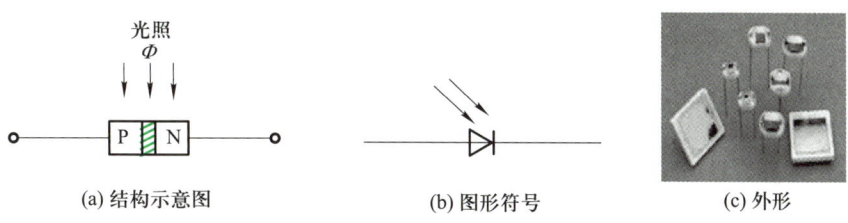

(a) 结构示意图　　　(b) 图形符号　　　(c) 外形

图 4-23　光电二极管的结构、图形符号和外形

　　图 4-24 为光电二极管的基本应用电路,在无光照情况下,由于光电二极管反向截止,所以电流较小。当光照射到光电二极管的 PN 结时,电子-空穴对数量增加,在外电场的作用下,漂移越过 PN 结,形成光电流。随着光照度的增加,产生的电子-空穴对数量也增加,光电流随之增大。

　　目前市场上常见的是采用特殊结构构成的光电二极管,即 PIN 光电二极管和 APD 光电二极管。与普通的光电二极管相比,这两种光电二极管具有光电转换速度快、响应频率高等特点。

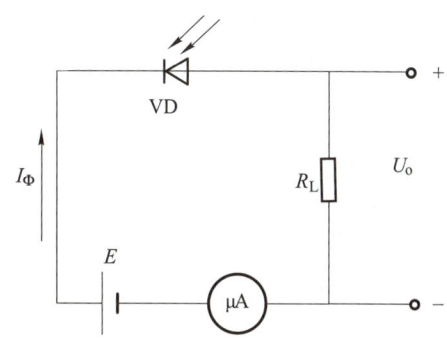

图 4-24　光电二极管的基本应用电路

　　③ 光电三极管

　　如图 4-25 所示,光电三极管与普通晶体管结构相似,但是大部分光电晶体管基极没有引出线,只有正负(c、e)两个引脚,所以其外形与光电二极管相似,从外观上很难区别,需要用万用表判别。当光线照射在集电结上时,导致集电结产生大量电子-空穴对,从而产生较大的光电流,集电极电流 I_c 是原始电流的 β 倍,所以光电晶体管的灵敏度比光电二极管高。**光电晶体管常见的应用电路如图 4-26 所示,有集电极输出和发射极输出两种形式。**

图文

光电三极管

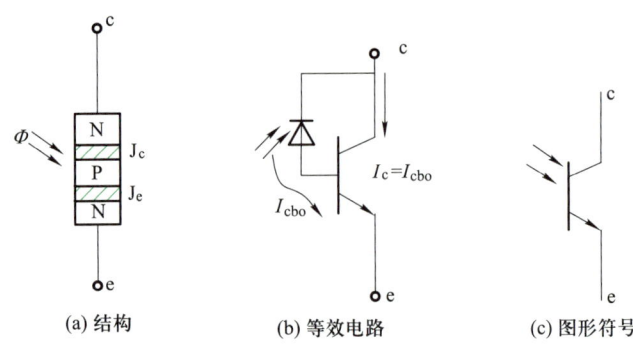

(a) 结构　　　　　　(b) 等效电路　　　　(c) 图形符号

图 4-25　光电晶体管的结构、等效电路和图形符号

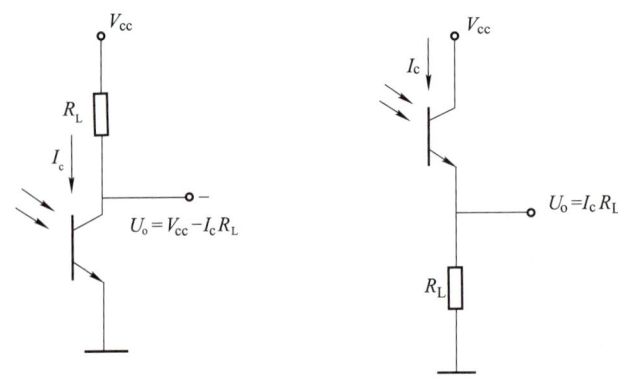

图 4-26　光电晶体管的应用电路

（3）基于光生伏特效应的光电元件——光电池

光电池的工作原理是基于光生伏特效应。 光电池种类很多，有硒光电池、锗光电池、硅光电池、砷化镓电池、氧化铜电池等。硒、硅光电池转换效率高、价格低；砷化镓材料的光电池光谱响应与太阳光谱吻合，耐高温和宇宙射线。除此之外，科研人员还在研究利用新的材料来制作光电池。

光电池实质上是一个大面积的 PN 结，如图 4-27 所示。 当光照射到 PN 结的一个面上时，产生很多自由电子和空穴，电子-空穴对从表面向内迅速扩散，如果光照是连续的，经短暂的时间，PN 结两侧就有一个稳定的光生电动势输出。近年来，我国的科研人员研发了柔

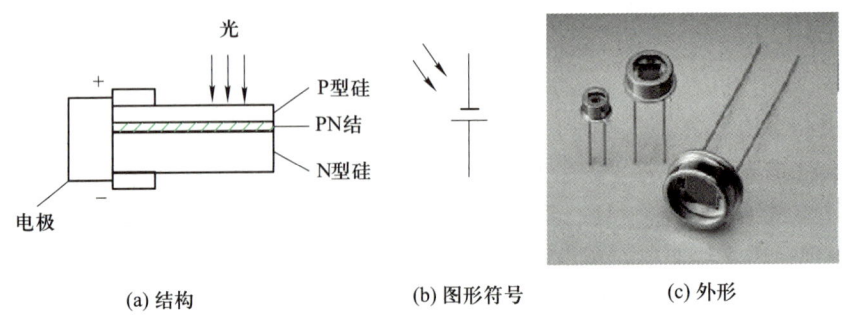

(a) 结构　　　　　　(b) 图形符号　　　　(c) 外形

图 4-27　光电池的结构、图形符号和外形

性纤维太阳能电池，用它制成的衣物具备捕捉并转化太阳能为电能的能力，为可穿戴设备领域带来了前所未有的创新。

（4）光电元件的基本特性

① 光照特性

光照特性是指光电元件的光电流和光电元件上的光照度 E 的对应关系，用 $I = f(E)$ 表示。图 4-28 是光电二极管和光电晶体管的光照特性，从图中可以看出光电二极管的光照特性是线性的，所以可以用于检测光信号。**由光照特性可知，相同照度下，光电晶体管的光电流要比光电二极管大，灵敏度高。**

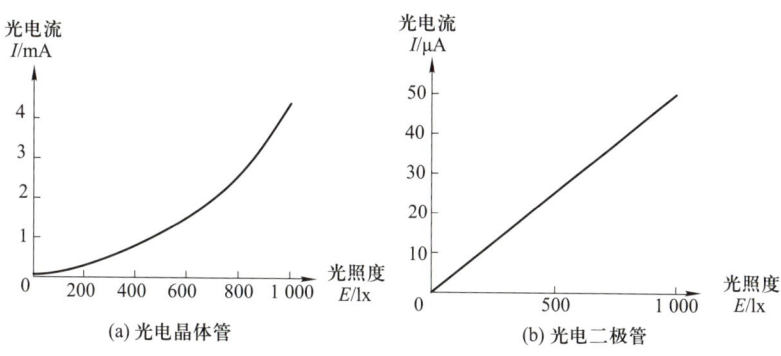

图 4-28 光电二极管、晶体管的光照特性

② 光谱特性

入射光波长和光电元件的相对灵敏度之间的关系称为该光电元件的光谱特性，光电元件对于不同波长的入射光的相对灵敏度 K_r 是不同的，有的光电元件对红外线比较敏感，有些对可见光比较敏感。如图 4-29 所示为硅光敏晶体管的光谱特性，图中的 1、2、3 分别代表三种对红外线、可见光、蓝紫光敏感的光敏晶体管的光谱特性。

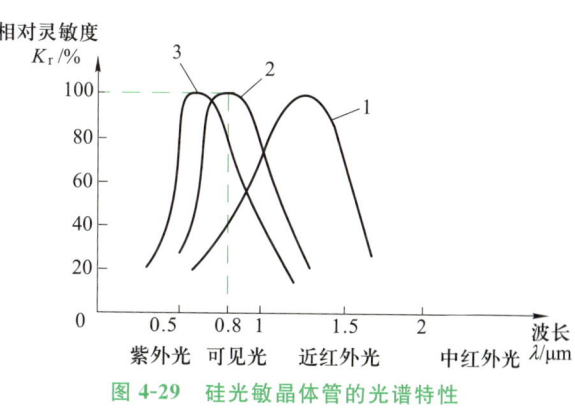

图 4-29 硅光敏晶体管的光谱特性

光电元件对不同波长光线的灵敏度取决于光电元件的材料。在实际使用时，应根据光谱特性来确定光源并使光电元件匹配，要使所选的光电元件工作在灵敏度较高的光谱区间。

目前已经研制出了几种光敏材料的光谱峰值波长，见表 4-2。表 4-3 是光的波长和颜色的关系。

表 4-2 几种光敏材料的光谱峰值波长

材料名称	GaAsP	GaAs	Si	HgCdTe	Ge	GaInAsP	AlGaSb	GaInAs	InSb
峰值波长 $/\mu m$	0.6	0.65	0.8	1～2	1.3	1.3	1.4	1.65	5.0

表 4-3 光的波长和颜色的关系

颜 色	紫 外	紫	蓝	绿	黄	橙	红	红 外
波长/μm	$10^{-4}\sim 0.39$	$0.39\sim 0.46$	$0.46\sim 0.49$	$0.49\sim 0.58$	$0.58\sim 0.60$	$0.60\sim 0.62$	$0.62\sim 0.76$	$0.76\sim 1\,000$

③ 伏安特性

图 4-30 为光电二极管和光电晶体管的伏安特性,从图中可知与普通二极管和晶体管的伏安特性相类似。

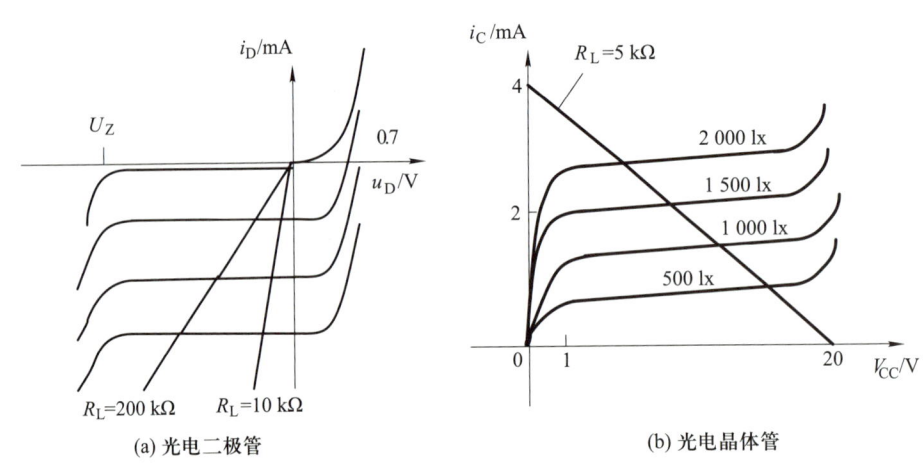

(a) 光电二极管   (b) 光电晶体管

图 4-30   光电二极管、晶体管的伏安特性

④ 温度特性

温度对光电元件的影响,主要是对光电元件的暗电流影响较大。 随着暗电流的增大,会影响元件的灵敏度,还会给微光测量带来误差。**一般硅管的暗电流比锗管的要小很多,所以通常采用硅管。**

⑤ 响应时间

一般工业用的硅光电二极管的响应时间是几类光电元件中较快的,在 $10^{-5}\sim 10^{-7}\,\mathrm{s}$,所以在需要快速响应或入射光调制频率较高时,应采用硅光电二极管检测。

图文

光电耦合
器件

3. 光电耦合器件

光电耦合器件是由发光器件和光敏器件组成,以光作为媒介传递信号的光电器件。 光电耦合器中的发光器件通常是发光二极管,光敏器件有光敏电阻、光电二极管、光电晶体管、光晶闸管等。**根据其结构和用途不同,分为用于实现电隔离的光电耦合器和用于检测有无物体的光电开关。**

从原理上讲,光电开关及光电耦合器没有太大的差别,都是由红外线发射器件与光敏器件组成,只是光电耦合器是整体结构,其检测距离只有几毫米至几十毫米,而光电开关的检测距离可达几米至几十米。

光电开关根据检测方式的不同可以分为对射型、反射板反射型和漫反射型三大类,如

图 4-31 所示。

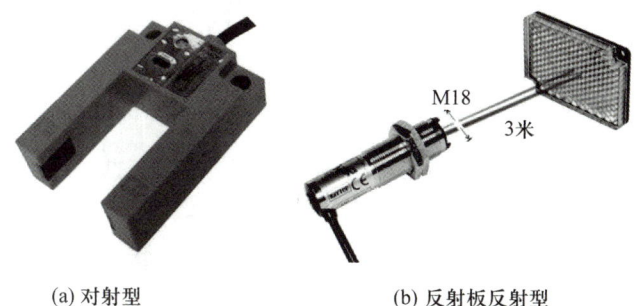

(a) 对射型　　　　　　　　(b) 反射板反射型　　　　　　　　(c) 漫反射型

图 4-31　光电开关的类型

对射型的发射器和接收器相对安放,必须排列在同一条直线上,当有物体从两者之间通过时,发射器发出的红外光束被遮断,接收器接收不到光线而输出信号。对射型的优点是检测距离长,性能稳定。

反射板反射型传感器的发光器件和光敏器件装在同一个检测头内,使用偏光三角棱镜组成的反射板。它能将光源发出的光转换成偏振光反射回去,光敏器件表面覆盖一层偏光透镜,只能接收从反射镜反射回来的偏振光。

漫反射型也是发光器件和光敏器件在一起的,与反射板反射型不同的是,其接收的光线是从被测物体表面反射回来的光线,它的检测距离与被测物体表面的反射率有关。

光电开关适用于生产流水线上统计产量、检测产品的包装,精确定位,广泛应用于自动包装机、装配流水线等自动化机械装置。

操作训练

任务一·电涡流传感器测量直流电动机转速

项目准备

项目四设备
和工具列表

1. 目的要求

(1)了解涡流效应。

(2)了解电涡流传感器的结构。

(3)掌握电涡流传感器的工作原理。

(4)学会利用电涡流传感器测量直流电动机转速。

2. 仪器设备及器材

直流稳压电源、转动源、电涡流传感器、电涡流传感器实验模块、频率/转速表、导线等。

3. 操作步骤

(1)了解本任务所需的仪器设备及器材

本任务使用的电涡流传感器及其对应的电涡流传感器实验模块如图 4-32 所示。被测对象直流电动机安装在转动源上,带动转动盘一起转动。

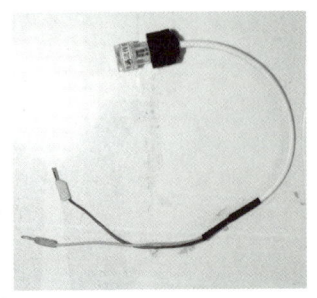

(a) 电涡流传感器

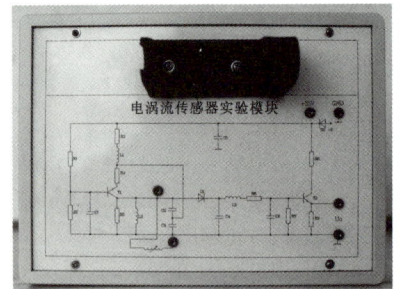

(b) 电涡流传感器实验模块

图 4-32　电涡流传感器和对应的实验模块

视频

电涡流传感
器测量直流
电动机转速

　　转动盘边缘均匀分布 12 个小孔,其中 6 个孔是空的,6 个孔是塞入磁钢的,并且空孔和磁钢间隔分布,当空孔经过电涡流传感器下方时,电涡流传感器模块输出电压较低(低电平),当磁钢经过电涡流传感器时,由于涡流效应,传感器输出电压较高(高电平),形成一个脉冲信号,转动盘转动一圈,共输出六个脉冲信号。将脉冲信号送入频率/转速表计数显示。转速与脉冲信号频率之间的关系为

$$n = \frac{60f}{p} \tag{4-5}$$

式中:f ——脉冲信号的频率;

　　　p ——每圈输出脉冲信号的数量。

　　(2)安装电涡流传感器

　　将电涡流传感器安装到转动源支架上,引出线接电涡流传感器实验模块,使电涡流传感器距离转动盘上的检测点(磁钢)2~3 mm,如图 4-33 所示。

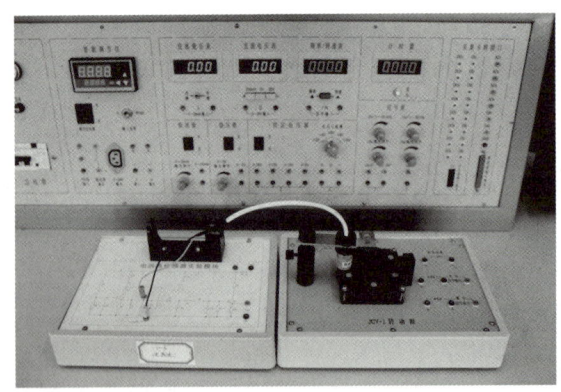

图 4-33　电涡流传感器安装图

　　(3)电涡流传感器测量转速电路接线

　　从实验台将+15V 电源接至电涡流传感器实验模块上,并将实验模块的输出接至频率/转速表,频率/转速表选择"转速"输出。将直流电源接至转动源的"转动电源"端,如图 4-34所示。

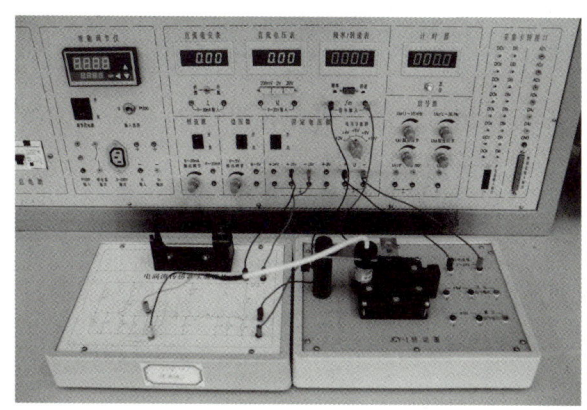

图 4-34 电涡流传感器测量转速电路接线图

（4）电涡流传感器测量转速

将直流电源选择开关拨至＋4V输出，合上实验台电源。直流电动机带动转动盘开始旋转，频率/转速表读数从零开始上升。将直流电动机转速稳定之后，观察频率/转速表的读数，填入表4-4中。将直流电源选择开关拨至＋6 V、＋8 V、＋10 V、12 V（±6 V）、16 V（±8 V）、20 V（±10 V）、24 V，直流电动机转速稳定之后，记录频率/转速表的读数。

表 4-4 不同驱动电压对应的电动机转速

驱动电压/V	＋4	＋6	＋8	＋10	12	16	20	24
转速/(r/min)								

（5）实验结束后，关闭实验台电源，整理好实验设备

4. 任务内容和评分标准

表 4-5 项目四任务一评分表

任 务 内 容	配分	评 分 标 准	得分
认识本任务所需仪器设备及器材	10	遗漏一个仪器设备及器材，扣2分，最多扣10分	
安装电涡流传感器	10	安装错误，扣10分	
电涡流传感器测量转速电路接线	30	（1）接线错误，每处扣5分，最多扣20分 （2）频率/转速表设置错误，扣10分	
电涡流传感器测量转速	30	（1）直流电源选择开关拨错，每处扣5分，最多扣10分 （2）转速未稳定就开始读数，每次扣5分，最多扣20分	
团结协作意识	10	小组共同完成项目，组员缺乏合作意识，扣10分	
正确使用设备和工具	10	只要不符合安全操作要求，就从总分中扣除	
总得分		教师签字	

做一做

电涡流传感器除了能够检测直流电动机的转速之外,还可以检测物体的位移、振动、材料厚度等。利用电涡流传感器及其对应的实验模块还可以测量微小位移,试一试,看看电涡流传感器能够测量多大的位移。

1. 仪器设备及器材

直流电压表、直流稳压电源、电涡流传感器、电涡流传感器实验模块、铁质金属圆盘、测微头、导线等。

2. 操作步骤

(1)了解所需的仪器设备及器材

直流电压表、直流稳压电源是实验桌上的,除了电涡流传感器和电涡流传感器实验模块,新增加了一个测微头(图4-35)和一个作为反射面的铁质金属圆盘。

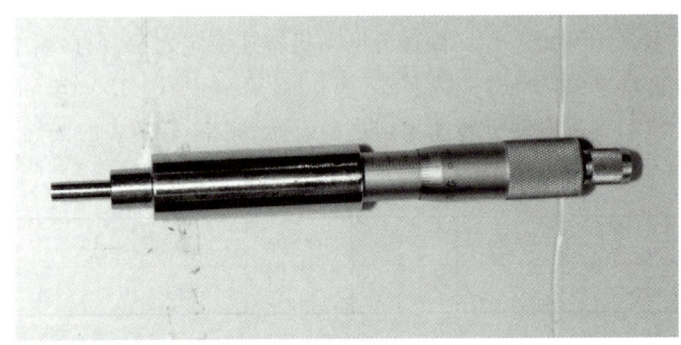

图 4-35　测微头

(2)安装电涡流传感器和测微头

按图4-36安装电涡流传感器。在测微头端部装上铁质金属圆盘,作为电涡流传感器的被测体。调节测微头,使铁质金属圆盘的平面贴到电涡流传感器的探测端,固定测微头。

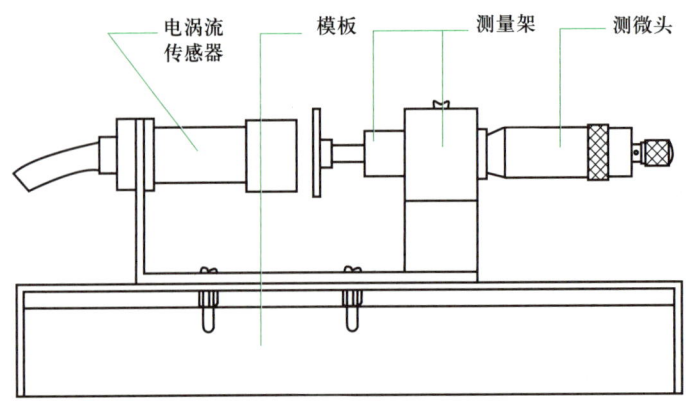

图 4-36　电涡流传感器安装图

（3）电涡流传感器测量位移电路接线

按图4-37所示将电涡流传感器连接线接到实验模块上标有"∿"的两端，实验模块输出端U_o接至直流电压表，直流电压表量程选择20 V挡，实验模块电源用连接导线从实验台接入+15 V电源。

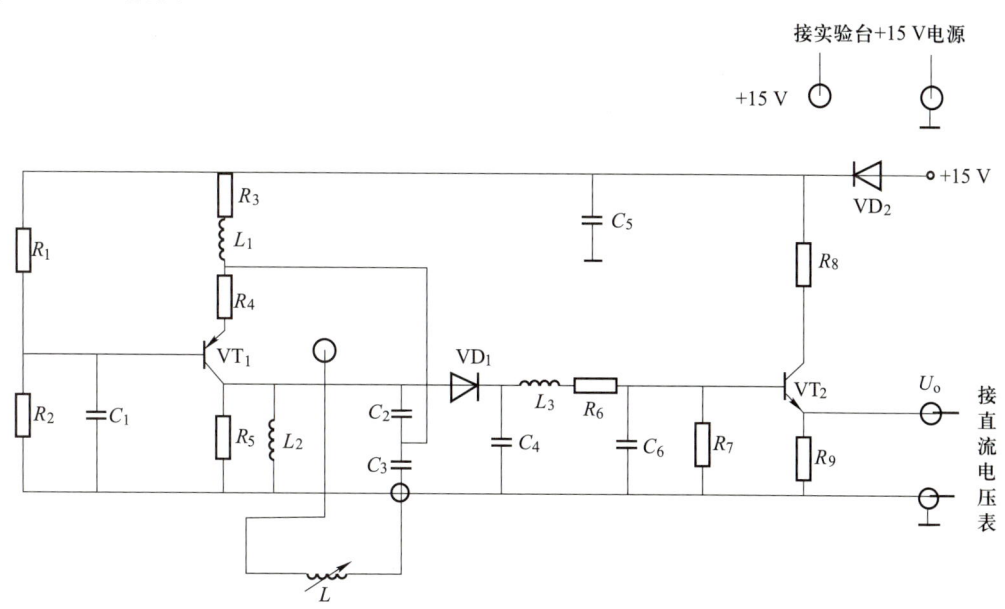

图 4-37　电涡流传感器测量位移电路接线图

（4）电涡流传感器测量位移

打开实验台电源，记下直流电压表读数，然后测微头每移动0.2 mm记录一次数据，直到输出几乎不变为止。将结果列入表4-6中。

表 4-6　电涡流传感器实验模块输出电压与位移的关系

位移/mm									
输出电压/V									

（5）实验结束后，关闭实验台电源，整理好实验设备

3. 任务内容和评分标准

任务内容和评分标准见表4-7。

表 4-7　评分表

任 务 内 容	配分	评 分 标 准	得分
认识本任务所需仪器设备及器材	10	遗漏一个仪器设备及器材，扣2分，最多扣10分	
安装电涡流传感器和测微头	15	安装错误，每处扣5分，最多扣15分	
电涡流传感器测量位移电路接线	25	（1）接线错误，每处扣5分，最多扣15分 （2）直流电压表量程选错，扣10分	

续　表

任　务　内　容	配分	评　分　标　准	得分
电涡流传感器测量位移	30	（1）测微头调节错误，每处扣 5 分，最多扣 15 分 （2）读数不正确，每次扣 5 分，最多扣 15 分	
团结协作意识	10	小组共同完成项目，组员缺乏合作意识，扣 10 分	
正确使用设备和工具	10	只要不符合安全操作要求，就从总分中扣除	
总得分		教师签字	

任务二 · 霍尔传感器测量直流电动机转速

1. 目的要求

（1）了解霍尔效应。

（2）掌握霍尔传感器的工作原理。

视频

霍尔传感器
测量直流电
动机转速

（3）掌握霍尔集成电路的分类和应用。

（4）学会利用霍尔传感器测量直流电动机转速。

2. 仪器设备及器材

直流稳压电源、转动源（霍尔传感器已经安装在转动源上）、频率/转速表、导线等。

3. 操作步骤

（1）了解本任务所需的仪器设备及器材

本任务使用的霍尔传感器已经安装在转动源上，如图 4-38 所示。在转动源上安装的是一个开关型霍尔集成电路，由直流电动机带动一个在圆周上均匀分布的 6 只磁钢的转动盘转动时，转动盘每转一周磁场变化 6 次，相应的霍尔集成电路的输出电平变化 6 次，得到 6 个脉冲信号，将脉冲信号送入频率/转速表计数显示。

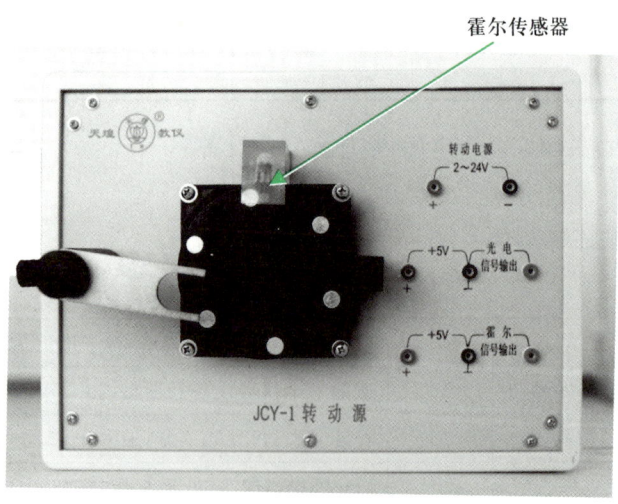

图 4-38　转动源

（2）霍尔传感器测量转速电路接线

将直流稳压电源上＋5 V电源接到转动源上"＋5 V"的电源端，并将转动源上的"霍尔信号输出"接到频率/转速表，将频率/转速表选择"转速"，如图4-39所示。

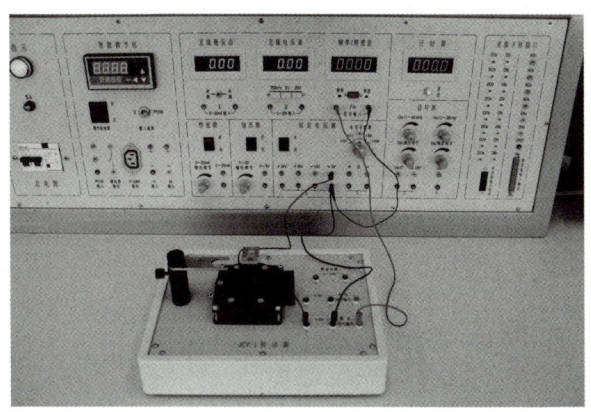

图 4-39　霍尔传感器测量转速电路接线图

（3）霍尔传感器测量转速

打开实验台电源，选择不同电源＋4 V、＋6 V、＋8 V、＋10 V、12 V(±6 V)、16 V(±8 V)、20 V(±10 V)、24 V驱动转动源上的直流电动机，可以观察到直流电动机转速的变化，待转速稳定后在表4-8中记录相应驱动电压下得到的转速值。也可用示波器观测霍尔元件输出的脉冲波形。

表 4-8　不同驱动电压下直流电动机的转速

电压/V	＋4	＋6	＋8	＋10	12	16	20	24
转速/(r/min)								

4. 任务内容和评分标准

任务内容和评分标准见表4-9。

表 4-9　项目四任务二评分表

任　务　内　容	配分	评　分　标　准	得分
认识本任务所需仪器设备及器材	10	遗漏一个仪器设备及器材，扣2分，最多扣10分	
霍尔传感器测量转速电路接线	30	（1）接线错误，每处扣5分，最多扣20分 （2）频率/转速表设置错误，扣10分	
霍尔传感器测量转速	40	（1）直流电源选择开关拨错，每处扣5分，最多扣10分 （2）转速未稳定就开始读数，每次扣5分，最多扣30分	
团结协作意识	10	小组共同完成项目，组员缺乏合作意识，扣10分	
正确使用设备和工具	10	只要不符合安全操作要求，就从总分中扣除	
总得分		教师签字	

做一做

霍尔传感器和电涡流传感器一样,也可以测量位移,利用 THSRZ-2 型传感器实验装置中的由霍尔元件构成的霍尔传感器和霍尔传感器实验模块就可以实现,按照具体的步骤做一做,比较一下霍尔传感器和电涡流传感器测量位移哪个精度更高。

视频

霍尔传感器
测量位移

1. 仪器设备及器材

直流电压表、直流稳压电源、霍尔传感器、霍尔传感器实验模块、测微头、导线等。

2. 操作步骤

(1) 了解所需的仪器设备及器材

与电涡流传感器测量位移相似,需要霍尔传感器、霍尔传感器实验模块和测微头配合起来测量。在霍尔传感器(图 4-40)的中间位置安放了两块磁钢,磁钢中间有一个可以左右移动的活动杆,在活动杆上安装了一个霍尔元件,被测物体移动时带动活动杆(包括霍尔元件)一起移动,如图 4-41 所示。**当霍尔元件位于两块磁钢之间的中心点时,两个磁场相抵消,磁感应强度 B 为零,若磁钢中心点位置向左移动,磁场逐渐增强,霍尔电动势增大;反之,磁钢中心点位置向右移动,反方向的磁场逐渐增强,霍尔电动势反向增大。** 故通过测量霍尔传感器中霍尔元件输出的霍尔电动势就可以知道物体位移的大小和方向。

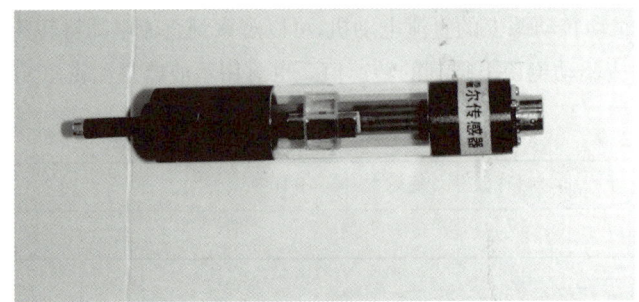

图 4-40　霍尔传感器

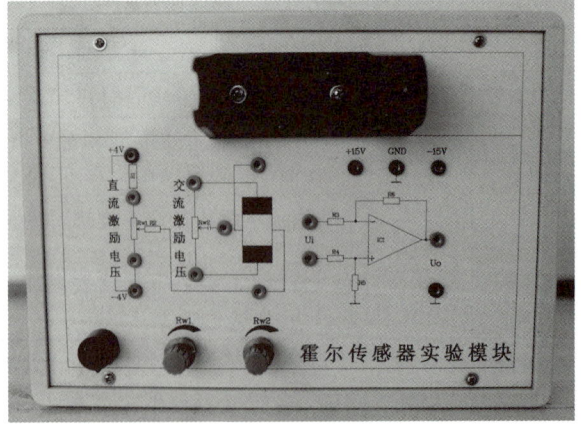

图 4-41　霍尔传感器实验模块

（2）安装霍尔传感器

将霍尔传感器安装到霍尔传感器实验模块上，将霍尔传感器通过连接线（图4-42）接到霍尔传感器实验模块9芯航空插座。

（3）霍尔传感器测量位移电路接线和调零

按照图4-43接线，打开实验桌电源，直流电压表选择"2 V"挡，将测微头的起始位置调到"10 mm"处，手动调节测微头的位置，先使霍尔元件大概在磁钢的中间位置（直流电压表大致为0），固定测微头，再调节 R_{w1} 使直流电压表显示为零。

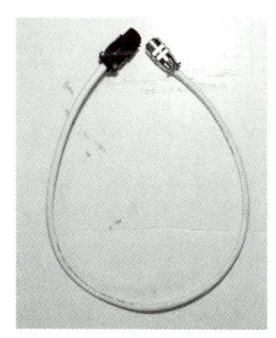

图 4-42 连接线

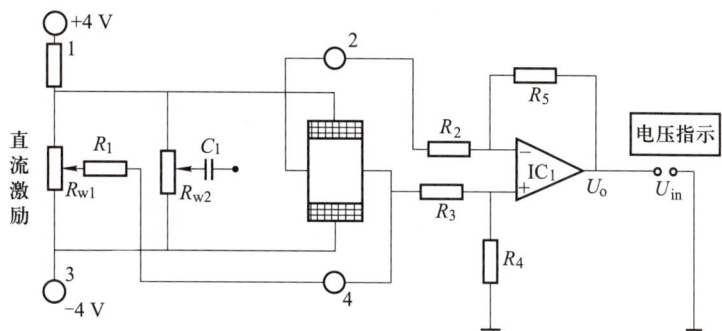

图 4-43 霍尔传感器测量位移电路接线图

注意：手动调节测微头位置，使霍尔元件位于磁钢中间位置，这一步要多次调节，确保直流电压表读数接近于零，并为最小值。

（4）霍尔传感器测量位移

分别向左、右不同方向旋动测微头，每隔0.2 mm记下一个读数，直到读数近似不变，将读数填入表4-10中。

表 4-10 霍尔传感器实验模块输出电压和位移的关系

位移/mm										
输出电压/mV										

（5）实验结束后，关闭实验台电源，整理好实验设备

3. 任务内容和评分标准

任务内容和评分标准见表4-11。

表 4-11 评分表

任 务 内 容	配分	评 分 标 准	得分
认识本任务所需仪器设备及器材	10	遗漏一个仪器设备及器材，扣2分，最多扣10分	
安装霍尔传感器	15	安装错误，每处扣5分，最多扣15分	
霍尔传感器测量位移电路接线和调零	35	（1）接线错误，每处扣5分，最多扣10分 （2）直流电压表量程选错，扣10分 （3）测微头安装错误，扣5分 （4）调零不正确，扣10分	

续 表

任 务 内 容	配分	评 分 标 准	得分
霍尔传感器测量位移	20	（1）测微头调节错误，每处扣 5 分，最多扣 10 分 （2）读数不正确，每次扣 5 分，最多扣 10 分	
团结协作意识	10	小组共同完成项目，组员缺乏合作意识，扣 10 分	
正确使用设备和工具	10	只要不符合安全操作要求，就从总分中扣除	
总得分		教师签字	

视频

磁敏电阻测
量直流电动
机转速

任务三 · 磁敏电阻测量直流电动机转速

1. 目的要求

（1）了解磁阻效应。

（2）理解磁敏电阻的工作原理。

（3）学会利用磁敏电阻测量直流电动机转速。

2. 仪器设备及器材

直流稳压电源、应变传感器实验模块、磁敏电阻、转动源、导线等。

3. 操作步骤

（1）了解所需的仪器设备及器材

直流稳压电源、应变传感器实验模块、转动源以前任务中已经使用过。**如图 4-44 所示的磁敏电阻其实是一种 N 型的 InSb 半导体材料做成的差分磁敏电阻，在其背面加了一个偏置磁场，以提高灵敏度。**

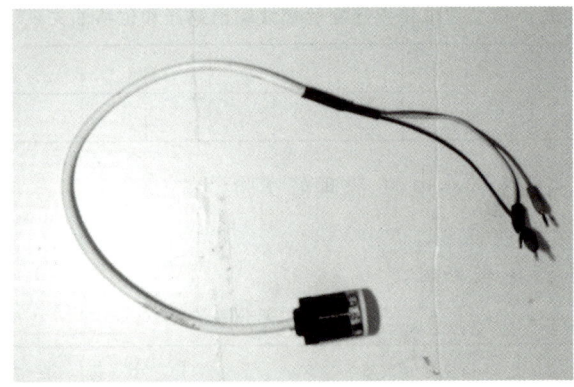

图 4-44 磁敏电阻

当磁钢经过磁敏电阻时，磁阻 M_{R1} 和 M_{R2} 处的磁场先后增大从而导致 M_{R1} 和 M_{R2} 的阻值先后增大，如图 4-45 所示在①、③两端加电压 $\pm V_{cc}$，则②端输出一个正弦波。转动源上的转动盘在圆周上平均分布 6 只磁钢，依次经过两个磁敏电阻的下方，②端就依次输出正弦波，一个磁钢对应一个正弦波，将输出的正弦波送入频率/转速表就可以得到转速。

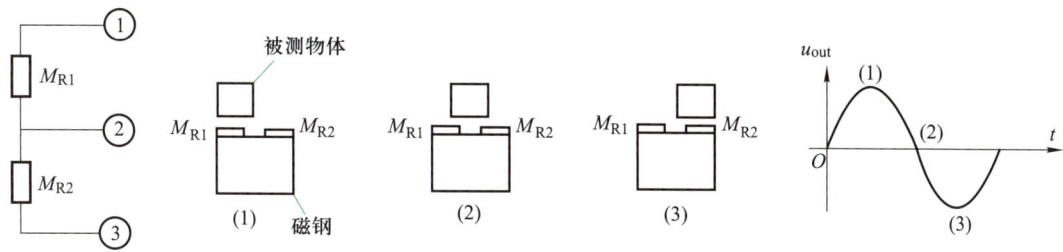

图 4-45　磁敏电阻测量转速的原理图

（2）安装磁敏电阻

将磁敏电阻安装在传感器支架上，使传感器探头底部距离转动盘 1～2 mm。

（3）差分放大器调零

将 ±15 V 直流稳压电源接入应变传感器实验模块，短接差分放大器的输入端 U_i，U_{o2} 接直流电压表，直流电压表量程选择 2 V 挡，将 R_{w3} 调节到最小，调节 R_{w4} 使 U_{o2} 输出为 0。

（4）磁敏电阻测量转速电路接线

按图 4-46 接线，磁敏电阻传感器的三根引线红色接 1，蓝色接 2，黑色接 3，使 M_{R1}、M_{R2} 与 R_6、R_7 构成一个电桥，电桥输出接差分放大器输入 U_i，调节 R_{w1}，使模块输出 U_{o2} 输出为正，且最小（若输出最小值始终为负，可对换 M_{R1} 和 M_{R2} 的位置）；输出 U_{o2} 接频率／转速表。

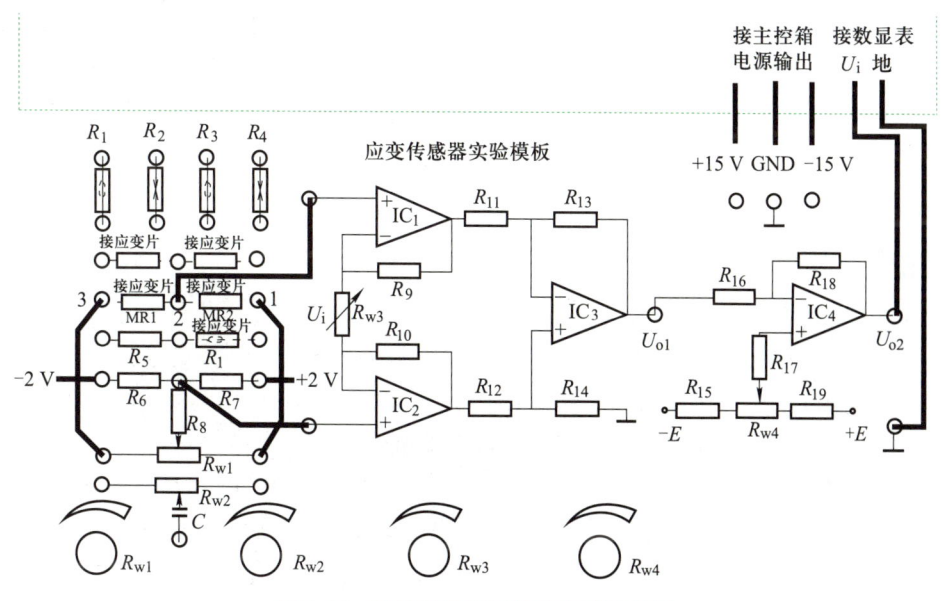

图 4-46　磁敏电阻测量转速电路接线图

（5）磁敏电阻测量转速

闭合实验台电源开关，用不同的电源驱动转动源转动，记录不同驱动电压对应的转速，填入表 4-12 中，同时可通过示波器观察 U_{o2} 的输出波形。

表 4-12　不同驱动电压对应的直流电动机转速

电压/V	+4	+6	+8	+10	12	16	20	24
转速/(r/min)								

4. 任务内容和评分标准

任务内容和评分标准见表 4-13。

表 4-13　项目四任务三评分表

任务内容	配分	评分标准	得分
认识本任务所需仪器设备及器材	10	遗漏一个仪器设备及器材,扣 2 分,最多扣 10 分	
安装磁敏电阻	10	安装错误,扣 10 分	
差分放大器调零	10	调零不正确,扣 10 分	
磁敏电阻测量转速电路接线	30	(1) 磁敏电阻引线接错,每处扣 5 分,最多扣 10 分 (2) U_{o2} 输出不为正,且数值较大,扣 10 分 (3) 频率/转速表设置错误,扣 10 分	
磁敏电阻测量转速	20	(1) 直流电源选择开关拨错,每处扣 5 分,最多扣 10 分 (2) 转速未稳定就开始读数,每次扣 5 分,最多扣 10 分	
团结协作意识	10	小组共同完成项目,组员缺乏合作意识,扣 10 分	
正确使用设备和工具	10	只要不符合安全操作要求,就从总分中扣除	
总得分		教师签字	

想一想,上述磁敏电阻测量直流电动机转速的测量电路,能否检测磁场的大小和方向?(可以利用小磁钢靠近磁敏电阻测试一下。)

视频

磁电式传感
器测量直流
电动机转速

任务四 · 磁电感应式传感器测量直流电动机转速

1. 目的要求

(1) 了解磁电感应式传感器的结构。

(2) 掌握磁电感应式传感器的工作原理。

(3) 学会利用磁电感应式传感器测量直流电动机转速。

2. 仪器设备及器材

转动源、磁电感应式传感器、频率/转速表、导线等。

3. 操作步骤

(1) 了解本任务所需的仪器设备及器材

本任务所需的仪器设备及器材非常简单,不需要接直流电源,因为磁电感应式传感器输出的是感应电动势,属于自发电型传感器。

(2) 安装磁电感应式传感器

按图 4-47 安装磁电感应式传感器。**传感器底部距离转动源 4～5 mm(目测),磁电式传**

感器的两根输出线接到频率/转速表,频率/转速表选择"转速"输出。

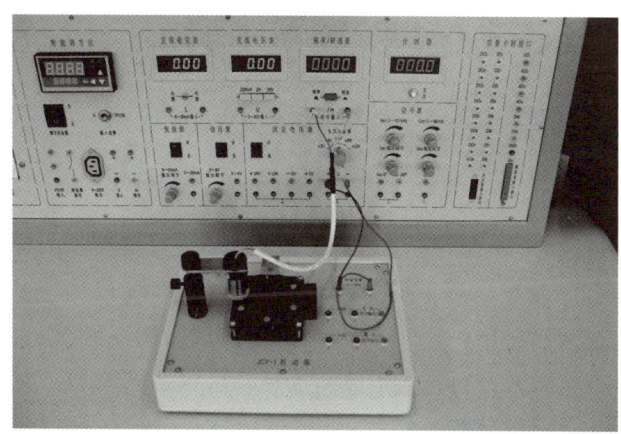

图 4-47　磁电感应式传感器安装图

（3）磁电感应式传感器测量转速

闭合实验台电源开关,选择不同电源 +4 V、+6 V、+8 V、+10 V、12 V(±6 V)、16 V(±8 V)、20 V(±10 V)、24 V 驱动转动源(注意正负极,否则烧坏电动机),可以观察到转动源转速的变化,待转速稳定后,记录对应的转速,填入表 4-14。

表 4-14　不同驱动电压对应的直流电动机转速

电压/V	+4	+6	+8	+10	12	16	20	24
转速/(r/min)								

4. 任务内容和评分标准

任务内容和评分标准见表 4-15。

表 4-15　项目四任务四评分表

任 务 内 容	配分	评 分 标 准	得分
认识本任务所需仪器设备及器材	10	遗漏一个仪器设备及器材,扣 2 分,最多扣 10 分	
安装磁电感应式传感器	30	(1) 安装错误,扣 15 分 (2) 频率/转速表设置错误,扣 15 分	
磁敏电阻测量转速	40	(1) 直流电源选择开关拨错,每处扣 5 分,最多扣 20 分 (2) 转速未稳定就开始读数,每次扣 5 分,最多扣 20 分	
团结协作意识	10	小组共同完成项目,组员缺乏合作意识,扣 10 分	
正确使用设备和工具	10	只要不符合安全操作要求,就从总分中扣除	
总得分		教师签字	

光电传感器
测量直流电
动机转速

做一做

用示波器代替频率/转速表测量直流电动机转速,仔细观察磁电感应式传感器输出的波形,是不是正弦波形? 为什么?

任务五 · 光电传感器测量直流电动机转速

1. 目的要求

（1）了解光电效应。

（2）熟悉各种光电元件。

（3）掌握光电传感器的应用。

（4）学会利用光电传感器测量直流电动机转速。

2. 仪器设备及器材

直流稳压电源、转动源（光电传感器已经安装在转动源上）、频率/转速表、导线等。

3. 操作步骤

（1）了解本任务所需的仪器设备及器材

本任务使用的光电传感器已经安装在转动源上,如图 4-48 所示。当空孔经过光电传感器下方时,光电传感器的发光二极管发出的光线经过空孔,被光敏元件接收,输出高电平;当磁钢经过光电传感器时,光电传感器的发光二极管发出的光线被磁钢挡住,光敏元件没有接收到光线,输出低电平,转动盘转动一圈,共输出 6 个脉冲信号,将脉冲信号送入频率/转速表计数显示。

（2）光电传感器测量转速电路接线

将＋5 V 电源接到转动源上"＋5 V"的电源端,并将"光电信号输出"接到频率/转速表,将频率/转速表选择"转速",如图 4-49 所示。

光电传感器

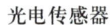
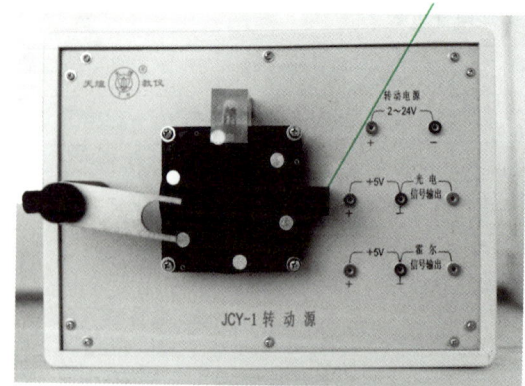

图 4-48　转动源

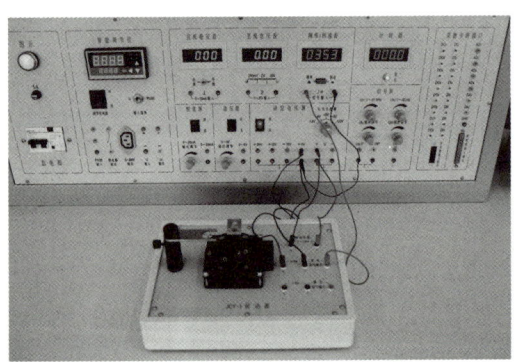

图 4-49　光电传感器测量转速电路接线图

（3）光电传感器测量转速

打开实验台电源,选择不同电源＋4 V、＋6 V、＋8 V、＋10 V、12 V(±6 V)、16 V(±8 V)、

20 V(±10 V)、24 V 驱动转动源上的直流电动机,待转速稳定后在表 4-16 中记录相应驱动电压下得到的转速值。

表 4-16 不同驱动电压下直流电动机的转速

电压/V	+4	+6	+8	+10	12	16	20	24
转速/(r/min)								

4. 任务内容和评分标准

任务内容和评分标准见表 4-17。

表 4-17 项目四任务五评分表

任 务 内 容	配分	评 分 标 准	得分
认识本任务所需仪器设备及器材	10	遗漏一个仪器设备及器材,扣 2 分,最多扣 10 分	
光电传感器测量转速电路接线	30	(1) 接线错误,每处扣 5 分,最多扣 20 分 (2) 频率/转速表设置错误,扣 10 分	
光电传感器测量转速	40	(1) 直流电源选择开关拨错,每处扣 5 分,最多扣 10 分 (2) 转速未稳定就开始读数,每次扣 5 分,最多扣 30 分	
团结协作意识	10	小组共同完成项目,组员缺乏合作意识,扣 10 分	
正确使用设备和工具	10	只要不符合安全操作要求,就从总分中扣除	
总得分		教师签字	

本任务中采用的是对射式光电耦合器,找一个反射式光电传感器安装在转动源上,测量直流电动机转速,与对射式的比较一下,测量数据有没有误差?

知识拓展

接近开关测量转速

接近开关是能在一定的距离(几毫米至几十毫米)内检测有无物体靠近的一类传感器,如图 4-50 所示。接近开关的核心部分是"感辨头",它必须对正在接近的物体有很高的感辨能力。

常用的接近开关有自感式、差动变压器式、电涡流式(俗称电感接近开关)、电容式、磁性干簧开关、霍尔式、光电式等。自感式、差动变压器式只对导磁物体起作用。电感式接近开关只能检测导电性能良好的金属。电容式对金属、非金属材料都可以检测,甚至可以检测液体,它对接地的金属或地电位的导电物体起作用,对非地电位的导电物体灵敏度稍差。磁性干簧开关和霍尔式主要是用于检测是否有磁性物体靠近。光电式也可以检测不同材料构成的物体。

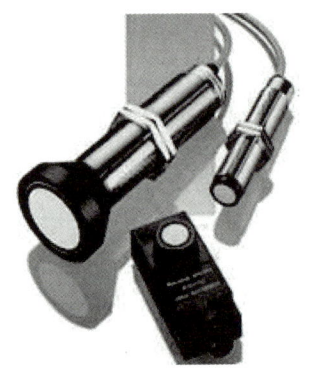

图 4-50　接近开关

接近开关能够进行非接触检测,不影响被测物的运行工况,不产生机械磨损和疲劳损伤,工作寿命长。使用时响应快,一般响应时间可达几毫秒或十几毫秒。采用全密封结构,防潮、防尘性能较好,工作可靠性高。无触点、无火花、无噪声,所以适用于要求防爆的场合(防爆型)。输出信号大,易于与计算机或可编程控制器(PLC)等接口对接;体积小,安装、调整方便。它的缺点是触点容量较小,输出短路时易烧毁。

接近开关按所接电源不同可分为直流和交流两种,按输出物理量不同可分为数字型和模拟型,按接线方式不同可分为二线、三线、四线和五线。直流二线、三线、四线制的接近开关根据输出不同可以分为 **NPN** 型和 **PNP** 型。接近开关的接线方式如图 4-51 所示。

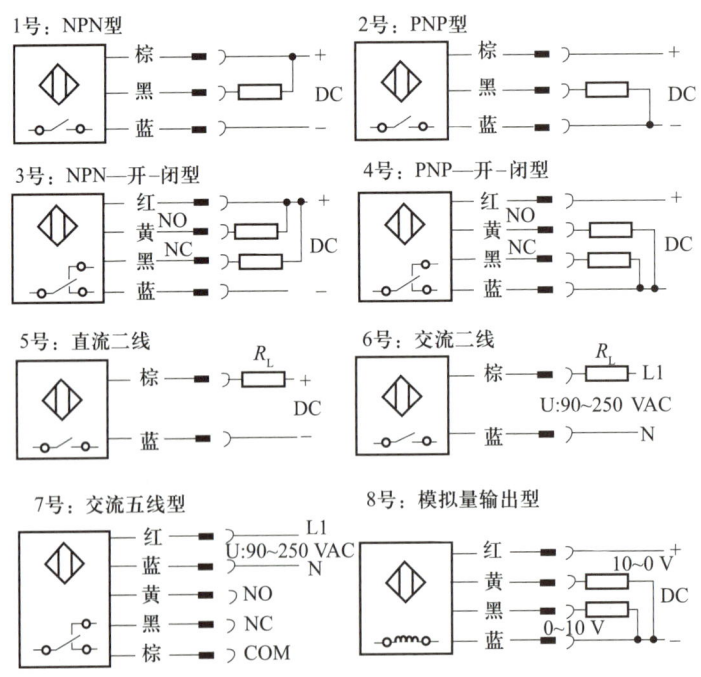

图 4-51　接近开关的接线方式

1. 接近开关的常用术语

（1）额定动作距离

检测距离亦称额定动作距离，是用标准检测体所测定的接近传感器动作距离的标称值，也就是产品铭牌中的标定值。标准检测体指规定材料、尺寸、形状，用来检测接近传感器基本性能的检测物体。对于圆柱形的电感式接近开关选用厚度 1 mm、边长为 3 倍检测距离的正方形 Q235 钢板作为标准检测体，如图 4-52 所示。

（2）工作距离

一般为检测距离的 0.8 倍，在此距离内接近传感器工作应不受温度、电压波动的影响而产生误动作。传感器与检测体的间距在安装时必须控制在这个数值内。

（3）动作滞差

动作滞差亦称回环距离，是指检测距离与复位距离之差的绝对值，如图 **4-53** 所示。动作滞差越大，接近开关的抗干扰能力越强，误动作越少。

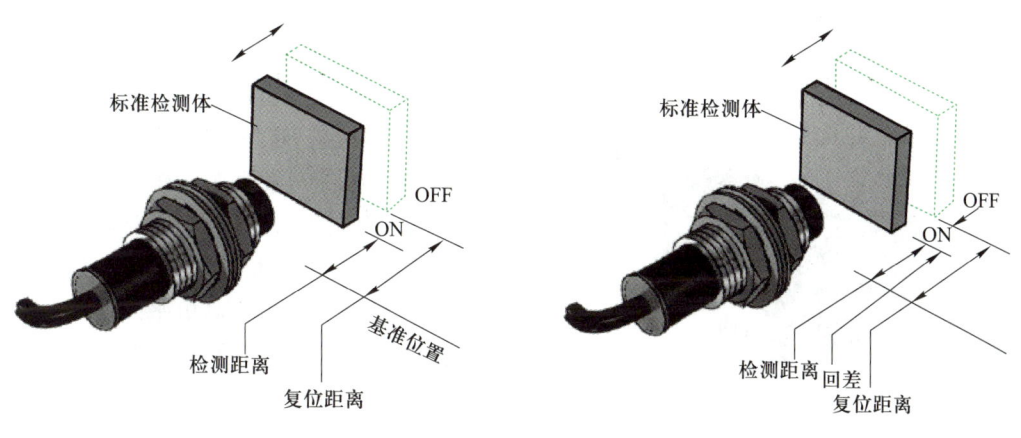

图 4-52　额定动作距离　　　　　　　图 4-53　动作滞差

（4）重复定位精度（重复性）

传感器在环境温度为（23±5）℃和规定的相对湿度环境中，供电电压在额定值的±5％内，并连续通电 8 h（小时）后，用标准检测体测得 10 次动作距离，其最大值为 d_2，最小值为 d_1，则重复精度为：$\Delta = d_2 - d_1$。

（5）动作频率

动作频率是指在 1 s（秒）内接近开关动作循环的最大次数。电容式接近开关的动作频率较低，电感式接近开关的动作频率要高一点，动作频率最高的是光电接近开关，因为光速比较快。

2. 电感接近开关测量转速

接近开关大部分都可以检测被测物体的转速，常用的主要是电感接近开关、电容接近开关、光电接近开关等，现以电感接近开关为例介绍接近开关是如何测量转速的。

（1）电感接近开关的结构和工作原理

电感接近开关的结构如图 4-54 所示，分成感应线圈、高频振荡电路、整形检波电路、信号处理电路、开关量输出五部分。

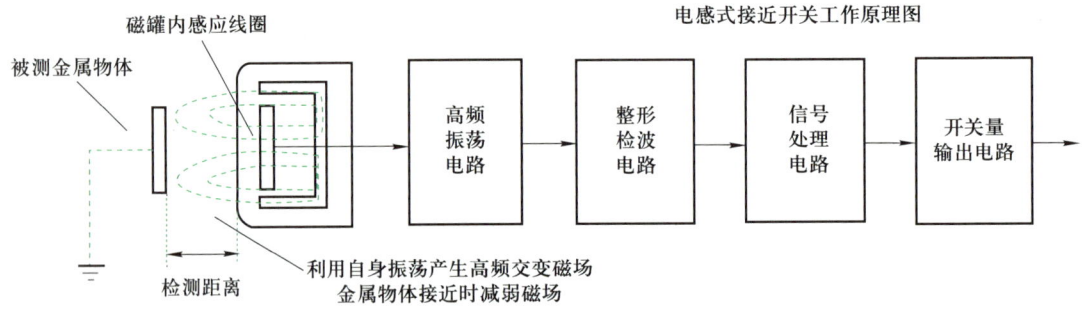

图 4-54　电感接近开关的结构和工作原理

由感应线圈构成的高频振荡电路利用自身振荡产生高频交变磁场，当被测金属物体靠近感应线圈时，根据电磁感应定律，高频交变磁场减弱，直至低于某一数值，开关量输出。

（2）电感接近开关测量齿轮转速

如图 4-55 所示，将电感接近开关安装在被测齿轮的一侧，主要要调节齿轮的轮齿和电感接近开关之间的距离在工作距离内，保证当轮齿转至电感接近开关检测面前方时，接近开关能够输出数字信号（输出高电平），而当齿槽转至电感接近开关检测面前方时，两者的距离大于检测距离，不能输出信号（输出为低电平）。若齿轮的齿数为 z，每转一圈，电感接近开关就输出 z 个脉冲信号，在时间 t 内检测到 N 个脉冲，那么转速 $n = t \cdot N/z$。

图 4-55　电感接近开关测量齿轮转速

项目小结

电涡流传感器的工作原理是基于涡流效应。电涡流传感器的测量转换电路主要是调频式和调幅式两种。电涡流传感器的检测物体必须是金属。

霍尔传感器的工作原理是基于霍尔效应，具有霍尔效应的元件称为霍尔元件。通常将霍尔元件和其他测量电路做成霍尔集成电路，常用的霍尔集成电路分为线性型和开关型。

磁敏电阻的工作原理是基于磁阻效应，可以测量磁场的大小，但是不能测量磁场的方向。磁敏电阻的灵敏度是非线性的，受温度影响很大，所以一般使用时需要温度补偿。

磁电感应式传感器的工作原理是电磁感应原理。

光电效应分为外光电效应、内光电效应、光生伏特效应。光电元件有光电管、光敏电阻、光电二极管、光电晶体管、光电池等。光电耦合器件是由发光元件（如发光二极管）和光电接收元件合并使用,以光作为媒介传递信号的光电器件,分为光电耦合器和光电开关两大类。

习　题

一、填空题

1. 电涡流探头的直径越 _____ ,检测的线性范围就越 _____ ,但是灵敏度越 _____ 。

2. 减小霍尔元件的输出不等位电动势的办法是 _____ 。

3. 霍尔元件采用恒流源激励是为了 _____ 。

4. _____ 的磁阻最大。

5. 光电二极管在电路中一般是处于 _____ 工作状态。

6. 卫星太阳能电池的工作原理基于 _____ 。

7. 已知某光源的波长,可以根据 _____ 选择光敏电阻。

8. 在光线作用下能 _____ 的现象称为外光电效应,基于外光电效应的光电元件有 _____ 、光电倍增管等。

二、问答题

1. 什么是涡流效应? 什么是集肤效应?

2. 电涡流传感器的阻抗和哪些参数有关?

3. 什么是霍尔效应?

4. 什么是磁阻效应?

5. 为什么长方形的磁敏电阻的结构是多个横长方形片串联而成,片和片之间要加入金属导体?

三、计算题

某电涡流式转速传感器用于测量一个转轴的转速,在转轴所带的圆盘上沿圆周方向均匀分布 18 个小槽,电涡流式转速传感器与 18 个小槽对应,如果电涡流式转速传感器的输出为 $U_{\circ}=U_{m}\cos(2\pi\times1\,200t+\pi/5)$,求该转轴转速是每分钟多少转?

项目五　测量位移

思维导图

测量位移

项目引入

测量位移

学习目标

测量位移

图文

位移检测

项目简介

位移是指物体的某个表面或某点相对于参考表面或参考点位置的变化。位移有线位移和角位移两种。线位移是指物体沿着某一条直线移动的距离;角位移是指物体绕着某一定点旋转的角度。根据测量的位移不同,位移传感器可以分为直线型和回转型两大类。直线型用于测量线位移,回转型用于测量角位移。用于检测位移的传感器很多,如果位移较小,通常用应变式、电感式、差动变压器式、涡流式、霍尔传感器来检测,位移较大则常用感应同步器、光栅、容栅、磁栅等来测量。如图 5-1 所示为常用的位移传感器。

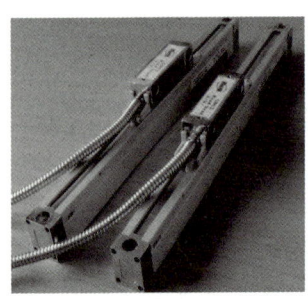

(a) 光栅传感器

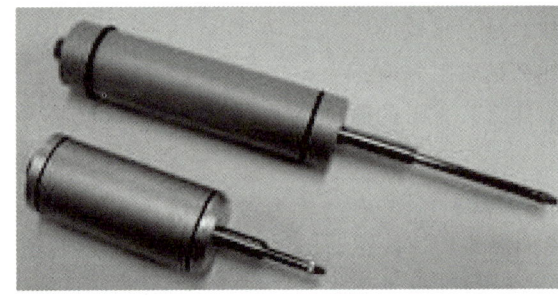

(b) 容栅传感器

图 5-1　常用的位移传感器

图文

自感式传感器工作原理及分类

相关知识

一、电感式传感器

电感式传感器是将被测量的变化转换成电感的变化,再将电感的变化转成电量输出的传感器。电感分为自感和互感两大类,所以电感式传感器也分为自感式和互感式(差动变压器式)两大类。

1. 自感式传感器

（1）工作原理

自感式传感器一般由铁心、衔铁和线圈三部分构成,如图 5-2 所示。根据以前所学的电工学知识可知,线圈的自感量 L 为

$$L = \frac{N^2}{R_m} \tag{5-1}$$

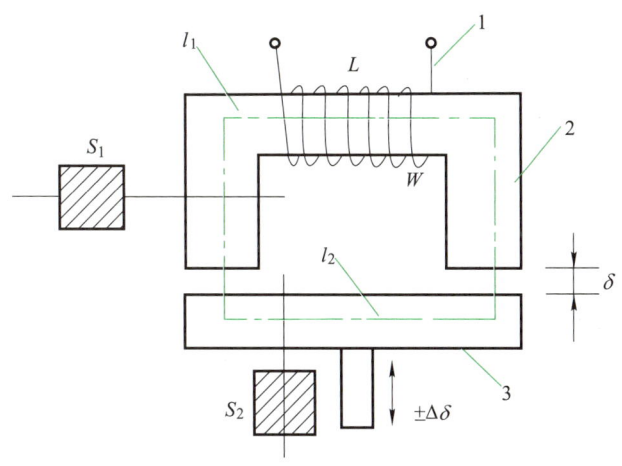

1—线圈；2—铁心；3—衔铁。

图 5-2　闭合磁路式自感式传感器原理结构

假设衔铁和铁心之间的气隙很小，在不考虑磁路的铁损且铁心磁阻远小于气隙磁阻的情况下，磁路的总磁阻为

$$R_m = \frac{2\delta}{\mu_0 A} \tag{5-2}$$

式中：μ_0——空气磁导率，$\mu_0 = 4\pi \times 10^{-7} \, H/m$；

　　　A——气隙的有效截面积；

　　　δ——气隙厚度。

将式(5-2)代入式(5-1)得到线圈的自感量为

$$L = \frac{N^2 \mu_0 A}{2\delta} \tag{5-3}$$

从式(5-3)可以看出，自感量 L 与 N、A、δ 这三个变量有关，当线圈匝数 N 确定之后，自感量 L 就与 A、δ 有关，即 L 是 A、δ 的函数，根据这一关系式，可以把自感式传感器从原理上分为变气隙式和变面积式两大类，实际使用时还有一类是螺线管式。

（2）变气隙式电感传感器

变气隙式电感传感器是将被测量变化变为衔铁的位移，衔铁移动后改变气隙的大小，从而引起电感线圈的自感量 L 变化，如图 5-2 所示。由式(5-3)可知，当线圈的匝数 N 确定之后，并且 A 保持不变的情况下，自感量 L 是气隙厚度 δ 的函数，并且自感量 L 与气隙厚度 δ 成反比关系，所以这种传感器的输入输出为非线性关系，如图 5-3 所示。从图 5-3 可以看出，变气隙式电感传感器的 δ 越小，灵敏度越高，实际的输出特性只有在很小的一段区域接近线性，故变气隙式电感传感器只能测量微小的位移。

（3）变截面式电感传感器

变截面式电感传感器常做成测量角位移的形式，被测物体带动衔铁转动，使气隙的有效截面积发生变化，导致自感量发生变化。当线圈匝数 N 和气隙厚度 δ 为常数时，变截面式电感传感器的电感量 L 与气隙有效截面积 A 成正比关系，所以理论上说变截面式电感传感器的输入输出是线性关系，如图 5-4 所示。但是由于漏感等原因，实际的输出特性曲线的线性区较小，而且当 $A=0$ 时，L 并不为零，还是存在较大的电感。

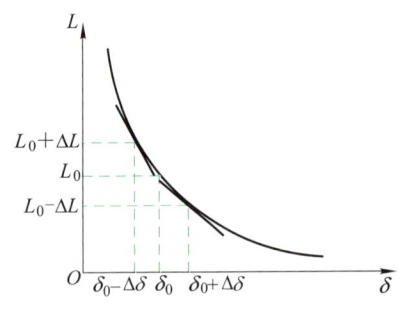

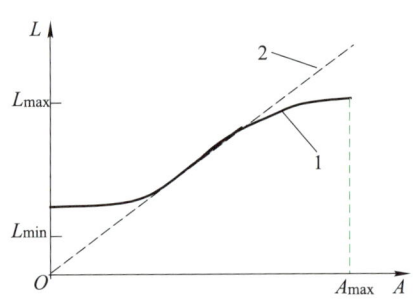

1—实际输出特性；2—理想输出特性。

图 5-3　变气隙式电感传感器的输出特性　　图 5-4　变截面式电感传感器的输出特性

（4）螺线管式电感传感器

图文

差动电感
传感器

螺线管式电感传感器是一种特殊的自感传感器。单线圈螺线管式电感传感器，主要元件是一个螺线管和一根柱形衔铁。传感器工作时，衔铁在线圈中伸入长度的变化将引起螺线管电感的变化。

这种传感器结构简单，制作容易，但是灵敏度稍低，且衔铁在螺线管中间部分工作时，才有希望获得较好的线性关系。螺线管电感传感器适用于测量稍大一点的位移（毫米级）。

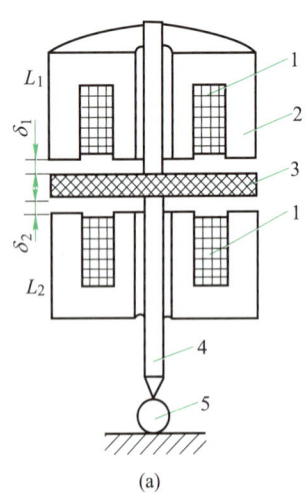

(a)

1—差动线圈；2—铁心；3—衔铁；
4—测杆；5—工件。

图 5-5　差动变气隙式电感传感器的结构

（5）差动电感传感器

由于以上三种电感传感器使用时有可能受到外界条件的影响，可能会产生测量误差，所以在实际应用中常采用差动形式，就是两个结构、材料、尺寸、电气参数等完全相同的电感式传感器，共用一根活动衔铁。如图 5-5 所示为差动变气隙式电感传感器的结构图。

以图 5-5 为例，当活动衔铁位于中间位置时，$\delta_1=\delta_2=\delta_0$，当活动衔铁偏离中间位置时，两个气隙一个增加，一个减小，采用差动输出，导致自感的变化量为原来的两倍，灵敏度比原来提高一倍。如图 5-6 所示为差动变气隙式电感传感器的输出特性，从图 5-6 中可以看出，采用差动形式还可以改善线性度，并且对外界影响，如温度的变化、电源频率的变化等也基本上可以互相抵消，从而减小了测量误差。

（6）测量转换电路

电感式传感器的测量转换电路和电阻应变片式相似，也是采用电桥电路，不同的是采用的是交流电桥，通过交流电桥实现信号的转换。

① 交流电桥

如图 5-7 所示交流电桥可分为电阻平衡臂电桥和变压器电桥两种，这两种接入均是差动形式电感传感器。这样的话，当衔铁位于中间位置时，电桥平衡，输出电压为零。当衔铁开始偏离中间位置时，$Z_1 \neq Z_2$，电桥输出电压与衔铁的位移成正比。如图 5-7(b) 所示为变压器电桥。变压器电桥的输出电压为

$$U_{\text{o}} = \frac{U_{\text{S}}}{Z_1 + Z_2} Z_1 - \frac{U_{\text{S}}}{2} = \frac{U_{\text{S}}}{2} \frac{Z_1 - Z_2}{Z_1 + Z_2} \tag{5-4}$$

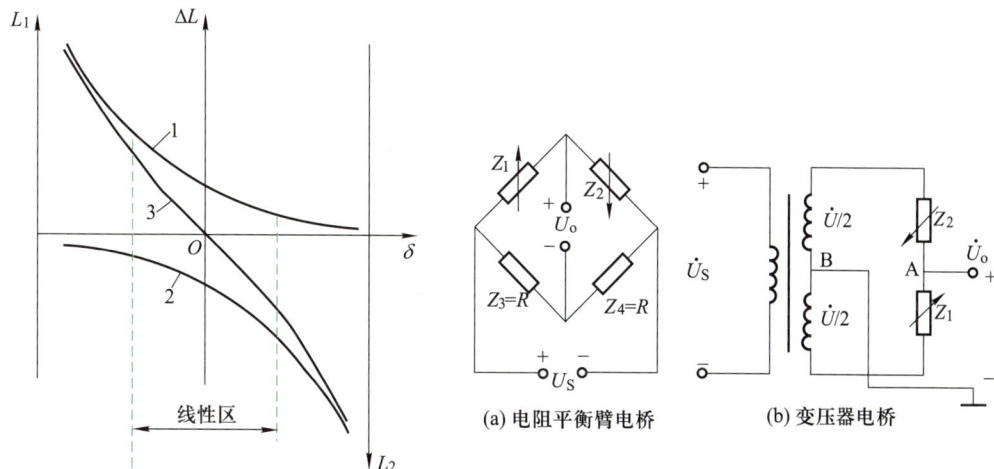

1、2—单个变气隙式电感传感器的输出特性；
3—差动变气隙式电感传感器的输出特性。

图 5-6　差动变气隙式电感传感器的输出特性　　**图 5-7　交流电桥**

衔铁位于中间位置时，$Z_1 = Z_2 = Z$，电桥平衡，$U_{\text{o}} = 0$。当衔铁下移（图 5-7）时，$Z_1 = Z - \Delta Z$，$Z_2 = Z + \Delta Z$，则

$$U_{\text{o}} = -\frac{U_{\text{S}}}{2} \frac{\Delta Z}{Z} \tag{5-5}$$

同理，反方向移动时，

$$U_{\text{o}} = \frac{U_{\text{S}}}{2} \frac{\Delta Z}{Z} \tag{5-6}$$

可见，衔铁向不同方向移动时，产生的输出电压 U_{o} 大小相等、方向相反，即相位互差 180°，可以反映衔铁移动的方向。

② 相敏检波电路

如果用交流电压表直接测量交流电桥输出电压，只能看到电压的数值在变化，却不能反

映实际相位,这样就不能确定衔铁的位移方向。**实际使用时,通常将交流电桥输出先接入相敏检波电路,将交流输出电压转换成直流电压输出,再使用直流电压表检测输出电压,这样直流输出电压的极性就可以反映衔铁的移动方向。** 如图 5-8 所示为相敏检波电路的输出特性。相敏检波之前当衔铁位于中间位置时,输出电压并不为零,而是一个很小的电压值,称为零点残余电压。采用相敏检波电路之后,就可以消除零点残余电压。

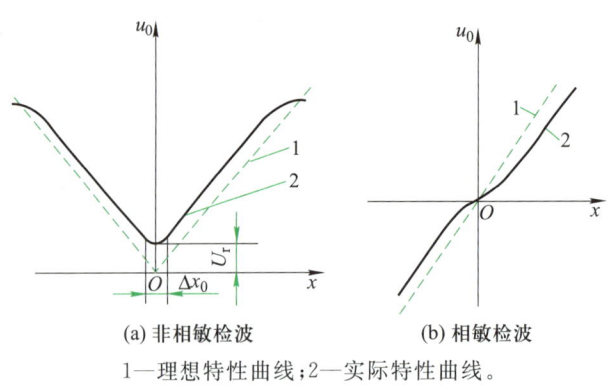

(a) 非相敏检波　　　　(b) 相敏检波

1—理想特性曲线;2—实际特性曲线。

图 5-8　相敏检波电路输出特性

图文

差动变压器
的结构

2. 差动变压器式传感器

差动变压器式传感器的结构和变压器相似,由一个一次绕组和两个二次绕组、衔铁等构成, 如图 **5-9** 所示,其工作原理是当衔铁移动时,引起一、二次绕组之间的互感量发生变化,两个二次绕组的输出电压发生变化,两个二次绕组反向串联,差动输出,故此得名差动变压器式传感器。与自感式传感器相类似,差动变压器式传感器的结构形式也有变气隙式、变面积式和螺线管式等多种。

① 工作原理

如图 5-10 所示,当一次线圈加入激励电源后,二次线圈会产生感应电动势。当衔铁处于中间位置时,互感系数相等,两个线圈的互感 $M_1 = M_2 = M_0$,$\dot{U}_{21} = \dot{U}_{22}$。由于两个二次绕组反向串联,此时差动变压器输出电压为零。当衔铁随被测量移动而偏离中间位置时,两个线圈的互感系数不等,两个线圈的电感一个增加,一个减少,M_1、M_2 不再相等,输出电压不为零,经测量电路转换成一定的输出电压值。衔铁移动方向不同,输出电压的极

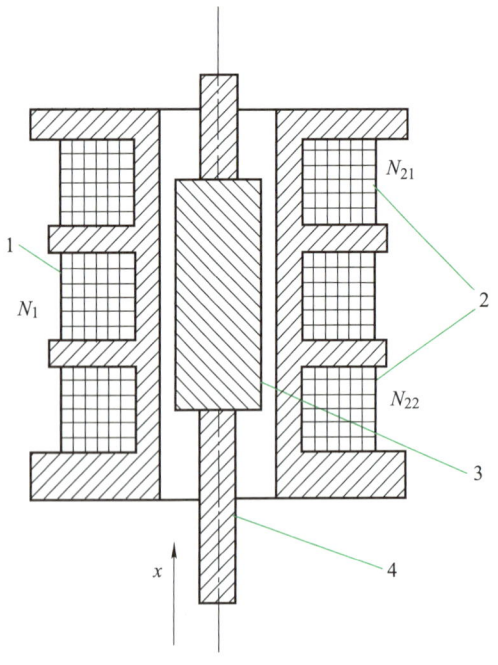

1——次绕组;2—二次绕组;3—衔铁;4—顶杆。

图 5-9　差动变压器式传感器结构

性也不同。

如图 5-11 所示，差动变压器的输出特性与差动电感式传感器输出特性相似，衔铁的移动方向相反，输出电压的相位互差 **180°**，而且存在零点残余电压，消除零点残余电压并且可以辨别移动方向的方法就是使用相敏检波电路。除了采用相敏检波电路之外，还有一种差分整流电路也可以实现这个功能。

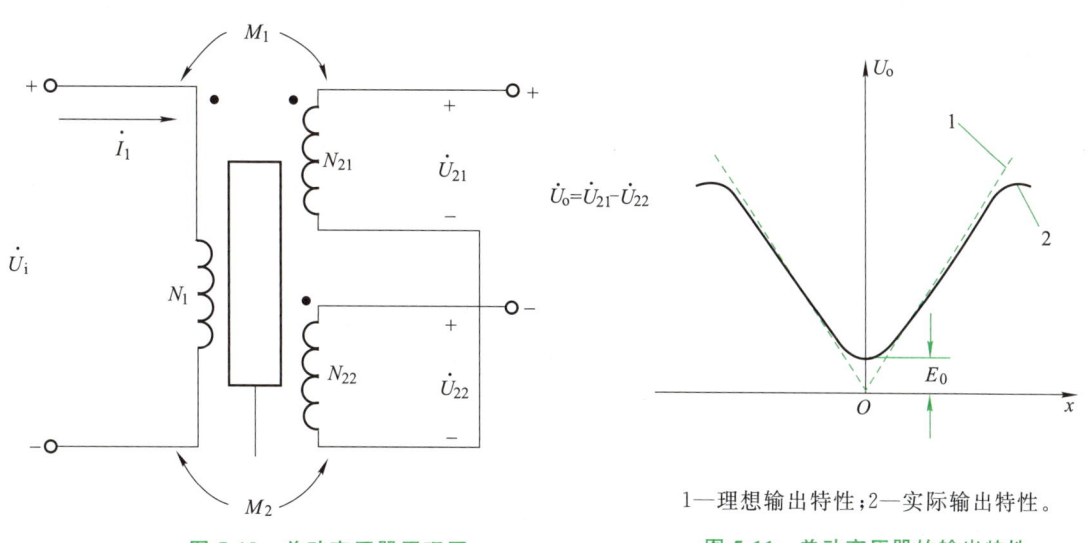

$$\dot{U}_o = \dot{U}_{21} - \dot{U}_{22}$$

1—理想输出特性；2—实际输出特性。

图 5-10　差动变压器原理图　　　图 5-11　差动变压器的输出特性

② 差分整流电路

差分整流电路是将差动变压器的两个二级输出电压分别整流，然后将整流的电压或电流的差值作为输出。差分整流电路一般分为电压输出型和电流输出型，这两大类均可以分为半波输出和全波输出两类，如图 5-12 所示。 从图（c）所示电路结构可知，不论两个一次线圈的输出瞬时电压极性如何，流经电容 C_1 的电流方向总是从 2 到 4，流经电容 C_2 的电流方向总是从 6 到 8，故整流电路的输出电压为

$$\dot{U}_o = \dot{U}_{24} - \dot{U}_{68} \tag{5-7}$$

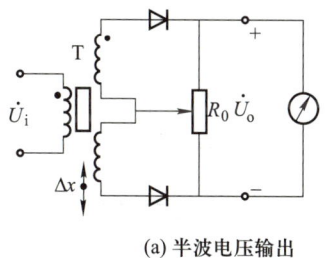

(a) 半波电压输出

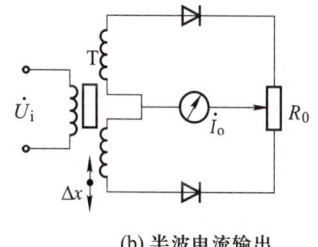

(b) 半波电流输出

图 5-12 差分整流电路

(c) 全波电压输出　　　　　　　　(d) 全波电流输出

当衔铁在中间位置时，$\dot{U}_{24} = \dot{U}_{68}$，所以 $\dot{U}_{\text{o}} = 0$；当衔铁向上移动时，因为 $\dot{U}_{24} > \dot{U}_{68}$，则 $\dot{U}_{\text{o}} > 0$；而当衔铁在向下移动时，$\dot{U}_{24} < \dot{U}_{68}$，则有 $\dot{U}_{\text{o}} < 0$。$\dot{U}_{\text{o}}$ 的正负表示衔铁位移的方向。

二、电容式传感器

1. 电容式传感器工作原理

电容器有很多种，下面以图 5-13 所示的平行板电容器为例。根据电工常识，平行板电容器的电容（忽略边缘效应），可以用下式表示：

$$C = \frac{\varepsilon A}{d} = \frac{\varepsilon_{\text{r}} \varepsilon_0 A}{d} \tag{5-8}$$

式中：ε——极板间介质的介电常数；$\varepsilon = \varepsilon_{\text{r}} \varepsilon_0$，$\varepsilon_0$ 为真空中的介电常数，$\varepsilon_0 = 8.854\,187\,817 \times 10^{-12}$ F/m，ε_{r} 为极板间介质的相对介电常数；

　　　A——两极板的正对面积；

　　　d——两极板之间的距离；

　　　C——电容量，单位为 F。

从式(5-8)可以看出，电容量与两极板间介质的介电常数、两平行板的正对面积成正比，与两极板间距离成反比。固定 ε、A、d 三个变量中的两个，电容就是另一个变量的单值函数，因此电容式传感器可以分为变极距式、变面积式、变介电常数式三种。

（1）变极距式电容传感器

如图 5-14 所示为变极距式电容传感器，由定极板和动极板组成。定极板保持不动，动极板可以上下移动，引起两极板之间的极距发生变化，从而引起电容量的变化。假设电容的初始值为 C_0（极距为 d_0）。

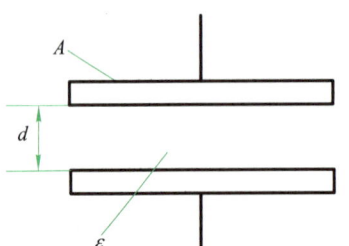

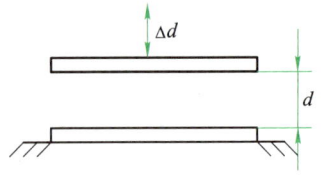

图 5-13 平行板电容器　　　　图 5-14 变极距式电容传感器结构图

当动极板向下移动 Δd 时,电容的变化为

$$C = C_0 + \Delta C = \frac{\varepsilon A}{d_0 - \Delta d} = \frac{C_0}{1 - \left(\frac{\Delta d}{d_0}\right)^2}\left(1 + \frac{\Delta d}{d_0}\right) \tag{5-9}$$

由于 $1 \gg \dfrac{\Delta d}{d_0}$,所以

$$\Delta C \approx C_0 \frac{\Delta d}{d_0} \tag{5-10}$$

其灵敏度

$$S = \frac{\Delta C}{C_0} \approx \frac{\Delta d}{d_0} \tag{5-11}$$

电容量的变化量与极距成反比,所以变极距式电容传感器的输出特性是非线性的,如图 5-15 所示。

为了提高传感器的灵敏度,减小非线性,实际应用时常常把传感器做成差动形式。

差动变极距式电容传感器的结构由三块极板构成(图 5-16),其中上下两块极板为定极板,中间为动极板,动极板位于中间时,$d_1 = d_2 = d_0$,$C_1 = C_2 = C_0$,差动变极距式电容传感器的电容的差值 $C_1 - C_2 = 0$。

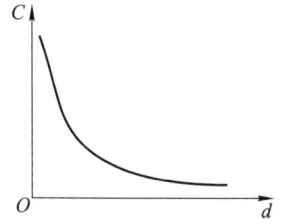

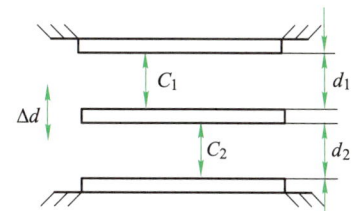

图 5-15　变极距式电容传感器输出特性　　**图 5-16　差动变极距式电容传感器结构图**

当动极板向上移动 Δd 时,如图 5-16 所示,$d_1 = d_0 - \Delta d$,$d_2 = d_0 + \Delta d$,$C_1 = C_0 + \Delta C$,$C_2 = C_0 - \Delta C$,所以 $C_1 - C_2 = 2\Delta C$;反之,动极板向下移动 Δd 时,$C_1 - C_2 = -2\Delta C$。由此可见,电容的变化量为原来的两倍,灵敏度也提高了。

由于两极板之间的距离较小,只有几毫米,故变极距式电容传感器的极距的变化量很小,因此变极距式电容传感器一般来测量小至 0.01 μm,大至零点几毫米的微小位移。

（2）变面积式电容传感器

变面积式电容传感器可以做成很多不同形状,如图 5-17 所示,可以做成平板型、同心圆筒型和角位移型。图中的前两种电容式传感器是测量直线位移的,最后一种是测量角位移的。

图文

变面积式
电容传感器

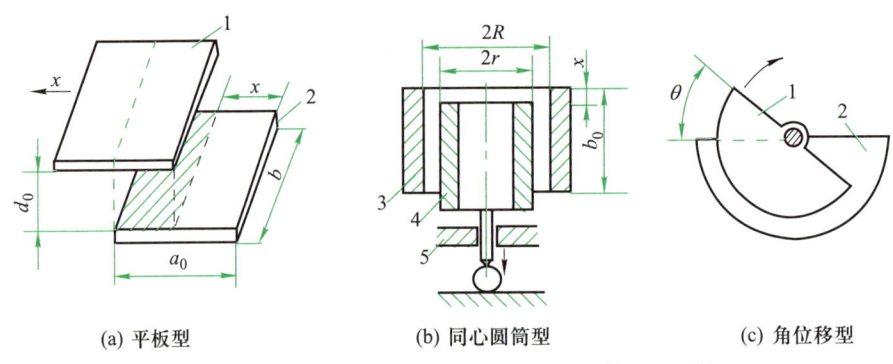

(a) 平板型　　　　　　(b) 同心圆筒型　　　　　　(c) 角位移型

1—动极板;2—定极板;3—外圆筒;4—内圆筒;5—导轨。

图 5-17　变面积式电容传感器

以第一种平板型为例,设两矩形极板间正对面积为 A,当上方的动极板移动 x 时,则两极板正对面积 A 发生变化,电容量也发生改变。

$$C = \frac{\varepsilon b(a_0 - x)}{d_0} = \frac{\varepsilon a_0 b - \varepsilon b x}{d_0} = C_0 - \frac{\varepsilon b x}{d_0} = C_0 - \Delta C \qquad (5\text{-}12)$$

电容的变化量:

$$\Delta C = -\frac{\varepsilon b x}{d_0} = -C_0 \frac{x}{a_0} \qquad (5\text{-}13)$$

灵敏度:

$$S = \frac{\Delta C}{C_0} = -\frac{x}{a_0} \qquad (5\text{-}14)$$

由式(5-13)可以看出,变面积式电容传感器的输出特性是线性的,而且其灵敏度也是常数。

变极板面积型电容传感器与变极距式相比,可以测量较大的线位移,甚至可以测量角位移。

（3）变介电常数式电容传感器

变介电常数式电容传感器主要是通过改变插入两极板间的介质来改变电容量的。 如图 5-18 所示,使厚度为 d_2、介电常数为 ε_2 的介质从左往右进入极板,则电容量发生改变。实验证明,电容的变化量与进入两极板间介质的介电常数、进入的距离、介质厚度均有关。

其实每一种物质的介电常数都不同,如表 5-1 所示,所以在两极板间插入不同的介质,就会改变两平行板之间的电容量。从表中可以看出,有些介质的介电常数很小,有些很大,例如水的介电常数比较大（为 80）,所以可以利用这一点做成用于检测空气湿度的电容湿度计、电容液位计（图 5-19）等,除此之外还可以检测介质的厚度等。

电容式传感器除了可以检测位移、角度、湿度、液位等参数,还有很多应用,例如:电容式加速度计、陀螺仪可以检测物体的运动状态;电容式接近传感器可用于确定物体位置;电容式触摸屏可用在各种消费电子产品中;电容式压力传感器可用于对发动机进行压力监测。

图文

变介电常数式电容传感器

文本

打破国外垄断,实现电容式压力传感器国产化替代

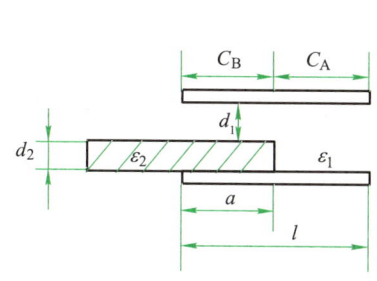

图 5-18　变介电常数式电容传感器　　　图 5-19　电容液位计

表 5-1　不同介质的介电常数

介质名称	相对介电常数 ε_r	介质名称	相对介电常数 ε_r
真　空	1	玻璃釉	3～5
空　气	略大于 1	SiO_2	38
其他气体	1～1.2	云　母	5～8
变压器油	2～4	干的纸	2～4
硅　油	2～3.5	干的谷物	3～5
聚丙烯	2～2.2	环氧树脂	3～10
聚苯乙烯	2.4～2.6	高频陶瓷	10～160
聚四氟乙烯	2.0	低频陶瓷、压电陶瓷	1 000～10 000
聚偏二氟乙烯	3～5	纯净的水	80

2. 电容式传感器的测量转换电路

电容式传感器的测量转换电路是将电容的变化量转换成电量输出,实际应用时有很多种电路,比较常见的是交流电桥电路、调频电路、运算放大器电路。

（1）交流电桥电路

交流电桥电路是比较简单、实用的测量转换电路,一般有单臂接法和差动接法两种接法,如图 5-20 所示。单臂接法是将电容式传感器作为电桥的一个桥臂,差动接法是将差动式电容传感器接入电桥相邻的桥臂。例如将差动变极距式电容传感器接入差动接法的交流

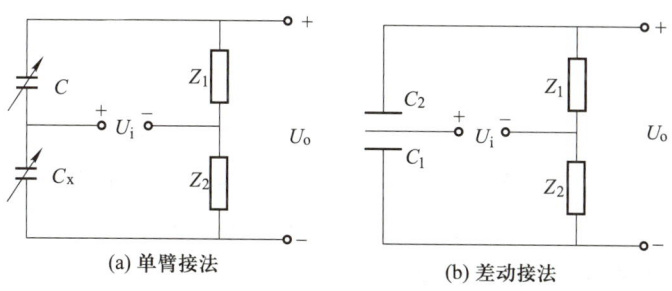

(a) 单臂接法　　　　　　　　　(b) 差动接法

图 5-20　交流电桥电路

电桥,动极板未受外力作用时,$C_1=C_2=C_0$,交流电桥平衡,输出电压为零,当动极板向上运动时,假设此时 C_1 减小,C_2 增大,交流电桥输出电压增大,且输出电压和输入电压 U_i 反相;反之,动极板向下运动时,C_1 增大,C_2 减小,交流电桥输出电压绝对值增大,此时输出电压和输入电压 U_i 同相。**如果需要辨别动极板的移动方向,也要将交流电桥的输出电压经过相敏检波电路输出。**

（2）调频电路

调频电路是将电容量的变化转换成输出信号频率的变化。将电容式传感器作为 LC 振荡器谐振回路的一部分,当电容传感器工作时,电容 C_x 发生变化,就使振荡器频率 f 产生相应的变化。由于振荡器频率受电容式传感器电容的调制,这样就实现了 C/f 的变换,故称为调频电路,如图 5-21 所示。

调频电路的特点是抗外来干扰能力强,特性稳定,能取得高电平的直流信号（伏特数量级）。因为是频率输出,因而易于同数字仪器和计算机（数字定时器）接口匹配。

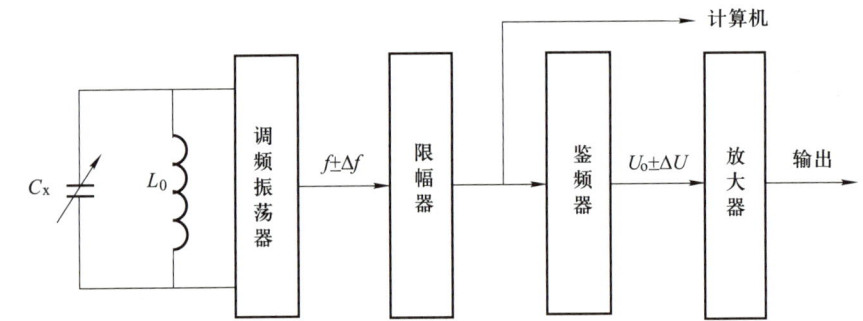

图 5-21　调频电路

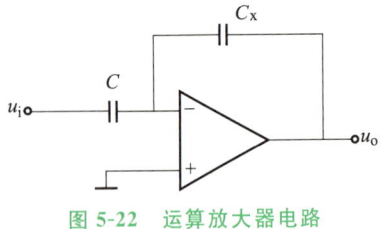

图 5-22　运算放大器电路

（3）运算放大器电路

采用集成运算放大器作为测量转换电路,将电容式传感器接入运算放大器的反馈端,如图 5-22 所示。

根据计算得到输出电压为

$$\dot{U}_o=-\frac{1/\mathrm{j}\omega C_x}{1/\mathrm{j}\omega C}\cdot\dot{U}_i=-\frac{C}{C_x}\dot{U}_i \tag{5-15}$$

如果是变极距式电容传感器,则

$$\dot{U}_o=-\dot{U}_i\frac{C}{\varepsilon A}d_x \tag{5-16}$$

运算放大器的输出电压与极板间距离呈线性关系,从而克服了变间隙式电容传感器的非线性问题。运算放大器虽解决了单个变极距式电容传感器的非线性问题,但要求放大器具有足够大的放大倍数,而且输入阻抗很高。

三、光纤传感器

1. 光纤

光纤(图 5-23)是光导纤维的简称,是一种利用光在玻璃或塑料制成的纤维中的全反射原理制成的光传导工具。光纤在通信、医疗、传感器、艺术装饰等方面有很多应用,例如医疗用的内窥镜、将光纤做成光缆后用于通信行业传输信息,还有用于室内装饰的光纤灯。

图文

光的全反射

图 5-23 光纤

(1)光的全反射

根据几何光学知识,当光以入射角 θ_i 由光密介质入射至光疏介质(即 $n_1 > n_2$)时,一部分光线会以折射角 θ_r 折射入光疏介质,其余部分光线以 θ_i 反射回光密介质,如图 5-24(a)所示。根据折射定律,有

$$n_1 \sin \theta_i = n_2 \sin \theta_r \tag{5-17}$$

根据式(5-17)可知,如果逐渐增大入射角,则对应的折射角也会增大,当入射角进一步增大时,折射光线只能在两种介质的分界面上传播,如图 5-24(b)所示。此时所对应的入射角称为临界角,用 θ_{i0} 表示。

$$\theta_{i0} = \arcsin(n_2/n_1) \tag{5-18}$$

当入射角继续增大,即 $\boldsymbol{\theta_i} > \boldsymbol{\theta_{i0}}$ 时,如图 5-24(c)所示,入射光线不再发生折射,全部反射回光密介质,这就是光的全反射。光线在光纤中传输时,就是利用光的全反射,这样做可以减少损耗。

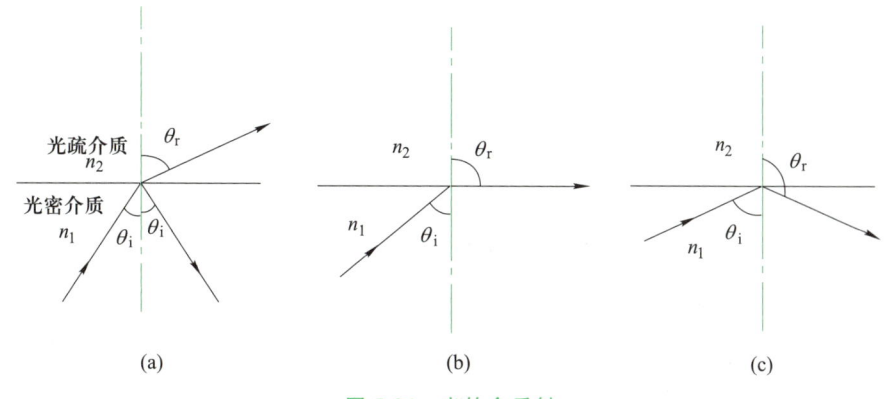

图 5-24 光的全反射

(2)光纤的结构和分类

① 光纤的结构

光纤的典型结构是一种细长多层同轴圆柱形实体复合纤维,从内向外为纤芯、包层、涂

覆层,如图 5-25 所示。

　　光纤的核心是纤芯和包层。纤芯由直径 5～75 μm 的石英玻璃组成,包层直径为 100～200 μm,折射率略低于纤芯,这是为了能够让光线在光纤中以全反射的形式传输。涂覆层由硅酮或丙烯酸盐材料构成,用于隔离杂光,给光纤提供一定的机械保护。

　　② 光纤的分类

　　按纤芯和包层材料性质分为玻璃光纤、

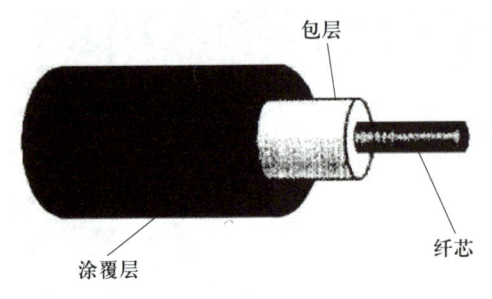

图 5-25　光纤的结构

图文

光纤的分类

塑料光纤、液芯光纤等,按纤芯的折射率分布的不同可分为阶跃型、梯度型和 W 型三种。按照光纤的传输模式可分为单模光纤和多模光纤。

　　纤芯的直径和折射率决定了光纤的传输特性,图 5-26 表示三种不同光纤的纤芯和折射率对光线传播的影响。

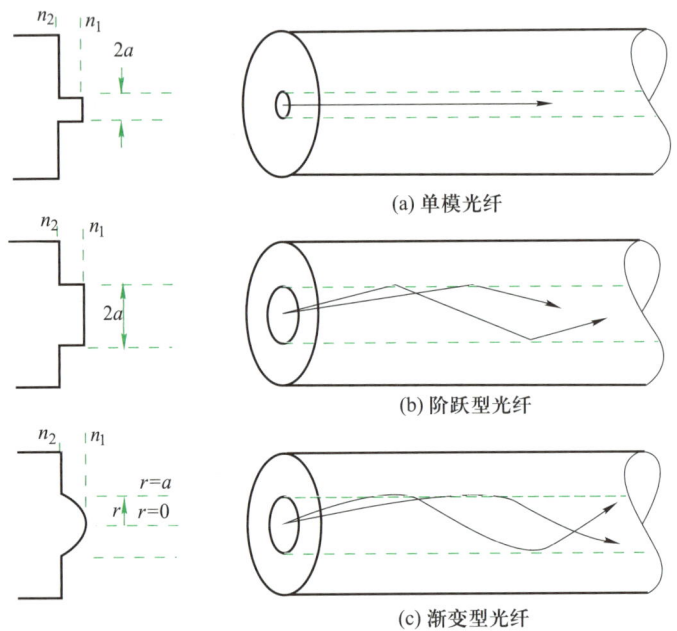

(a) 单模光纤

(b) 阶跃型光纤

(c) 渐变型光纤

图 5-26　光纤类型和全反射形式

　　如图 5-26(a)所示,**单模光纤纤芯折射率为 n_1 保持不变,到包层突然变为 n_2,纤芯直径只有 8～10 μm**,接近于被传输光波的波长,光以电磁场"模"的原理在纤芯中传导,能量损失很小,所以称为单模光纤,其信号畸变很小,用在大容量长距离的系统。

　　如图 5-26(b)所示,**阶跃型的纤芯折射率分布和单模光纤相似。这种光纤一般纤芯直径为 50～80 μm**,光纤纤芯的折射率分布各点均匀一致,特点是信号畸变大,只能用于小容量短距离系统。

　　如图 5-26(c)所示,**渐变型光纤的折射率呈聚焦型,即在轴线上折射率最大,离开轴线则**

逐步降低,至纤芯区的边沿时,降低到与包层区一样。**纤芯直径为 50 μm,光线以正弦形状沿纤芯中心轴线方向传播,特点是信号畸变小,适用于中等容量中等距离系统。**

2. 光纤传感器

① 光纤传感器

光纤传感器是一种以光波为载体,光纤为媒质,感知和传输外界被测量信号的新型传感器。 作为被测量信号载体的光波和作为光波传播媒质的光纤,具有一系列独特的、其他载体和媒质难以相比的优点。光纤工作频带宽,动态范围大,适合于遥测遥控。光波不怕电磁干扰,易被各种光探测器件接收,可方便地进行光电或电光转换,易与高速发展的现代电子装置和计算机相匹配。

② 光纤传感器的分类

根据光纤在传感器中的作用,光纤传感器分为功能型、非功能型两大类。

功能型(全光纤型)光纤传感器利用光纤本身感受被测量变化而改变传输光的特性,光纤既是传光元件,又是敏感元件。光纤不仅起传光作用,而且还利用光纤在外界因素(弯曲、相变)的作用下,其光学特性(光强、相位、偏振态等)的变化来检测被测量,所以这类传感器中光纤是连续的。由于光纤连续,增加其长度,可提高灵敏度。这类传感器主要使用单模光纤。

功能型光纤传感器的优点是结构紧凑、灵敏度高。缺点是必须用特殊光纤,成本高。 光纤陀螺(图 5-27)和光纤水听器(图 5-28)就是这类光纤传感器。还有在土木工程中应用较多的光纤光栅传感器也属于功能型,可以用于监测桥梁的交通状况。

非功能型(传光型)光纤传感器(图 5-29)是利用其他敏感元件感受被测量的变化,光纤仅起导光作用,被测对象的调制功能是由其他光电转换元件实现的,光纤的状态是不连续的。

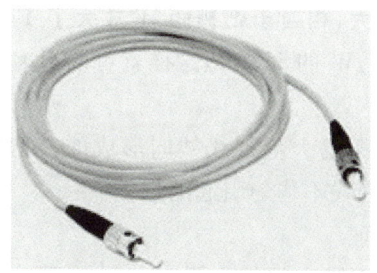

图 5-27 光纤陀螺　　　　图 5-28　光纤水听器　　　图 5-29　非功能型光纤传感器

此类光纤传感器无须特殊光纤及其他特殊技术,比较容易实现,成本低。但灵敏度也较低,适用于对灵敏度要求不高的场合。

四、光栅

1. 光栅的类型和结构

光栅是指按一定要求或规律排列的刻槽或线条的透光或不透光(反射)的光学元件,可

以分成物理光栅和计量光栅两大类,位移检测中常用的是计量光栅,它是基于光的反射和透射现象制成的。计量光栅可以分为透射式光栅和反射式光栅两大类。计量光栅按栅线形式,可分为黑白光栅(幅值光栅)和闪耀光栅(相位光栅)。计量光栅按照形状可分为长光栅和圆光栅。长光栅用于测量长度或线位移,圆光栅用于测量角度或角位移。

光栅上的刻线称为栅线,栅线的宽度为 a,缝隙宽度为 b,一般取 $a=b$,而 $W=a+b$ 称为栅距。一般用每毫米长度内的栅线数表示栅线密度,如 100 线/mm、250 线/mm。

2. 长光栅传感器的工作原理

图文
莫尔条纹

(1)莫尔条纹

长光栅一般由指示光栅和标尺光栅(主光栅)构成,两者平行安装,且两光栅的刻线之间有很小的夹角 θ 时,在光源照射下,在光栅上会出现明暗相间的条纹,称为莫尔条纹,如图 5-30 所示。

长光栅的莫尔条纹具有以下特征:

① 辨向作用:当两光栅沿与栅线垂直方向作相对移动时,莫尔条纹则沿光栅刻线方向移动(两者的运动方向相互垂直);光栅反向移动,莫尔条纹亦反向移动。

② 位移放大作用:莫尔条纹移过的条纹数与光栅移过的刻线数相等。即光栅每移动一个

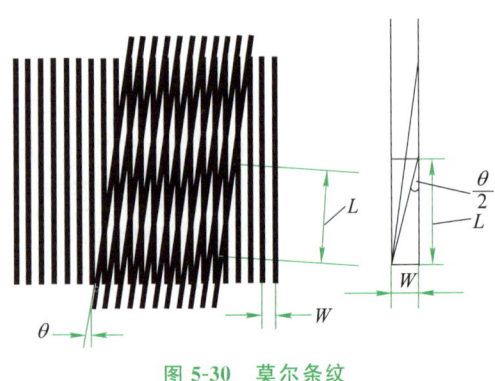
图 5-30 莫尔条纹

栅距,莫尔条纹就移动一个条纹宽度 L,当两光栅栅线之间夹角很小时,莫尔条纹的宽度为

$$L \approx \frac{W}{\theta} \tag{5-19}$$

从式(5-19)可知,θ 越小,L 越大,相当于把栅距 W 放大了 $1/\theta$ 倍。例如:$\theta=0.1°$,则 $1/\theta \approx 573$,莫尔条纹宽度 L 是栅距 W 的 573 倍,这样就可以把肉眼看不到的栅距位移变成可见清晰的条纹移动。

③ 平均效应:莫尔条纹是由光栅的大量刻线共同形成的,对光栅的刻线误差有平均作用,从而能在很大程度上消除光栅刻线不均匀引起的误差。

(2)长光栅测量位移的工作原理

当长光栅移动时,两条暗带中心线之间的光强变化是从最暗经渐暗到渐亮,一直到最亮,又从最亮经渐亮到渐暗,再到最暗的渐变过程。

用光电元件将光信号的变化转换成电信号的变化会得到近似正弦波的波形,如图 5-31 所示。

$$u_\circ = U_\circ + U_m \sin\left(\frac{\pi}{2} + \frac{2\pi x}{W}\right) \tag{5-20}$$

式中,$u_\circ$——输出电压的瞬时值;

$U_\circ$——输出电压直流分量的平均值;

U_m——输出电压交流分量的幅值。

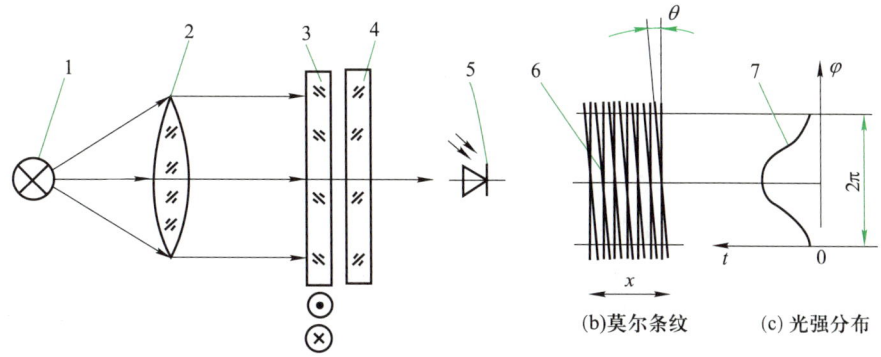

(a) 光电转换电路组成

(b)莫尔条纹 (c) 光强分布

1—光源;2—准直透镜;3—主光栅;4—指示光栅;5—光电元件。

图 5-31 光电转换

从式(5-20)可以看出,通过测量输出电压可以知道光栅位移的大小。 当长光栅移动一个栅距 W 时,其输出 u_o 变化一个周期,若将输出正弦信号整形,变成一个周期输出一个脉冲,则脉冲数与移过的栅距数是一一对应的,只要测出对应的脉冲数,就可以知道长光栅对应的位移量,如图 5-32 所示。

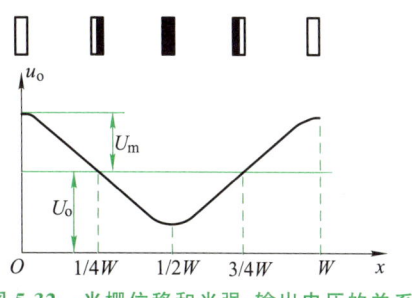

图 5-32 光栅位移和光强、输出电压的关系

3. 辨向和细分

在实际应用中,通常位移具有两个方向,即选定一个移动方向作为正方向后,相反方向的位移为负。**只用一套光电元件测量莫尔条纹信号,光电元件只能辨别莫尔条纹的明暗变化,而无法辨别莫尔条纹的移动方向,所以不能正确地测量位移。通常需要加入辨向电路。**

辨向和细分

如图 5-33 所示,在相距 $\frac{1}{4}W$ 的位置上安放两个光电元件,得到两个相位差 $\pi/2$ 的电压信号 u_1 和 u_2,光栅正向移动时 u_1 超前 u_2 90°,反向移动时 u_2 超前 u_1 90°。经过整形放大后得到两个方波信号 u_1' 和 u_2'。当光栅正向移动时对应的脉冲数累加,反向移动时,便从累加的脉冲数中减去反向移动所得到的脉冲数,这样光栅传感器就可辨向。

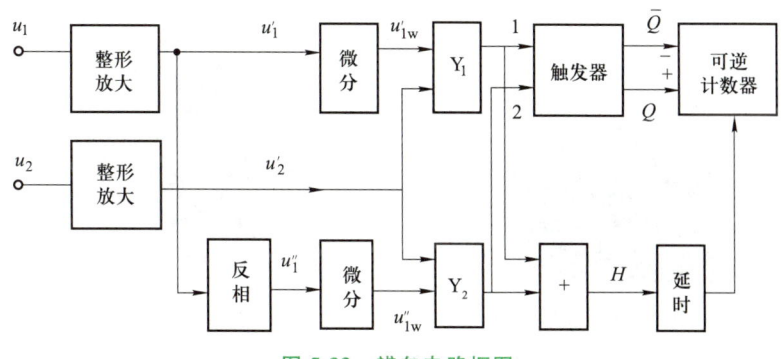

图 5-33 辨向电路框图

随着对测量精度要求的提高,以栅距为单位已不能满足测量要求,需要采取适当的措施对栅距进行测微,电子学中称为"细分",来得到所需的最小读数值。所谓细分,就是当光栅移动一个栅距,不是输出一个脉冲,而是 n 个脉冲,每个脉冲相当于原来栅距的 $1/n$,这样可使测量精度提高 n 倍。由于细分后计数脉冲频率提高了 n 倍,因此也称 n 倍频。通常采用的细分方法有四倍频法、十六倍频法。

通常用的有直接细分和电路细分两种。直接细分常用的是 4 细分,通过在相差 $1/4$ 莫尔条纹间距的位置上安放两个光敏元件,可得到两个相位差 $90°$ 的电信号,分别用反相器反相后就得到四个依次相差 $90°$ 的交流信号。或者在两个莫尔条纹间放置四个依次相距 $1/4$ 条纹间距的光电元件,也可获得四个相位差 $90°$ 的交流信号。直接细分对莫尔条纹信号波形要求不严格,电路简单,可用于静态和动态测量系统,但是要安放的光敏元件较多且安装困难。电路细分则是在不增加光敏元件的基础上,采用电路的方法实现细分,就是电路复杂些。

在数控机床位置反馈系统中,使用的就是带有辨向和细分电路的长光栅,可以精确地测量工件相对于机床坐标系的位移。以前我国的光栅以进口为主,现在国内多家企业已经开展自主研究。长春禹衡光学有限公司研发的多款高精度光栅,已实现量产,完成了国产化替代。

五、光电编码器

编码器又称码盘,通常将其转轴与被测轴相连,随着被测轴一起旋转,它能将被测轴的角位

图 5-34　编码器

移转换成二进制编码或电脉冲。编码器一般分为绝对式和增量式两大类,如图 5-34 所示。

1. 绝对式编码器

绝对式编码器输出 n 位二进制编码,每一个编码对应唯一的角度。通常应用于角度测量及往复运动的测量。根据其内部结构和检测方式可以分为接触式、光电式、磁式等形式。下面以绝对式光电编码器为例,介绍其工作原理。

绝对式光电编码器的码盘是由玻璃或高分子材料制成,采用的是黑白分区的形式,分别表示不透光区和透光区。黑色的区域为不透光区,用"0"表示;白色的区域为透光区,用"1"表示,在每个码道上都有一组光电元件,如图 5-35(b)所示。由于各码道分为透光区和不透

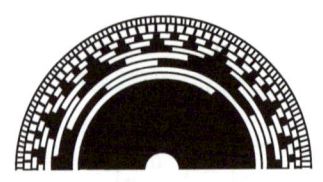

(a) 光电码盘平面结构(8码道)

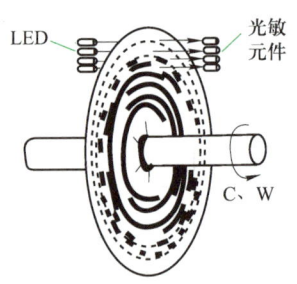

(b) 光敏元件、光电码盘的对应关系(4码道)

图 5-35　绝对式光电码盘

光区,能接收光线的光敏元件输出"1"电平,不能接收到光线的则输出"0"电平,这样可以输出 n 位与角度一一对应的二进制编码。

码道的圈数就是二进制的码数,从内到外依次从最高位向最低位排列。n 个码道对应把码盘分成 2^n 个区间,每个二进制代码代表对应的角度,所以绝对式光电编码器所能分辨的角度 α 为

$$\alpha = \frac{360°}{2^n} \tag{5-21}$$

根据式(5-21)可知码盘的码道越多,所能分辨的角度 α 就越小,测量精度就越高。(为了避免出现非单值性误差)以 4 码道的码盘为例,当从位置 0111(7)向位置 1000(8)过渡时,若光电元件安装不准,可能会出现 8~15 之间的任意的一个十进制数。通常我们采用格雷码盘,格雷码又称二进制循环码,码盘上相邻的两个数码之间只有一位是变化的,这样可以消除非单值性误差。

图片

格雷码盘
展开图

绝对式编码器的优点是可以读出角度坐标的绝对值,没有累积误差,掉电或电源出现故障时,码盘的位置信息一直可用,不会丢失,不必复零。缺点是绝对式编码器在测量多圈时要在编码器中增加一个计数电路,当绝对式编码器传输完整的一圈后继续计数。

2. 增量式编码器

增量式光电编码器采用光电式的较多,其结构与绝对式光电编码器相似,主要区别在于码盘的不同。

图文

增量式编码
器输出方式

增量式编码器的码盘在边缘有很多条向心按圆周等分的透光狭缝,狭缝的数量很多,有几百条到几千条不等,这些狭缝把码盘等分成 n 个透光的槽。**增量式编码器的码盘上在狭缝的下方还有一个零位信号**,主要用于基准点定位,一般测长度使用该信号,例如在数控机床上主要用于回坐标轴参考点,测速一般不使用该信号,如图 5-36 所示。

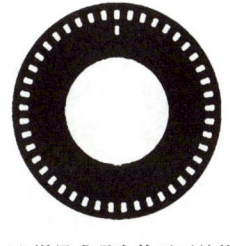

(a) 增量式码盘的平面结构

(b) 增量式光电码盘

图 5-36　增量式光电码盘

增量式编码器的光源为具有聚光效果的 LED 灯,光源发出的光线透过光电码盘上的狭缝,照射到码盘后方的光敏元件上,光敏元件将接收到的光信号转换成电脉冲信号,再经过信号处理电路后,送至控制系统或直接显示。

增量式光电编码器的测量精度取决于码盘圆周上的狭缝条数,设狭缝条数为 n,则光电编码器能分辨的角度为

$$\alpha = \frac{360^\circ}{n} \tag{5-22}$$

例如,某增量式光电编码器的条纹数为 1 024,则该编码器能分辨的最小角度为 $\alpha = 360^\circ/1\ 024 = 0.352^\circ$。

用增量式编码器一般用来测试速度与方向,也可以用于角度测量,但在掉电或电源出现故障时位置信息丢失。这是它与绝对式编码器的最大区别。

操作训练

项目准备

项目五设备和工具列表

任务一 · 电容式传感器测量直线位移

1. 目的要求

(1) 了解电容式传感器的分类。

(2) 了解电容式传感器的结构。

(3) 掌握电容式传感器的工作原理。

(4) 学会利用电容式传感器测量直线位移。

2. 仪器设备及器材

直流稳压电源、电容传感器、电容传感器实验模块、直流电压表、测微头、导线、连接线等。

视频

电容式传感器测量直线位移

3. 操作步骤

(1) 了解本任务所需的仪器设备及器材

本任务所需的电容式传感器、连接线、电容传感器实验模块如图 5-37、图 5-38、图 5-39 所示。**电容式传感器是圆筒形的变面积式电容传感器,由两个外圆筒和一个内圆筒构成,采用差动形式,形成两个电容器。**当中间的内圆筒随被测物体移动时,内圆筒和两个外圆筒之间正对面积发生变化,导致两个电容一个增大,另一个减小,将三个圆筒用导线引出,形成差动电容输出。

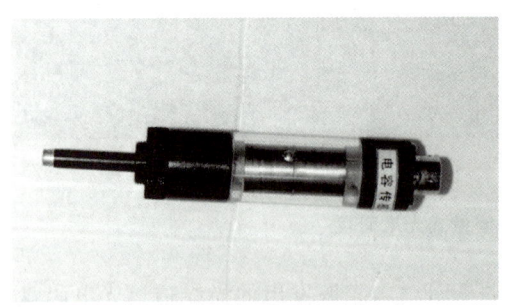

图 5-37 电容式传感器

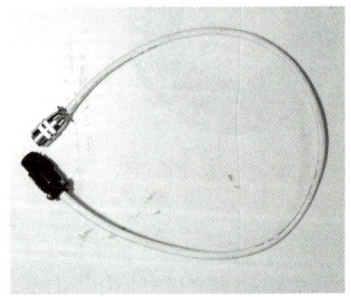

图 5-38 连接线

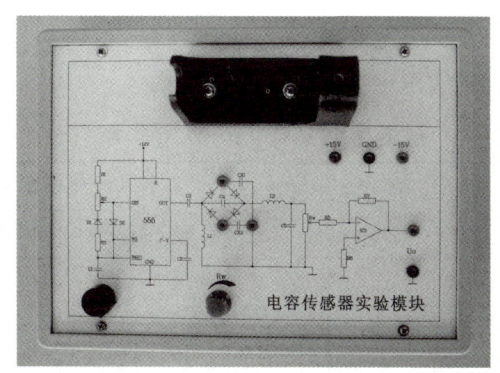

图 5-39　电容传感器实验模块

（2）安装电容式传感器和测微头

按图 5-40 将电容式传感器安装在电容传感器模块上，将传感器连接线插入实验模块的插座。在测微头头部安装一个绝缘护套，并用螺钉固定，最后用螺钉将测微头固定在测量架上。

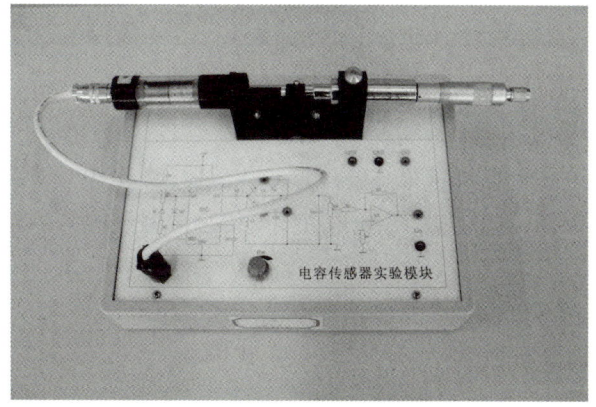

图 5-40　电容式传感器安装图

（3）电容式传感器测量直线位移电路接线和调零

首先将电容传感器模块的输出 U_o 接到直流电压表，然后从实验台接入 ±15 V 电源，合上实验台电源开关，用测微头将电容式传感器的内圆筒调至中间位置，调节 R_w 使电压表显示为 0 V。

（4）电容式传感器测量直线位移

旋动测微头推进电容传感器的动极板（内圆筒），每隔 0.2 mm 记下位移量 x 与输出电压值 U_o 的变化，填入表 5-2 中。

（5）实验结束后，关闭实验台电源，整理好实验设备

表 5-2　电容式传感器实验模块的输出电压与位移的关系

x/mm										
U_o/mV										

4. 任务内容和评分标准

任务内容和评分标准见表 5-3。

表 5-3　项目五任务一评分表

任 务 内 容	配分	评 分 标 准	得分
认识本任务所需仪器设备及器材	10	遗漏一个仪器设备及器材,扣 2 分,最多扣 10 分	
安装电容式传感器	10	安装错误,扣 10 分	
电容式传感器测量直线位移电路接线和调零	30	(1) 内圆筒未调至中间位置,扣 10 分 (2) 接线错误,每处扣 5 分,最多扣 10 分 (3) 调零不正确,扣 10 分	
电容式传感器测量直线位移	30	(1) 测微头调节错误,每处扣 5 分,最多扣 15 分 (2) 读数不正确,每次扣 5 分,最多扣 15 分	
团结协作意识	10	小组共同完成项目,组员缺乏合作意识,扣 10 分	
正确使用设备和工具	10	只要不符合安全操作要求,就从总分中扣除	
总得分		教师签字	

做一做

电容式传感器是一种可以测量很多物理量的传感器,将其与振动源配合使用,可以测量振动源悬臂梁的共振频率,将其测量结果和用压电传感器测量的结果比较一下,看看哪一种传感器精度更高。

1. 仪器设备及器材

直流稳压电源、电容传感器、电容传感器实验模块、直流电压表、振动源、导线、连接线等。

2. 操作步骤

(1) 了解所需的仪器设备及器材

将电容式传感器安装在支架上,并与悬臂梁相接触。当悬臂梁振动时,带动活动杆上下移动,电容式传感器输出交变电压信号。悬臂梁振动幅度越大,传感器活动杆上下移动距离越大,输出交变电压信号幅度越大,所以可以根据输出电压信号的幅度测得悬臂梁的共振频率。

(2) 安装电容式传感器

将电容式传感器安装到振动源传感器安装支架上,电容式传感器连接线接入电容式传感器模块上的插座中。

(3) 电容式传感器测量振动电路接线和调零

电容式传感器实验模块的输出 U_o 接低通滤波器的输入 U_i 端,再由低通滤波器输出 U_o 接至示波器。调节 R_W 到最大位置(顺时针旋到底),通过"紧定旋钮"使电容传感器的动极板处于中间位置,U_o 输出为 0 V。将实验台上的信号源 U_{S2} 接到振动源的"低频信号输入",

振动频率选"5～15 Hz"之间,振动幅度初始调到零。

(4)电容式传感器测量振动

将实验台上的±15V电源接入实验模块,检查接线无误后,打开实验台电源,调节振动源激励信号 U_{S2} 的幅度,用示波器观察实验模块输出波形,悬臂梁起振后,保持 U_{S2} 的幅度旋钮不变,改变振动频率(用频率/转速表监测),用示波器测出 U_o 输出的峰-峰值,填入表 5-4 中。

表 5-4 电容式传感器实验模块的输出电压与振动频率的关系

振动频率/Hz	5	6	7	8	9	10	11	12	13	14	15	18	20	22	24	26	30
$V_{p\text{-}p}$/V																	

(5)根据表 5-4 中的数据,找到输出电压峰-峰值最大时对应的频率,此频率为该悬臂梁的共振频率

(6)实验结束后,关闭实验台电源,整理好实验设备

3. 任务内容和评分标准

表 5-5 评分表

任 务 内 容	配分	评 分 标 准	得分
认识本任务所需仪器设备及器材	10	遗漏一个仪器设备及器材,扣 2 分,最多扣 10 分	
安装电容式传感器	10	安装错误,扣 10 分	
电容式传感器测量振动接线和调零	30	(1)内圆筒未调至中间位置,扣 10 分 (2)接线错误,每处扣 5 分,最多扣 10 分 (3)调零不正确,扣 10 分	
电容式传感器测量振动	30	(1)读数不正确,每次扣 5 分,最多扣 15 分 (2)示波器输出波形不正确,扣 15 分	
团结协作意识	10	小组共同完成项目,组员缺乏合作意识,扣 10 分	
正确使用设备和工具	10	只要不符合安全操作要求,就从总分中扣除	
总得分		教师签字	

任务二 · 差动变压器测量直线位移

1. 目的要求

(1)了解差动变压器的结构。

(2)掌握差动变压器的工作原理。

(3)学会用差动变压器测量直线位移。

2. 仪器设备及器材

直流稳压电源、差动变压器、差动变压器实验模块、直流电压表、导线、测微头、连接线、示波器等。

3. 操作步骤

（1）了解本任务所需的仪器设备及器材

本任务所需的差动变压器和对应的差动变压器实验模块如图 5-41、图 5-42 所示。差动变压器需通过连接线与差动变压器实验模块连接起来，**注意差动变压器所使用的连接线与其他传感器的连接线外形相似，但是接口处不同，不能与其他传感器的连接线互换使用。**

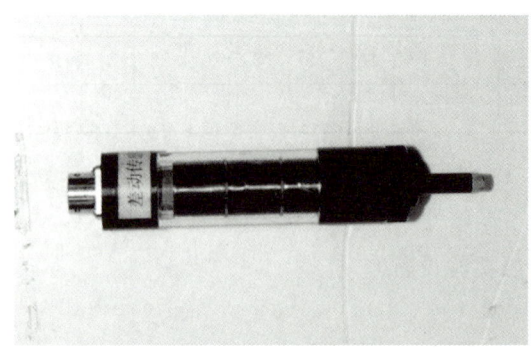

图 5-41　差动变压器

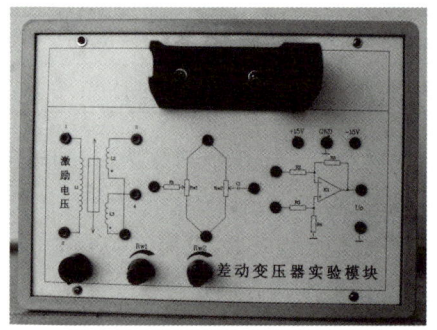

图 5-42　差动变压器实验模块

（2）安装差动变压器

根据图 5-43 所示将差动变压器安装在差动变压器实验模块上，将传感器引线插头插入实验模块的插座中。

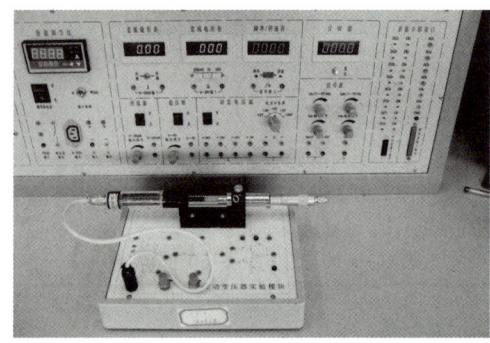

图 5-43　差动变压器安装图

（3）调节差动变压器的激励信号

用示波器检测信号源的"$U_{s1}0°$"音频信号，打开实验台电源，调节音频信号的频率和幅度，使示波器显示输出信号频率为 4～5 kHz，幅度为 $V_{p\text{-}p}=2\ V$。

（4）差动变压器测量直线位移电路接线

按图 5-44 接线，将调节好的"$U_{s1}0°$"音频信号接至差动变压器的 1、2 两端，3、4 为差动变压器输出，接放大器输入端，放大器的输出 U_o 接示波器。

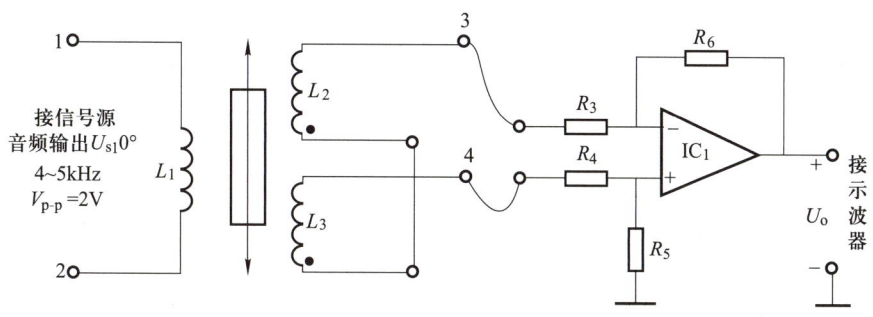

图 5-44 差动变压器测量直线位移接线图

（5）差动变压器测量直线位移

用示波器观测 U_o 的输出，旋动测微头，使示波器观测到的波形峰–峰值 $V_{p\text{-}p}$ 为最小（此时差动变压器的衔铁位于中间位置）。设向右移动为正位移，向左移动为负位移，从 $V_{p\text{-}p}$ 最小开始旋动测微头，使其为正位移，每隔 0.2 mm 从示波器读出输出电压 $V_{p\text{-}p}$ 值，直至位移量达到 1 mm，并将数据填入表 5-6 中，再从 $V_{p\text{-}p}$ 最小处反向移动重复上述实验。

（6）实验结束后，关闭实验台电源，整理好实验设备

表 5-6 差动变压器输出电压幅值与位移的关系

位移/mm								
输出电压/V								

4. 任务内容和评分标准

任务内容和评分标准见表 5-7。

表 5-7 项目五任务二评分表

任 务 内 容	配分	评 分 标 准	得分
认识本任务所需仪器设备及器材	10	遗漏一个仪器设备及器材，扣 2 分，最多扣 10 分	
安装差动变压器	10	安装错误，扣 10 分	
调节差动变压器的激励信号	10	（1）激励信号的频率不符合要求，扣 5 分 （2）激励信号的幅值不符合要求，扣 5 分	
差动变压器测量直线位移电路接线	20	接线错误，每处扣 5 分，最多扣 20 分	
差动变压器测量直线位移	30	（1）衔铁的中间位置调节错误，扣 10 分 （2）示波器操作不正确，扣 10 分 （3）读数不正确，每次扣 5 分，最多扣 10 分	
团结协作意识	10	小组共同完成项目，组员缺乏合作意识，扣 10 分	
正确使用设备和工具	10	只要不符合安全操作要求，就从总分中扣除	
总得分		教师签字	

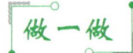

做一做

在本任务中由于是使用示波器测量输出电压,所以很方便地能够通过输出电压信号与输入信号的相位关系了解测微头的移动方向。如果差动变压器的输出信号接电压表,就不能根据输出电压判别测微头的移动方向,请将差动变压器实验模块的输出电压接入相敏检波电路,通过相敏检波之后接直流电压表显示,看看输出电压是否能反映测微头的移动距离和移动方向。

1. 仪器设备及器材

直流稳压电源、差动变压器、差动变压器实验模块、直流电压表、导线、测微头、连接线、移相/相敏检波/低通滤波实验模块等。

2. 操作步骤

（1）了解本任务所需的仪器设备及器材

在原有的实验设备及器材的基础上,新增了移相/相敏检波/低通滤波实验模块,测量工具由示波器改为直流电压表。

（2）重复项目五任务二(2)～(3)步

（3）差动变压器测量直线位移(带相敏检波)电路接线

按照图 5-45 接线,将相敏检波电路和低通滤波电路接入。

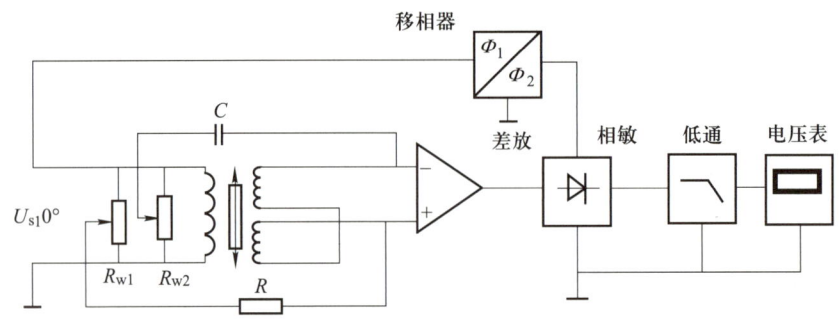

图 5-45　带相敏检波电路的差动变压器系统接线图

（4）调节相敏检波电路交流参考信号相位

用手将中间铁心移至最左端,然后调节移相器,使移相器的输入输出波形正好是同相或反相。

（5）差动变压器测量直线位移(带相敏检波)电路调零

用测微头将铁心置于线圈中部,用示波器观察放大器输出,调节电桥 R_{w1}、R_{w2} 电位器使系统输出电压为零。

（6）差动变压器测量直线位移(带相敏检波)

用测微头分别带动铁心向左和向右移动 1 mm,每位移 0.2 mm 记录相应的电压值并填入表 5-8 中。

表 5-8　相敏检波后输出电压与位移的关系

位移/mm									
输出电压/V									

（7）实验结束后，关闭实验台电源，整理好实验设备

3. 任务内容和评分标准

任务内容和评分标准见表 5-9。

表 5-9　评分表

任 务 内 容	配分	评 分 标 准	得分
认识本任务所需仪器设备及器材	10	遗漏一个仪器设备及器材，扣 2 分，最多扣 10 分	
安装差动变压器	10	安装错误，扣 10 分	
调节差动变压器的激励信号	10	（1）激励信号的频率不符合要求，扣 5 分 （2）激励信号的幅值不符合要求，扣 5 分	
差动变压器测量直线位移电路接线	20	接线错误，每处扣 5 分，最多扣 20 分	
调节相敏检波电路交流参考信号相位	10	交流参考信号相位调节错误，扣 10 分	
差动变压器测量直线位移	20	（1）衔铁的中间位置调节错误，扣 10 分 （2）读数不正确，每次扣 5 分，最多扣 10 分	
团结协作意识	10	小组共同完成项目，组员缺乏合作意识，扣 10 分	
正确使用设备和工具	10	只要不符合安全操作要求，就从总分中扣除	
总得分		教师签字	

任务三 · 光纤传感器测量直线位移

视频

光纤传感器
测量直线
位移

1. 目的要求

（1）了解光在光纤中的传播方式。

（2）了解光纤的分类。

（3）掌握光纤传感器的工作原理。

（4）掌握光纤传感器测量直线位移的方法。

2. 仪器设备及器材

直流稳压电源、光纤传感器、光纤传感器实验模块、直流电压表、导线、测微头、铁质金属圆盘等。

3. 操作步骤

（1）了解本任务所需的仪器设备及器材

本任务所需的光纤传感器是一种反射型光纤传感器，其结构如图 5-46（b）所示。**光纤采**

用 **Y 型结构**，两束光纤一端合并在一起组成光纤探头，另一端分为两支，分别作为**光源光纤**和**接收光纤**。光从光源耦合到光源光纤，通过光纤传输，射向反射片，再被反射到接收光纤，最后由光电转换器接收，转换器接收到的光强与反射体表面性质、反射体到光纤探头的距离有关。

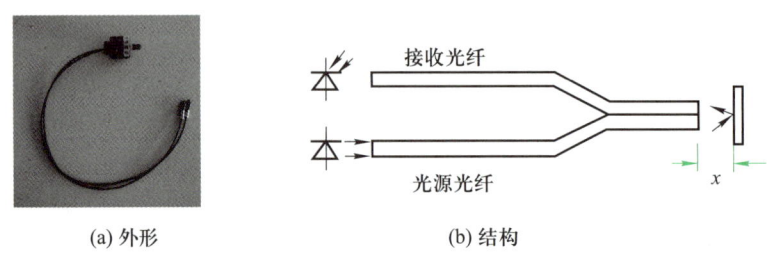

(a) 外形　　　　　　　　　　　　(b) 结构

图 5-46　反射式光纤传感器的外形与结构

当反射表面位置确定后，接收到的反射光光强随光纤探头到反射体的距离的变化而变化。显然，当光纤探头紧贴反射片时，接收器接收到的光强为零。随着光纤探头离反射面距离的增加，接收到的光强逐渐增加，到达最大值后又随两者的距离增加而减小。与之配套使用的光纤位移传感器实验模块如图 5-47 所示。

（2）安装光纤传感器和测微头

如图 5-48 所示，Y 型光纤安装在光纤位移传感器实验模块上。探头对准铁质金属圆盘（反射面），调节光纤探头端面与反射面平行，距离适中。将测微头起始位置调到 14 cm 处，手动使反射面与光纤探头端面紧密接触。

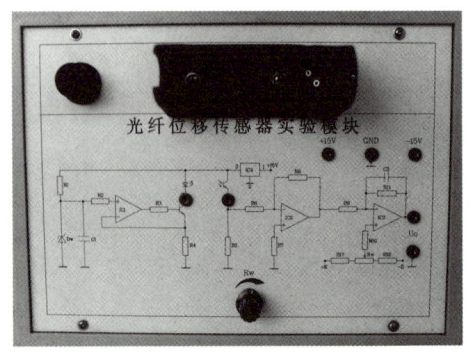

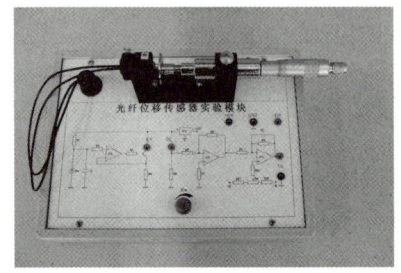

图 5-47　光纤位移传感器实验模块　　**图 5-48　光纤传感器和测微头安装图**

（3）光纤传感器测量直线位移电路接线和调零

将光纤传感器实验模块输出 U_o 接到直流电压表，量程选择 20 V 挡。光纤传感器实验模块从实验台接入 ±15 V 电源。闭合实验台电源开关，仔细调节电位器 R_w，使直流电压表读数为零。

（4）光纤传感器测量直线位移

旋动测微头，使铁质金属圆盘（反射面）与光纤探头端面距离增大，每隔 0.5 mm 记录一

次输出电压值,并记录在表 5-10 中。

表 5-10 光纤位移传感器的输出与位移的关系

位移/mm									
输出电压/V									

4. 任务内容和评分标准

任务内容和评分标准见表 5-11。

表 5-11 项目五任务三评分表

任 务 内 容	配分	评 分 标 准	得分
认识本任务所需仪器设备及器材	10	遗漏一个仪器设备及器材,扣 2 分,最多扣 10 分	
安装光纤传感器和测微头	10	安装错误,扣 10 分	
光纤传感器测量直线位移电路接线和调零	30	(1) 接线错误,每处扣 5 分,最多扣 15 分 (2) 调零不正确,扣 15 分	
光纤传感器测量直线位移	30	(1) 测微头调节错误,每处扣 5 分,最多扣 15 分 (2) 读数不正确,每次扣 5 分,最多扣 15 分	
团结协作意识	10	小组共同完成项目,组员缺乏合作意识,扣 10 分	
正确使用设备和工具	10	只要不符合安全操作要求,就从总分中扣除	
总得分		教师签字	

反射式光纤传感器除了可以测量直线位移外,还可以和振动源、转动源配合使用测量共振频率和转速,下面介绍光纤传感器与转动源配合构成光纤传感器测量直流电动机转速的电路。

1. 仪器设备及器材

直流稳压电源、光纤传感器、光纤传感器实验模块、频率/转速表、转动源、导线等。

2. 操作步骤

(1) 了解所需的仪器设备及器材

保留本任务中的光纤传感器,将其安装在转动源,用于测量直流电动机转速。由于转动源上的转动盘边缘间隔分布空孔和磁钢,当空孔经过光纤传感器下方时,光纤传感器没有接收到反射光线,模块输出电压较低(低电平),当磁钢经过光纤传感器时,光纤传感器接收到磁钢表面反射的光线,模块输出电压较高(高电平),形成一个脉冲信号,转动盘转动一圈,共输出六个脉冲信号。将脉冲信号送入频率/转速表显示,得到相应的转速。

(2) 安装光纤传感器

将光纤传感器安装在转动源传感器支架上,使光纤探头对准转动盘边缘的反射点,探头距离反射点 1 mm 左右(在光纤传感器的线性区域内)。

（3）光纤传感器测量直流电动机转速电路接线与调零

用手拨动一下转盘，使探头避开反射面（避免产生暗电流），接好实验模块所需的±15 V电源，模块输出 U_o 接到直流电压表。调节 R_w 使直流电压表显示为零。注意：R_w 确定后不能改动。将实验模块输出 U_o 接到频率/转速表，选择转速输出。

（4）光纤传感器测量直流电动机转速

合上实验台电源开关，选择不同电源+4 V、+6 V、+8 V、+10 V、12 V（±6 V）、16 V（±8 V）、20 V（±10 V）、24 V 驱动转动源，可以观察到转动源转速的变化，待转速稳定后，填入表 5-12 中。也可用示波器观测光纤传感器模块输出的波形。

表 5-12 不同驱动电压对应的转速

驱动电压/V	+4	+6	+8	+10	12	16	20	24
转速/(r/min)								

3. 任务内容和评分标准

任务内容和评分标准见表 5-13。

表 5-13 评分表

任 务 内 容	配分	评 分 标 准	得分
认识本任务所需仪器设备及器材	10	遗漏一个仪器设备及器材，扣 2 分，最多扣 10 分	
安装光纤传感器	10	安装错误，扣 10 分	
光纤传感器测量直流电动机转速电路接线和调零	30	（1）接线错误，每处扣 5 分，最多扣 15 分 （2）调零不正确，扣 15 分	
光纤传感器测量直流电动机转速	30	（1）直流电源选择开关拨错，每处扣 5 分，最多扣 10 分 （2）转速未稳定就开始读数，每次扣 5 分，最多扣 20 分	
团结协作意识	10	小组共同完成项目，组员缺乏合作意识，扣 10 分	
正确使用设备和工具	10	只要不符合安全操作要求，就从总分中扣除	
总得分		教师签字	

任务四 · 长光栅测量直线位移

1. 目的要求

（1）了解长光栅传感器的结构。
（2）掌握莫尔条纹的作用。
（3）掌握长光栅传感器的工作原理。
（4）学会用长光栅传感器测量直线位移。

2. 仪器设备及器材

直流稳压电源、JCY-5 光栅线位移检测装置、光栅传感器实验模块、数据采集卡、USB 电缆、计算机、导线、排线等。

3. 操作步骤

（1）了解所需的仪器设备及器材

实验所需的长光栅传感器已经安装在 JCY-5 光栅线位移检测装置上，如图 5-49 所示。该传感器是信和 KA300 的光栅尺，尺罩长度为 170 mm。该系列光栅的栅距为 0.02 mm（50 线/mm），分辨率有 0.5 μm、1 μm、5 μm 三种，精度有 ±3 μm、±5 μm、±10 μm（20 ℃时）三种，量程为 70～3 000 mm，最大移动速度为 60 m/min、120 m/min。工作电压为 +5 V ±5%、80 mA。采用九芯的插座，可以是 EIA-442-A 信号输出或 TTL 信号输出。与其一起使用的光栅传感器实验模块如图 5-50 所示。

图 5-49　JCY-5 光栅线位移检测装置

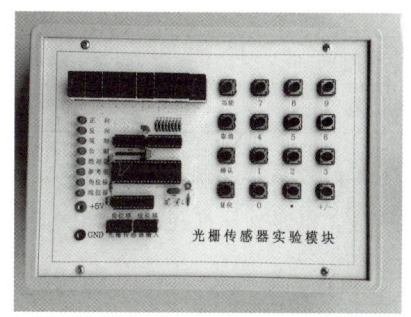

图 5-50　光栅传感器实验模块

文本

KA300
光栅尺简介

（2）长光栅传感器测量直线位移电路接线

分别将直流稳压电源 15 V、5 V 接到 JCY-5 光栅线位移检测装置和光栅传感器模块，打开实验台电源。

将采集卡的模拟量和开关量电缆接到采集卡接口（采集卡的地线要接到直流稳压电源地），采集卡接口 D_{O1}～D_{O4} 分别接到 JCY-5 光栅线位移传感器检测装置"步进电机驱动模块"的 A、B、C、D。光栅线位移传感器输出通过一根排线接到光栅传感器模块的"光栅传感器输入-线位移"，如图 5-51 所示。

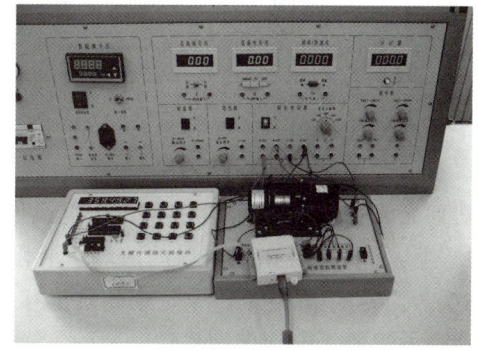

图 5-51　长光栅传感器测量直线位移电路实物接线图

（3）长光栅传感器测量直线位移

通过 USB 电缆将 USB 数据采集卡接入计算机，并打开虚拟示波器软件。在弹出的窗口中点击"电机控制"，弹出"电机控制"对话框，在"设置单位步长"对话框输入表 5-14 所示的单位步长时间，"控制方式"选择"步进电机"，点击"启动"，步进电机开始旋转，带动丝杠一起旋转，螺母随着丝杠的旋转开始直线运动，产生位移。光栅尺检测后，在光栅传感器实验模块上显示其位移量，启动后半分钟，点击"停止"，并记录半分钟内丝杠螺母的直线位移量。

按照表 5-14 所示改变"设置单位步长"的单位步长时间控制步进电机转动的速度，并记录半分钟内丝杠螺母的直线位移量。

（4）实验结束后，关闭实验台电源，整理好实验设备

表 5-14　不同单位步长时间对应的位移

单位步长时间/ms	10	20	30	40	50	60	70	80	90	100
直线位移/mm										

4. 任务内容和评分标准

任务内容和评分标准见表 5-15。

表 5-15　项目五任务四评分表

任务内容	配分	评分标准	得分
认识本任务所需仪器设备及器材	10	遗漏一个仪器设备及器材，扣 2 分，最多扣 10 分	
长光栅传感器测量直线位移电路接线	20	（1）电源接线错误，扣 10 分 （2）数据采集卡接线错误，每处扣 5 分，最多扣 10 分	
长光栅传感器测量直线位移	50	（1）数据采集卡未与计算机连接，扣 10 分 （2）虚拟示波器操作错误，每次扣 5 分，最多扣 20 分 （3）读数不正确，每次扣 5 分，最多扣 20 分	
团结协作意识	10	小组共同完成项目，组员缺乏合作意识，扣 10 分	
正确使用设备和工具	10	只要不符合安全操作要求，就从总分中扣除	
总得分		教师签字	

当长光栅的读数头移动到光栅尺体的端头时，如果步进电机还在旋转，就会带动读数头继续前进，撞到光栅尺体的端盖，一般都会在光栅尺的两端安装限位开关，让读数头停下来或反向运动，以确保读数头不会撞到端盖。在 JCY-5 光栅线位移检测装置上也有这样的限位开关，把限位开关接入电路，看看能否起到保护作用。

1. 仪器设备及器材

直流稳压电源、JCY-5 光栅线位移检测装置、光栅传感器实验模块、数据采集卡、USB 电

缆、计算机、导线、排线等。

2. 操作步骤

（1）了解所需的仪器设备及器材

JCY-5 光栅线位移检测装置上的限位开关如图
5-52 所示，分别位于光栅尺的两端，用的是光隔离器。

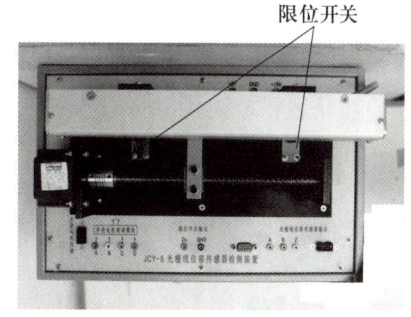

限位开关

图 5-52　限位开关

（2）重复任务四的第（2）步

**注意：要将限位开关的输出接数据采集卡接口开
关量输入端 D_{11}。**

（3）长光栅传感器测量直线位移（带限位开关）

通过 USB 电缆将 USB 数据采集卡接入计算机，并打开虚拟示波器软件，在弹出的窗口
中点击"电机控制"，弹出"电机控制"对话框，在"设置单位步长"对话框输入表 5-14 所示的
单位步长时间，"控制方式"选择"限位开关"，点击"启动"，步进电机开始旋转，带动丝杠一起
旋转，螺母随着丝杠的旋转开始直线运动，光栅尺的读数头在两个限位开关之间来回运动。

3. 任务内容和评分标准

任务内容和评分标准见表 5-16。

表 5-16　评分表

任　务　内　容	配分	评　分　标　准	得分
认识本任务所需仪器设备及器材	10	遗漏一个仪器设备及器材，扣 2 分，最多扣 10 分	
长光栅传感器测量直线位移电路接线	30	（1）电源接线错误，扣 10 分 （2）数据采集卡接线错误，每处扣 5 分，最多扣 10 分 （3）限位开关接线错误，扣 10 分	
长光栅传感器测量直线位移（带限位开关）	40	（1）数据采集卡未与计算机连接，扣 20 分 （2）虚拟示波器操作错误，每次扣 5 分，最多扣 20 分	
团结协作意识	10	小组共同完成项目，组员缺乏合作意识，扣 10 分	
正确使用设备和工具	10	只要不符合安全操作要求，就从总分中扣除	
总得分		教师签字	

任务五 · 光电编码器测量步进电机的角位移

1. 目的要求

（1）了解光电编码器的定义。

（2）了解光电编码器的结构和分类。

（3）掌握光电编码器的工作原理。

（4）学会用光电编码器测量步进电机的角位移。

2. 仪器设备及器材

直流稳压电源、JCY-4 光栅角位移检测装置、光栅传感器实验模块、数据采集卡、USB 电缆、计算机、导线、排线等。

3. 操作步骤

（1）了解所需的仪器设备及器材

如图 5-53 所示的 JCY-4 光栅角位移检测装置上安装的是 SP3806-103G-1024-BZ3/05L 型增量式光电编码器。这是一种外径为 38 mm，轴径为 6 mm 的编码器。

文本

SP3806-103G-1024-BZ3/05L 型增量式光电编码器简介

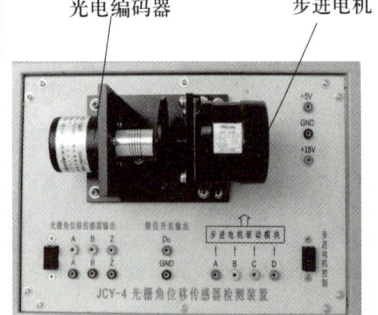

光电编码器　　　　步进电机

图 5-53　JCY-4 光栅角位移检测装置

（2）光电编码器测量步进电机角位移电路接线

分别将直流稳压电源 15 V、5 V 接到 JCY-4 光栅角位移检测装置和光栅传感器模块，打开实验台电源，**将数据采集卡的模拟量和开关量电缆接到采集卡接口（采集卡的地线要接到直流稳压电源地），采集卡接口 $D_{O1} \sim D_{O4}$ 分别接到 JCY-4 光栅线位移传感器检测装置"步进电机驱动模块"的 A、B、C、D。** 光栅角位移传感器输出通过一根排线接到光栅传感器模块的"光栅传感器输入-角位移"。

（3）光电编码器测量步进电机角位移

通过 USB 电缆将 USB 数据采集卡接入计算机，并打开虚拟示波器软件，在弹出的窗口中点击"电机控制"，弹出"电机控制"对话框，在"设置单位步长"对话框输入表 5-17 所示的单位步长时间，"控制方式"选择"步进电机"，点击"启动"，步进电机开始旋转，带动码盘一起旋转，光电编码器检测后，在光栅传感器实验模块上显示其角位移量，启动后半分钟，点击"停止"，并记录半分钟内码盘的角位移量。按照表 5-17 所示改变"设置单位步长"的单位步长时间控制步进电机转动的速度，并记录半分钟内码盘的角位移量。

（4）实验结束后，关闭实验台电源，整理好实验设备

表 5-17　不同单位步长时间对应的角位移

单位步长时间/ms	10	20	30	40	50	60	70	80	90	100
角位移/°										

4. 任务内容和评分标准

任务内容和评分标准见表 5-18。

表 5-18　项目五任务五评分表

任务内容	配分	评分标准	得分
认识本任务所需仪器设备及器材	10	遗漏一个仪器设备及器材，扣 2 分，最多扣 10 分	
光电编码器测量角位移电路接线	20	（1）电源接线错误，扣 10 分 （2）数据采集卡接线错误，每处扣 5 分，最多扣 10 分	

续 表

任 务 内 容	配分	评 分 标 准	得分
光电编码器测量角位移电路	50	(1) 数据采集卡未与计算机连接,扣 10 分 (2) 虚拟示波器操作错误,每次扣 5 分,最多扣 20 分 (3) 读数不正确,每次扣 5 分,最多扣 20 分	
团结协作意识	10	小组共同完成项目,组员缺乏合作意识,扣 10 分	
正确使用设备和工具	10	只要不符合安全操作要求,就从总分中扣除	
总得分		教师签字	

在 JCY-4 光栅角位移检测装置中也有这样的限位开关,把限位开关接入电路,看看起到什么作用。

1. 仪器设备及器材

直流稳压电源、JCY-4 光栅角位移检测装置、光栅传感器实验模块、数据采集卡、USB 电缆、计算机、导线、排线等。

2. 操作步骤

(1) 了解所需的仪器设备及器材

JCY-4 光栅角位移检测装置上的限位开关只有一个,也是光隔离器。

(2) 重复任务五的第(2)步

注意:要将限位开关的输出接数据采集卡接口开关量输入端 D_{11}。

(3) 光电编码器测量步进电机角位移(带限位开关)

通过 USB 电缆将 USB 数据采集卡接入计算机,并打开虚拟示波器软件,在弹出的窗口中点击"电机控制",弹出"电机控制"对话框,在"设置单位步长"对话框输入表 5-19 所示的单位步长时间,"控制方式"选择"限位开关",点击"启动",步进电机开始旋转,带动码盘一起旋转,码盘转满半圈后就自动反转。

3. 任务内容和评分标准

任务内容及评分标准见表 5-19。

表 5-19 评分表

任 务 内 容	配分	评 分 标 准	得分
认识本任务所需仪器设备及器材	10	遗漏一个仪器设备及器材,扣 2 分,最多扣 10 分	
光电编码器测量角位移电路接线	30	(1) 电源接线错误,扣 10 分 (2) 数据采集卡接线错误,每处扣 10 分,最多扣 10 分 (3) 限位开关接线错误,扣 10 分	

续 表

任 务 内 容	配分	评 分 标 准	得分
光电编码器测量角位移电路（带限位开关）	40	（1）数据采集卡未与计算机连接，扣 20 分 （2）虚拟示波器操作错误，每次扣 5 分，最多扣 20 分	
团结协作意识	10	小组共同完成项目，组员缺乏合作意识，扣 10 分	
正确使用设备和工具	10	只要不符合安全操作要求，就从总分中扣除	
总得分		教师签字	

知识拓展

磁致伸缩位移传感器

磁致伸缩位移传感器是一种新型高精度位移传感器，如图 5-54 所示。它采用非接触测量方式监测活动磁铁的位移，由于磁铁和传感器并无直接接触，因此该位移传感器在极其恶劣的工业环境下，如易受油渍、溶液、尘埃或其他的污染的环境下，都能正常工作。此外，该传感器还能承受高温、高压和高振荡的环境。

图 5-54 磁致伸缩位移传感器

磁致伸缩位移传感器的原理是基于磁致伸缩现象，铁磁性物质在外磁场的作用下，其尺寸伸长（或缩短），去掉外磁场后，又恢复原来的长度，这种现象称为磁致伸缩现象（或效应）。具有磁致伸缩效应的铁磁性材料称为磁致伸缩材料，目前磁致伸缩材料主要有三大类，即金属磁致伸缩材料和铁氧体磁致伸缩材料。这两种称为传统磁致伸缩材料。它们并没有得到广泛的应用；后来人们发现了电致伸缩材料，其电致伸缩系数（$200\sim400\times10^{-6}$）比金属与合金的大，很快得到广泛的应用；第三大类是近期发展起来的稀土金属间化合物磁致伸缩材料，称为稀土超磁致伸缩材料。

磁致伸缩位移传感器是利用磁致伸缩原理，通过两个不同磁场相交产生一个应变脉冲信号来准确地测量位置的，如图 5-55 所示。该传感器的测量元件是一根波导管，波导管内的敏感元件由特殊的磁致伸缩材料制成。测量过程是由传感器的电子室内产生电流脉冲,该电流脉冲在波导管内传输,从而在波导管外产生一个圆周磁场,当该磁场和套在波导管上作为位置变化的活动磁环产生的磁场相交时,由于磁致伸缩的作用,波导管内会产生一个应变机械波脉冲信号,这个应变机械波脉冲信号以固定的声音速度传输,并很快被电子室所检测到。由于这个应变机械波脉冲信号在波导管内的传输时间和活动磁环与电子室之间的距离成正比,通过测量时间,就可以高度精确地确定这个距离。由于输出信号是一个真正的绝对值,而不是比例的或放大处理的信号,所以不存在信号漂移或变值的情况,更无须定期重标。

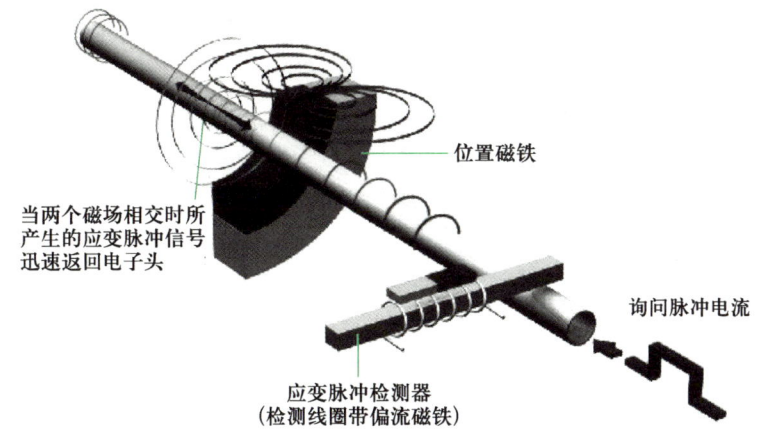

位置磁铁

当两个磁场相交时所产生的应变脉冲信号迅速返回电子头

询问脉冲电流

应变脉冲检测器
(检测线圈带偏流磁铁)

图 5-55 磁致伸缩传感器工作原理图

美国 MTS 系统公司是全球第一个生产磁致伸缩传感器的厂家,其生产的磁致伸缩线性位移传感器能够测量长达 10 m 的机械行程,应用范围十分广泛,从冶金行业的轧钢设备,机械行业的注塑、压铸印刷和包装,林木行业的木材加工,工农业的车辆与行走机械,到动感游乐模拟系统、医疗设备等行业。

项目小结

电容式传感器根据工作原理可以分为变极距式、变面积式和变介电常数式。变极距式电容传感器主要用于检测微小位移。变面积式电容传感器主要用于检测大位移、角位移。变介电常数式多用于检测湿度、液位等。

电感式传感器分为自感式传感器、互感式传感器两大类。自感式电感传感器常见形式有变气隙式、变截面式和螺旋式等三种,多采用差动形式。互感式传感器就是差动变压器,输出为交流电压,通过相敏检波电路或差分整流电路辨别衔铁的运动方向,并且消除零点残余电压。

由光纤构成的传感器都是光纤传感器,光纤传感器根据光纤在传感器中的作用分为功能型和非功能型两大类。

长光栅测量直线位移原理是通过组成光栅副的两个光栅相对运动,形成莫尔条纹。通过将莫尔条纹的明暗变化转换成正弦波电信号,再通过放大整形电路将正弦信号变成脉冲信号，使光栅移动的栅距数与输出的脉冲数一一对应。

编码器是一种测量角位移的传感器，可以分为绝对式和增量式两种。绝对式编码器与增量式编码器最大的区别是当掉电或电源出现故障时，绝对式编码器的位置信息会保留，而增量式的位置信息可能会丢失。

互动练习

项目五互动
习题

习 题

一、填空题

1. 在电容传感器中，如果应用调频法测量转换电路，则电路中_____。

2. 提高传感器的灵敏度和减小非线性误差是相互矛盾的电容传感器是_____。

3. 用电容式传感器测量固体或液体物位时，应该选用_____。

4. 电感式传感器常用差动式结构，其作用是提高_____，减少_____。

5. 差动变压器式传感器的配用测量电路主要有_____。

6. 光纤通常由_____、_____和_____组成。其中_____的折射率要稍大于_____的折射率。

7. 一个直线光栅，每毫米刻度线为 50 线，采用四细分技术，则该光栅的分辨力为_____。

8. 在光栅传感器中，采用电子细分技术的目的是_____。

9. 光栅中采用两套光电元件是为了_____。

10. 莫尔条纹的间距是放大了的光栅栅距，光栅栅距很小，肉眼看不清楚，而莫尔条纹却清晰可见，这是莫尔条纹的_____特性。

二、问答题

1. 电容式传感器分为哪几种？

2. 能否应用电容传感器测量金属工件表面的非金属涂层厚度？设计一种可能的测量方案。

3. 电容式传感器的测量转换电路有哪些？

4. 比较差动式自感传感器和差动变压器在结构上及工作原理上的异同之处。

5. 在电感传感器中常采用相敏整流电路，其作用是什么？

6. 差分整流电路的作用是什么？有哪几种形式？

7. 简要说明光纤传感器的分类，以及光纤在各类光纤传感器中的作用。

8. 简述光栅测量位移的原理。

9. 编码器可以分为哪两大类？各有什么特点？

项目六　测量气体和湿度

项目简介

在工业生产及人们的日常生活中,很多场合需要进行气体浓度检测,例如在家庭生活中需要对煤气、甲烷、一氧化碳、液化石油气等可燃性气体或有害气体进行检测,以防其泄漏造成重大事故;气体酒精含量探测器可以让执勤民警快速方便地了解饮酒司机饮酒的多少,及时进行具体的处理,有效减少重大交通事故的发生;在矿井下作业时,一定要安装瓦斯报警器,以防瓦斯爆炸等。这些都需要气敏传感器对相应的气体进行检测,常见的气敏传感器如图 6-1 所示。

除了以上对于气体的检测外,生产、生活中还有一类就是对湿度的检测。例如储存粮食的仓库,如果湿度较高的话,容易引起粮食谷物霉变;电气设备如果湿度较大,容易引起电器短路甚至烧毁;湿度大的话还容易滋生细菌等,不利于人们的身体健康,所以需要有对应的湿度计对空气湿度进行检测。现在常见的产品是如图 6-2 所示的能够同时显示温度和湿度的温湿度计。

(a) 可燃气体检测器

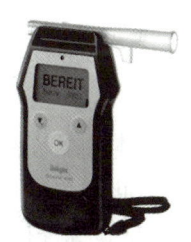
(b) 酒精检测仪

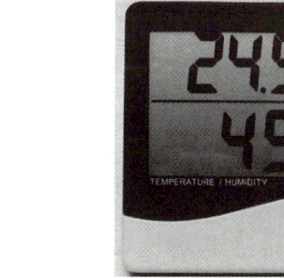

图 6-1　常见的气敏传感器　　　　　图 6-2　电子温湿度计

相关知识

一、气敏传感器

1. 气敏传感器的定义和分类

气敏传感器是一种检测特定气体的传感器,主要有半导体传感器(电阻式和非电阻式)、

绝缘体传感器(接触燃烧式和电容式)、电化学式(恒电位电解式、伽伐尼电池式),还有红外吸收式、石英振荡式、光纤式、热传导式、声表面波式等多种类型,具体分类见表 6-1。

表 6-1 气敏传感器的分类

类　型	原　　　理	检测对象	特　　　点
半导体式	若气体接触到加热的金属氧化物(SnO_2、Fe_2O_3、ZnO_2 等),电阻值会增大或减小	还原性气体、城市排放气体、丙烷气体等	灵敏度高,构造与电路简单,但输出与气体浓度不成比例
接触燃烧式	可燃性气体接触到氧气就会燃烧,使得作为气敏材料的铂丝温度升高,电阻值相应增大	燃烧气体	输出与气体浓度成比例,但灵敏度较低
化学反应式	利用化学溶剂与气体反应产生的电流、颜色、电导率的增加等	CO、H_2、CH_4、C_2H_5OH、SO_2 等	气体选择性好,但不能重复使用
光干涉式	利用与空气的折射率不同而产生的干涉现象	与空气折射率不同的气体,如 CO_2 等	寿命长,但选择性差
热传导式	根据热传导率差而发热的发热元件的温度降低进行检测	与空气热传导率不同的气体,如 H_2 等	构造简单,但灵敏度低、选择性差
红外线吸收散射式	由于红外线照射气体分子谐振而吸收或散射量进行检测	CO、CO_2 等	能定性测量,但装置大、价格高

图文

汉威科技集团的气体传感器

图文

半导体气敏传感器

使用最多的是半导体气敏传感器。**半导体气敏传感器是利用半导体气敏元件同气体接触,造成半导体性质发生变化的原理来检测特定气体的成分或浓度的传感器。**

半导体气敏传感器可分为电阻式和非电阻式两大类。电阻式半导体气敏元件是根据半导体接触到气体时其阻值的改变来检测气体的浓度;非电阻式半导体气敏元件则是根据气体的吸附和反应使其某些特性发生变化对气体进行直接或间接检测。

2. 半导体气敏传感器的结构

半导体气敏传感器是利用气体在半导体表面的氧化还原反应导致敏感元件阻值变化而制成的。气敏电阻按被测对象可以分为氧化型气体传感器(检测氧气、氧化性气体浓度)和还原型气体传感器(检测煤气、甲烷、一氧化碳等气体),半导体气敏传感器按结构分类又分为烧结型、薄膜型和厚膜型三种,其中烧结型气敏传感器应用较广泛。

(1)烧结型气敏器件

烧结型气敏器件是将金属氧化物(SnO_2、ZnO 等)和一些掺杂剂(Pt、Pb 等)按一定比例调和后,埋入加热丝和测量电极,采用传统的制陶方法烧结而成。

烧结型气敏器件分为两种结构:直热式和旁热式。直热式气敏器件结构如图 6-3 所示。直热器件管芯体积很小,加热丝直接埋在金属氧化物半导体材料内,并兼作一个电极,稳定性较差。工作时加热丝通电,测量电极用于测量器件阻值。国产 QN 型和日本费加罗 TGS109 型气敏传感器均属此类结构。此种结构的特点是制造工艺简单、成本低、功耗小,热容量小,易受环境气流的影响,并且测量电路与加热电路之间相互干扰,影响其测量参数。

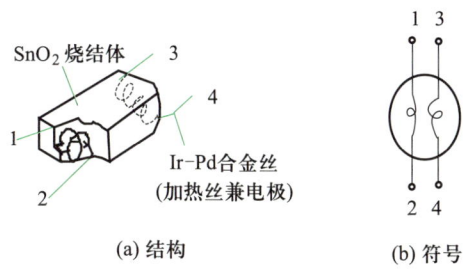

图 6-3　直热式气敏器件结构

如图 6-4 所示旁热式气敏器件结构,把高阻加热丝放置在陶瓷绝缘管内,在管外涂上梳状金电极,再在金电极外涂上气敏半导体材料,这样就使加热丝和测量电极分开,解决了直热式加热丝和测量电极相互影响的问题。因此旁热式比直热式热容量大,且稳定性和可靠性均有所提高。

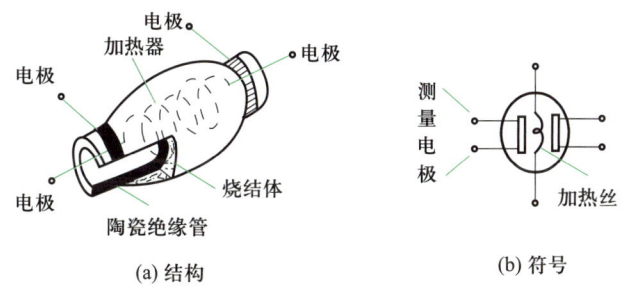

图 6-4　旁热式气敏器件结构

烧结型气敏器件的气敏电阻工作时必须加热到 200～300 ℃ ,这样做的目的是加速被测气体的化学吸附和电离的过程并且烧去气敏电阻表面的污物,起到一定的清洁作用,不同的加热温度还可以达到区分不同的检测气体的作用。

(2)薄膜型气敏器件

薄膜型气敏器件结构如图 6-5 所示。制作时采用蒸发或溅射的方法,在处理好的石英基片上形成一薄层金属氧化物薄膜(如 SnO_2、ZnO 等),再引出电极。实验证明:SnO_2 和 ZnO 薄膜的气敏特性较好。此类气敏器件**灵敏度高、响应迅速、机械强度高、互换性好、产量高、成本低**,应用广泛。

(3)厚膜型气敏器件

将 SnO_2 和 ZnO 等材料与硅凝胶混合制成能印刷的厚膜胶,把厚膜胶用丝网印制到装有铂电极的氧化铝基片上,在高温下烧结制成如图 6-6 所示的**厚膜型气敏器件**。此类(气敏器件)**一致性好,机械强度高**,适于大批量生产。

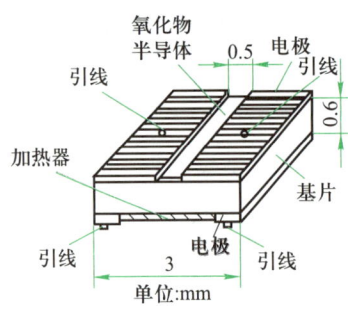

图 6-5 薄膜型气敏器件结构

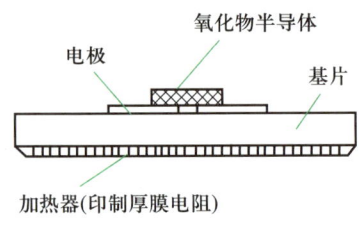

图 6-6 厚膜型气敏器件结构

二、湿敏传感器

1. 湿度的表示方法

湿度是指大气的干燥程度,在一定的温度下在一定体积的空气里含有的水汽越少,则空气越干燥;水汽越多,则空气越潮湿。**空气的干湿程度称为湿度。通常采用绝对湿度和相对湿度及露点几种方法表示。**

绝对湿度是指大气中水汽的密度,即每一立方米大气中所含水汽的质量(克数)。绝对湿度只有与温度一起才有意义,因为空气中能够含有湿度的量随温度而变化,在不同的高度中绝对湿度也不同,因为随着高度的变化空气的体积有所变化。但绝对湿度愈靠近最高湿度,它随高度的变化就愈小。

相对湿度是指被测气体中的水蒸气压和该气体在相同温度下饱和水蒸气压的百分比,用符号 RH 表示。日常生活中常用相对湿度来表示湿度的大小。当相对湿度达 100％时,称为饱和状态,开始从气态变成液态而凝结成露珠,这种现象称为结露,这一特定温度就称为露点温度。

2. 湿敏传感器的分类

湿敏传感器是一种能产生与湿度变化有关的物理或化学反应,并将其转换成电信号的装置。主要由两部分组成:湿敏元件和测量电路,除此之外还包括一些辅助元件,如辅助电源、温度补偿、输出显示器等。

湿敏传感器按照输出的电学量分类可以分为电阻式、电容式、频率式等,按照材料可分为陶瓷式、高分子式、半导体式、电解质式等,下面按照材料分类依次介绍几种常用的湿敏传感器。

图文

湿敏电阻

3. 常用的湿敏传感器

(1) 氯化锂湿敏电阻

氯化锂湿敏电阻属于电解质式湿敏传感器,它是利用吸湿性盐类潮解,离子导电率发生变化而制成的湿敏元件。氯化锂湿敏电阻如图 6-7 所示,它由引线、基片、感湿层与电极组成。氯化锂通常与聚乙烯醇组成混合体,当溶液置于一定温湿场中,若环境相对湿度高,溶液将吸收水分,浓度降低,溶液电导率增高。反之,环境相对湿度变低时,则溶液浓度升高,其电导率下降,从而实现对湿度的测量。通常氯化锂湿敏电阻呈负阻特性。

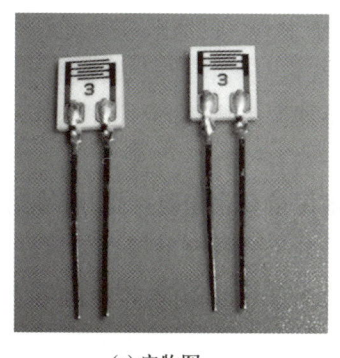

(a) 实物图

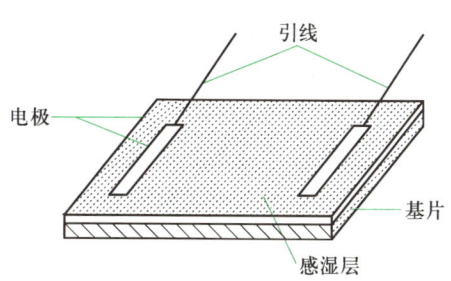

(b) 结构示意图

图 6-7　氯化锂湿敏电阻结构示意图

氯化锂湿敏元件的优点:滞后小,不受测试环境风速影响,检测精度高达±5%;缺点:耐热性差,不能用于露点以下测量,器件性能重复性不理想,使用寿命短。

(2) 半导体陶瓷湿敏电阻

半导体陶瓷湿敏电阻通常用两种以上的金属氧化物半导体材料混合烧结而成为多孔陶瓷,分为负特性湿敏半导体陶瓷和正特性湿敏半导体陶瓷。

负特性湿敏半导体陶瓷的表面电阻会随着湿度的增大而减小,主要是由于水分子中的氢原子具有很强的正电场,当水在半导体陶瓷表面吸附时,就有可能从半导体陶瓷表面俘获电子,使半导体陶瓷表面带负电。通常采用 $ZnO\text{-}LiO_2\text{-}V_2O_5$ 系、$Si\text{-}Na_2O\text{-}V_2O_5$ 系、$TiO_2\text{-}MgO\text{-}Cr_2O_3$ 系的金属氧化物烧结而成。

以 Fe_3O_4 正特性湿敏半导体陶瓷为例,正特性湿敏电阻的表面电阻将随湿度的增加而加大。通常湿敏半导体陶瓷材料都是多孔的,表面电导占的比例很大,故表面层电阻的升高,必将引起总电阻值的明显升高。

下面以 $MgCr_2O_4\text{-}TiO_2$ 陶瓷式湿敏电阻为例,介绍半导体陶瓷湿敏电阻的结构,如图 6-8所示,由加热线圈、湿敏陶瓷片、金属电极(涂在湿敏陶瓷片两面)、固定端子、陶瓷基片和引线构成。**加热线圈的作用是对器件进行清洗,使湿敏电阻恢复性能。**

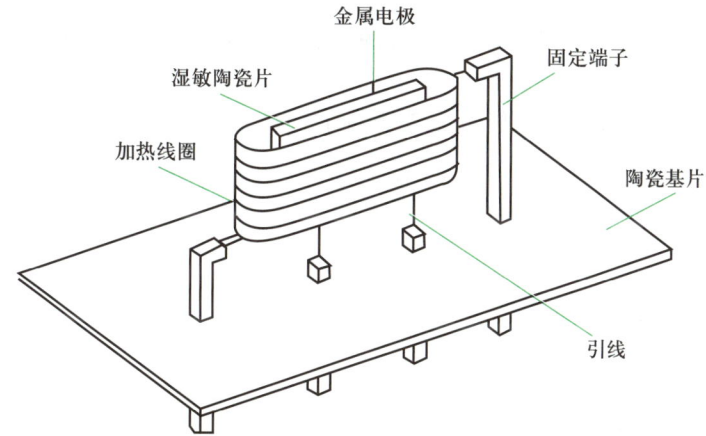

图 6-8　$MgCr_2O_4\text{-}TiO_2$ 陶瓷式湿敏电阻结构示意图

陶瓷式湿敏传感器表面与水蒸气的接触面积大,易于水蒸气的吸收与脱却;陶瓷烧结体能耐高温,物理、化学性质稳定,适合采用加热去污的方法恢复材料的湿敏特性;可以通过调整烧结体表面晶粒、晶粒界和细微气孔的构造,改善传感器湿敏特性。

（3）高分子电容湿敏传感器

图文

高分子电容湿敏传感器

高分子电容湿敏传感器是利用湿敏器件的电容值随湿度变化来进行湿度测量的。这类湿敏元件其实就是一个由介电常数随着湿度变化的吸湿性电介质材料构成的薄片电容。这类吸湿性电介质材料主要有高分子聚合物（如乙酸-丁酸纤维素和乙酸-丙酸纤维素）和金属氧化物（如多孔氧化铝）等。

如图 6-9 所示为高分子电容湿敏传感器的结构。它是在绝缘衬底上,蒸镀一层厚度约 $1\ \mu m$ 的叉指形金（Au）电极,在其表面上均匀涂覆（或浸渍）一层感湿膜,在感湿膜的表面上再蒸镀一层多孔性金薄膜。

文本

纳米森林湿度传感器

当被测环境中湿度增大,水分子沿着多孔的透明金薄膜构成的电极很顺利地进入感湿膜而被吸附时,湿敏元件的电容值与相对湿度之间成正比关系,线性度约为 $\pm 1\%$,如图 6-10 所示。这类电容湿敏传感器的响应速度快,吸湿和脱湿非常容易。

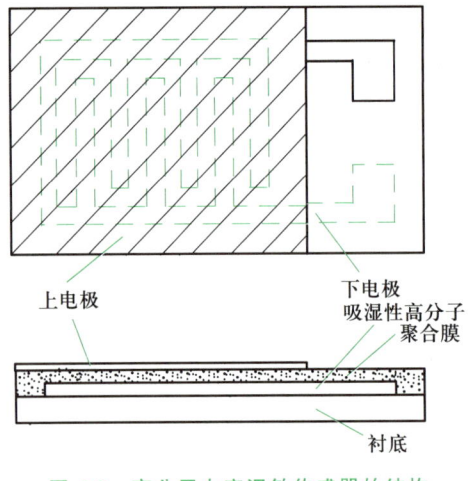

上电极　下电极　吸湿性高分子聚合膜　衬底

图 6-9　高分子电容湿敏传感器的结构

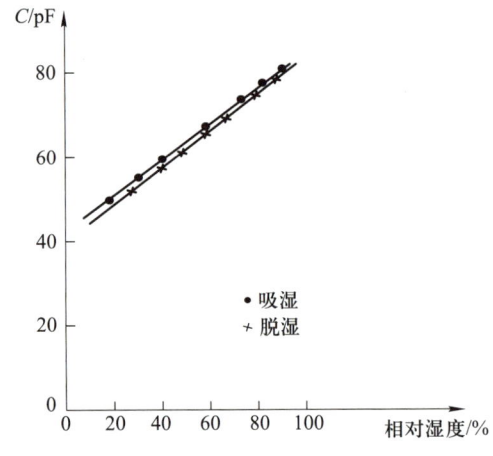

图 6-10　高分子电容湿敏传感器相对湿度与电容的关系

这种薄片状电容湿敏传感器能测全湿范围的湿度,且线性好,重复性好,滞后小,响应快,尺寸小,所以应用很广泛。

操作训练

项目准备

项目六设备和工具列表

任务一·MQ-7 型可燃气体传感器检测有害气体

1. 目的要求

（1）了解气敏传感器的分类。

（2）理解 MQ-7 型可燃气体传感器的工作原理。

（3）熟悉 MQ-7 型可燃气体传感器的应用。

（4）学会利用 MQ-7 型可燃气体传感器检测煤气泄漏。

2. 仪器设备及器材

直流电压表、直流稳压电源、差动变压器实验模块、MQ-7 型可燃气体传感器、少量煤气、导线等。

3. 操作步骤

（1）了解本任务所需的仪器设备及器材

直流电压表和直流稳压电源在实验桌上，差动变压器实验模块在项目五任务二中已经使用过。本任务采用的是 MQ-7 型可燃气体传感器，如图 6-11 所示。

这种气敏传感器是靠表面电导率变化来检测气体的。该传感器内部附有加热器，提高器件的灵敏度和响应速度。

如图 6-12 所示，该传感器有两个电源，加热器电压 U_H 和工作电压 U_C。其中 U_H 用于为传感器提供特定的工作温度，U_C 则是用于测定与传感器串联的负载电阻 R_L 上的电压 U_{RL}。U_C 需用直流电源。

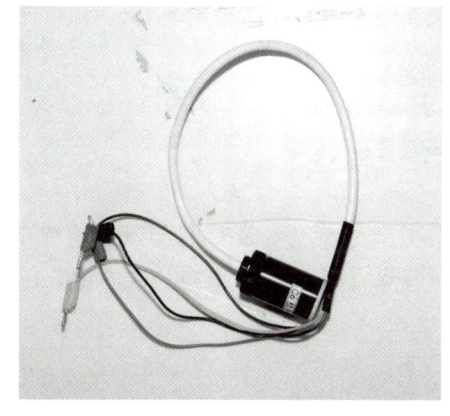

图 6-11　MQ-7 型可燃气体传感器

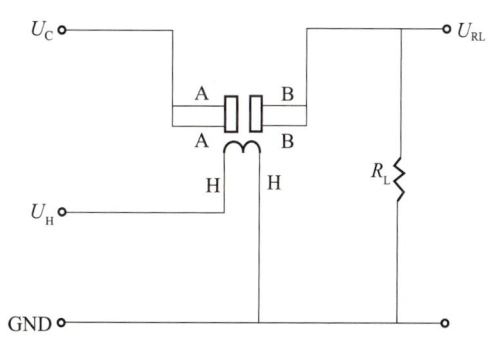

图 6-12　MQ-7 型可燃气体传感器的基本工作电路

MQ-7 型传感器的表面电阻为 R_S，与其串联的负载电阻 R_L 上的有效电压信号输出 U_{RL}，二者之间的关系为

$$R_S/R_L=(U_C-U_{RL})/U_{RL} \tag{6-1}$$

U_{RL} 随气体浓度增大而成正比例增大，MQ-7 对一氧化碳灵敏度最高，适用于一氧化碳、煤气等的探测。

（2）MQ-7 型可燃气体传感器加热

将 MQ-7 型可燃气体传感器固定在差动变压器实验模块的支架上，传感器的 2 根引线红色和黑色为加热器输入（U_H），接 0～5 V 电压加热（没有正负之分），如图 6-13 所示。**传感器预热 1 min 左右。**

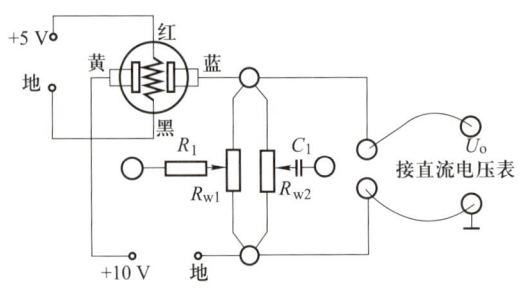

图 6-13　气敏传感器检测有害气体接线图

（3）接入工作电压 U_c

按图 6-14 接线，接入工作电压 U_c，直流稳压电源拨至"电压输出"，选择 ±10 V，黄色线接 +10 V 电压、蓝色线接 R_{w1} 上端。将输出电压 U_o 接至直流电压表，电压表量程选择 20 V 挡。记下 MQ-7 型可燃气体传感器暴露在空气中时直流电压表的显示值。

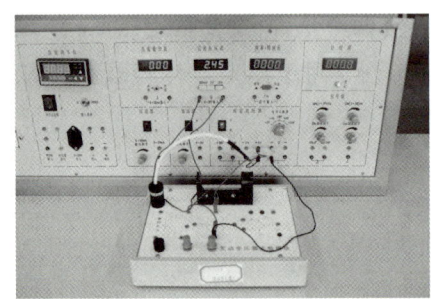

图 6-14　气敏传感器检测有害气体实物接线图

（4）检测有害气体

将准备好的装有少量煤气（<4%）的瓶口对准 MQ-7 型可燃气体探头，注意观察直流电压表的明显变化。一段时间后电压表的显示趋于稳定，拿开煤气瓶，观察直流电压表的读数。

（5）实验结束，关闭所有电源，整理实验仪器

4. 任务内容和评分标准

任务内容和评分标准见表 6-2。

表 6-2　项目六任务一评分表

任　务　内　容	配分	评　分　标　准	得分
认识本任务所需仪器设备及器材	10	遗漏一个仪器设备及器材，扣 2 分，最多扣 10 分	
MQ-7 型可燃气体传感器加热	20	接线错误，每处扣 5 分，最多扣 20 分	
接入工作电压 U_c	30	（1）接线错误，每处扣 5 分，最多扣 10 分 （2）电压表量程选择错误，扣 10 分 （3）读数不正确，扣 10 分	
检测有害气体	20	（1）操作错误，每处扣 5 分，最多扣 10 分 （2）读数不正确，每处扣 2 分，最多扣 10 分	
团结协作意识	10	小组共同完成项目，组员缺乏合作意识，扣 10 分	
正确使用设备和工具	10	只要不符合安全操作要求，就从总分中扣除	
总得分		教师签字	

想一想

一般生产生活中常用的是有害气体（CO、CH₄）等泄漏报警器，本任务中的测量电路没有报警功能，想一想要达到厂家生产的有害气体泄漏报警器要求，在后续还要增加哪些电路。

任务二·MQ-3型酒精传感器检测酒精浓度

1. 目的要求

（1）了解气敏传感器。

（2）理解 MQ-3 型酒精传感器的工作原理。

（3）熟悉 MQ-3 型酒精传感器的应用。

（4）学会利用 MQ-3 型酒精传感器检测酒精浓度。

2. 仪器设备及器材

直流电压表、直流稳压电源、差动变压器实验模块、MQ-3 型酒精传感器、酒精棉球、导线等。

3. 操作步骤

（1）了解本任务所需的仪器设备及器材

本任务所需仪器设备及器材与任务一相似，不同之处为本任务采用的是 MQ-3 型酒精传感器，如图 6-15 所示。

MQ-3 型酒精传感器是根据表面电导率的变化来检测酒精的浓度。该传感器内部也附有加热器，使用方法与 MQ-7 相同，区别在于 **MQ-3 型酒精传感器对于酒精的灵敏度最高。**

（2）MQ-3 型酒精传感器加热

将气敏传感器安装在差动变压器实验模块的安装支架上，接线端红色接 0～5 V 电压加热，黑色接地；**打开实验台总电源，预热 1 min。**

（3）接入工作电压 U_c

按图 6-16 接线，接入工作电压 U_c，直流稳压电源拨至"电压输出"，选择 ±10 V，黄色线接 +10 V 电压、蓝色线接 R_{w1} 上端。将输出电压 U_o 接至直流电压表，电压表量程选择 20 V 挡。记下此时直流电压表的显示值。

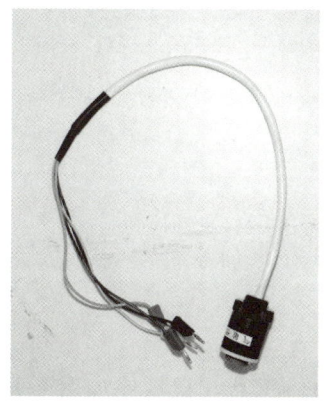

图 6-15　MQ-3 型酒精传感器

图 6-16　MQ-3 型酒精传感器测量酒精浓度实物接线图

（4）测量酒精浓度

用浸透酒精的小棉球靠近 MQ-3 型酒精传感器，使酒精挥发进入传感器金属网内，观察电压表读数变化。移开浸透酒精的小棉球，再次观察电压表读数变化。

（5）实验结束后，关闭实验台电源，整理好实验设备

4. 任务内容和评分标准

任务内容和评分标准见表 6-3。

表 6-3　项目六任务二评分表

任务内容	配分	评分标准	得分
认识本任务所需仪器设备及器材	10	遗漏一个仪器设备及器材，扣 2 分，最多扣 10 分	
MQ-3 型酒精传感器加热	20	接线错误，每处扣 5 分，最多扣 20 分	
接入工作电压 U_c	30	（1）接线错误，每处扣 5 分，最多扣 10 分 （2）电压表量程选择错误，扣 10 分 （3）读数不正确，扣 10 分	
检测酒精浓度	20	（1）操作错误，每处扣 5 分，最多扣 10 分 （2）读数不正确，每处扣 2 分，最多扣 10 分	
团结协作意识	10	小组共同完成项目，组员缺乏合作意识，扣 10 分	
正确使用设备和工具	10	只要不符合安全操作要求，就从总分中扣除	
总得分		教师签字	

想一想

使用本任务中检测酒精浓度的气敏传感器，在现有检测电路的基础上还应增加哪些电路才能使其更加完善，构成一个完整的酒精浓度测试仪？

任务三 · 高分子湿敏电容检测湿度

1. 目的要求

（1）了解湿度的表示方法。
（2）了解湿敏传感器的分类。
（3）掌握湿敏电容的结构和工作原理。
（4）学会利用湿敏电容测量湿度。

2. 仪器设备及器材

直流电源、频率/转速表、湿敏传感器、湿敏座、干/湿棉球、干燥剂等。

3. 操作步骤

（1）了解本任务所需的仪器设备及器材

本任务所需的直流电源、频率/转速表在实验台上，湿敏传感器和湿敏座如图 6-17、图 6-18 所示。

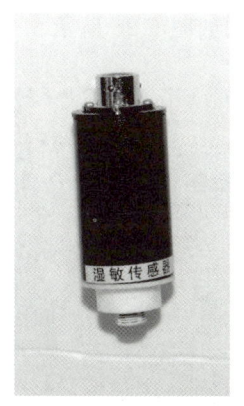

图 6-17 湿敏传感器

图 6-18 湿敏座

本任务采用的是 **HS1101 湿敏电容**,采用频率输出方式,如图 6-19 所示。由 555 电路构成一个多谐振荡电路,湿敏电容为该电路的电容,与电源 U_s、电阻 R_4、R_2 构成充电回路,与 R_2 通过 555 电路的 7 脚内部接地构成放电电路。555 电路 3 脚为输出,输出信号为方波。R_3 是防止输出短路的保护电阻,R_1 用于平衡温度系数。

该电路的工作过程如下:电源 U_s 通过电阻 R_4、R_2 向湿敏电容 C 充电,经 t_1 充电时间后,电容电压 U_C 达到芯片内比较器的高触发电平,约 $0.67\,U_s$,此时 3 脚输出由高电平突降为低电平,然后电容 C 储存的能量通过 R_2 放电,经 t_2 放电时间后,电容电压 U_C 下降到比较器的低触发电平,约 $0.33\,U_s$,此时 3 脚输出又变成高电平。按照此规律重复变化,形成方波输出。3 脚输出的方波信号频率满足以下公式:

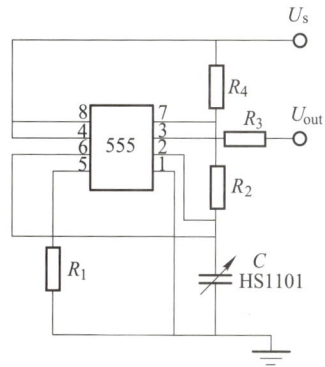

图 6-19 由湿敏电容构成的
多谐振荡电路

$$f = \frac{1}{T} = \frac{1}{\ln 2(R_4 + 2R_2)C} \tag{6-2}$$

3 脚输出方波的频率和电容湿敏传感器的电容量成反比,所以可通过测量多谐振荡电路输出方波信号的频率,得到湿敏电容的电容量,并且根据该电容量得到相对湿度的数值。本任务所对应的多谐振荡电路的输出频率与相对湿度的关系见表 6-4。

表 6-4 多谐振荡电路的输出频率与相对湿度关系表

相对湿度/%	0	10	20	30	40	50	60	70	80	90	100
频率/Hz	7 351	7 224	7 100	6 976	6 853	6 728	6 600	6 468	6 330	6 186	6 033

（2）湿敏传感器接线

将湿敏传感器红色接线端接＋5 V 电源,黑色接线端接地,蓝色接线端和黑色接线端分别接频率/转速表输入端。频率/转速表选择频率挡。记下此时频率/转速表的读数,对照表得到此时的空气湿度。湿敏传感器测量湿度实物接线图如图 6-20 所示。

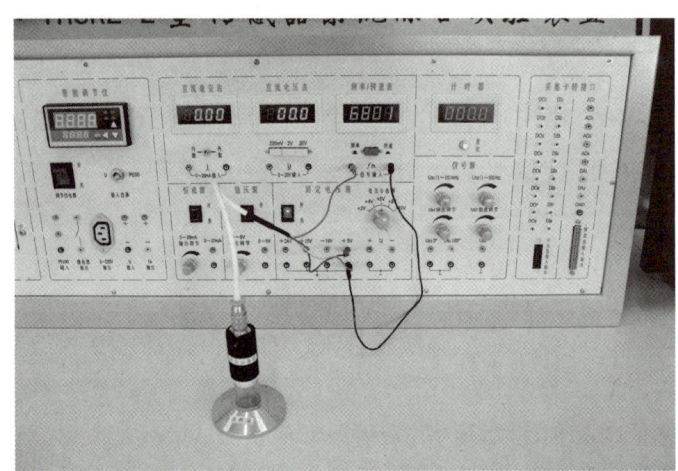

图 6-20　湿敏传感器测量湿度实物接线图

（3）测量加入湿棉球后的湿度

将湿棉球放入湿敏腔内，并插上湿敏传感器探头，观察频率/转速表的变化，待稳定后，读出频率/转速表的读数。

（4）测量加入干燥剂后的湿度

取出湿棉球，待数显表示值下降恢复至接近原始值时，在湿敏腔内放入部分干燥剂，同样将湿敏传感器置于湿敏腔中，观察频率/转速表的变化，待稳定后，读出频率/转速表的读数。

（5）实验结束后，关闭实验台电源，整理好实验设备

4.任务内容和评分标准

任务内容和评分标准见表 6-5。

表 6-5　项目六任务三评分表

任 务 内 容	配分	评 分 标 准	得分
认识本任务所需仪器设备及器材	10	遗漏一个仪器设备及器材，扣 2 分，最多扣 10 分	
湿敏传感器接线	30	（1）接线错误，每处扣 5 分，最多扣 20 分 （2）频率/转速表选择错误，扣 10 分	
测量加入湿棉球后的湿度	20	（1）操作错误，每处扣 5 分，最多扣 10 分 （2）读数不正确，扣 10 分	
测量加入干燥剂后的湿度	20	（1）操作错误，每处扣 5 分，最多扣 10 分 （2）读数不正确，扣 10 分	
团结协作意识	10	小组共同完成项目，组员缺乏合作意识，扣 10 分	
正确使用设备和工具	10	只要不符合安全操作要求，就从总分中扣除	
总得分		教师签字	

想一想

对照实际应用的湿度计,本任务中的空气湿度检测电路还需做哪些改进,才能成为真正的湿度计?

知识拓展

烟雾报警器

烟雾报警器就是通过监测烟雾的浓度来实现火灾防范,常见的烟雾报警器有光电式和离子式两大类。

目前应用较多的是离子式烟雾传感器,其工作稳定可靠,被广泛应用到各种消防报警系统中,性能远优于气敏电阻类的火灾报警器。

离子式烟雾传感器的结构如图 6-21 所示,在网罩 1 内有电极板 2 和 3,a、b 端接电源,4 是一小块放射性同位素镅 241,它能放射出一种 α 粒子。平时镅放射出来的 α 粒子使两个电极间的空气电离,形成较强的电流;发生火灾时,烟雾进入网罩内,烟雾的颗粒吸收空气中的离子和镅放射出来的粒子,导致电流减弱,报警器检测出这种变化,发出报警信号。

光电烟雾报警器分为减光式光电烟雾报警器和散射光式光电烟雾报警器。散射光式光电烟雾报警器如图 6-22 所示,发光 LED 和光电晶体管成正交 90°,这样的话,无烟雾时,光电晶体管不能接收到发光 LED 发出的红外线。当烟雾进入烟雾室后,烟雾的固体粒子对红外光产生漫反射,使部分红外光到达光电晶体管。烟雾越大,接收到的光也越强,流过光电晶体管的电流也越大,最后达到阈值,就发出报警信号。

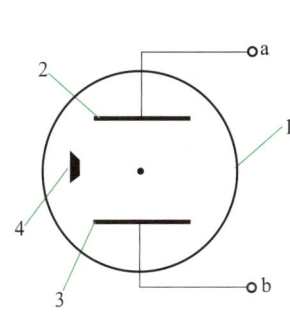

1—网罩;2、3—电极;
4—放射性同位素镅 241。

图 6-21　离子式烟雾传感器的结构

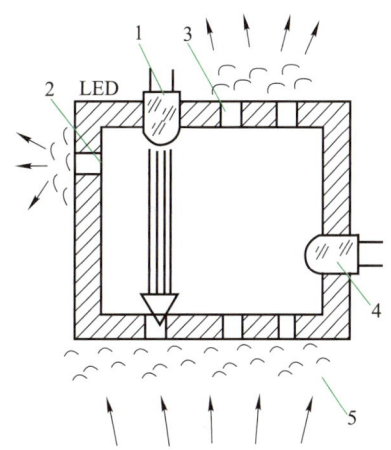

1—发光元件(LED);2、3—烟雾出口;
4—受光元件(光电晶体管);5—烟雾。

图 6-22　散射光式光电烟雾报警器

　　减光式光电烟雾报警器的发光器件和光敏器件采用对射式安装,当无烟雾时,光敏器件接收到发光器件发出的一定光量;而在有烟雾时,发光器件发射的光受到烟雾的遮挡,使光敏器件接收的光量减少,光电流降低,发出报警信号。

　　离子烟雾报警器对微小的烟雾粒子的感应要灵敏一些,对各种烟雾能均衡响应;而光电式烟雾报警器对稍大的烟雾粒子的感应较灵敏,对灰烟、黑烟响应差些。 如果火灾发生后,产生了大量的烟雾的微小粒子,离子烟雾报警器会比光电烟雾报警器先报警。这两种烟雾报警器时间间隔不大,但是这类火灾的蔓延极快,此类场所建议安装离子烟雾报警器较好。另一类闷烧火灾发生后,产生了大量的稍大的烟雾粒子,光电烟雾报警器会比离子烟雾报警器先报警,这类场所建议安装光电烟雾报警器。

项目小结

　　气敏传感器根据工作原理不同可以分为很多种类,目前常用的是半导体式的气敏传感器,半导体式的传感器分为电阻型和非电阻型。气敏电阻按工作原理分为还原型和氧化型两大类,按结构分类可以分为烧结型、薄膜型和厚膜型三种。气敏电阻通过被测气体与其相接触,引起气敏电阻阻值的变化,检测出电阻的变化,就可知气体的类型或浓度。

　　湿度是指大气的干燥程度,通常用绝对湿度和相对湿度及露点等几种方法表示,测量湿度的传感器称为湿敏传感器,常用的湿敏传感器有氯化锂湿敏电阻、半导体陶瓷湿敏电阻、高分子湿敏电容等。

互动练习

项目六互动
习题

习　题

一、填空题

1. 气敏元件通常工作在高温状态(200～450 ℃),目的是　　　　　　　　　。

2. 半导体气敏传感器是利用气体在半导体表面的　　　　　和　　　　　　反应导致敏感元件　　　　　变化而制成的。所以可以分为　　　　　和　　　　　两大类。

3. MQN 型气敏半导体器件是由　　　　、　　　　、　　　　、　　　　,以及　　　　　组成。

4. 当天气变化时,有时会发现在地下设施(如地下室)中工作的仪器内部印制板漏电增大,机箱上有小水珠出现,磁粉式记录磁带结露等,影响了仪器的正常工作。该水珠的来源是　　　　　。

5. 湿敏电阻根据材料和配方不同可分为　　　　　和　　　　　。正电阻湿度特性是指　　　　　　　　　　　。

二、问答题

1. 简要说明气敏传感器有哪些种类,以及它们各自的工作原理和特点。

2. 简要说明在不同场合应选用哪类气敏传感器较好。

3. 什么是湿度? 湿度的表示方法有哪几种?

4. 简述高分子湿敏电容的组成、工作原理及特性。

附　　录

附录 A　Pt100 铂热电阻分度表

温度/℃	电阻值/Ω($R_0 = 100.00$ Ω)									
	0	1	2	3	4	5	6	7	8	9
−200	18.49	—	—	—	—	—	—	—	—	—
−190	22.8	22.37	21.94	21.51	21.08	20.65	20.22	19.79	19.36	18.93
−180	27.08	26.65	26.23	25.8	25.37	24.94	24.52	24.09	23.66	23.23
−170	31.32	30.9	30.47	30.05	29.63	29.2	28.78	28.35	27.93	27.5
−160	35.53	35.11	34.69	34.27	33.85	33.43	33.01	32.59	32.16	31.74
−150	39.71	39.3	38.88	38.46	38.04	37.63	37.21	36.79	36.37	35.95
−140	43.87	43.45	43.04	42.63	42.21	41.79	41.38	40.96	40.55	40.13
−130	48	47.59	47.18	46.76	46.35	45.94	45.52	45.11	44.7	44.28
−120	52.11	51.7	51.2	50.88	50.47	50.06	49.64	49.23	48.82	48.41
−110	56.19	55.78	55.38	54.97	54.56	54.15	53.74	53.33	52.92	52.52
−100	60.25	59.85	59.44	59.04	58.63	58.22	57.82	57.41	57	56.6
−90	64.3	63.9	63.49	63.09	62.68	62.28	61.87	61.47	61.06	60.66
−80	68.33	67.92	67.52	67.12	66.72	66.31	65.91	65.51	65.11	64.7
−70	72.33	71.93	71.53	71.13	70.73	70.33	69.93	69.53	69.13	68.73
−60	76.33	75.93	75.53	75.13	74.73	74.33	73.93	73.53	73.13	72.73
−50	80.31	79.91	79.51	79.11	78.72	78.32	77.92	77.52	77.13	76.73
−40	84.27	83.88	83.48	83.08	82.69	82.29	81.89	81.5	81.1	80.7
−30	88.22	87.83	87.43	87.04	86.64	86.25	85.85	85.46	85.06	84.67
−20	92.16	91.77	91.37	90.98	90.59	90.19	89.8	89.4	89.01	88.62
−10	96.09	95.69	95.3	94.91	94.52	94.12	93.75	93.34	92.95	92.55
0	100	99.61	99.22	98.83	98.44	98.04	97.65	97.26	96.87	96.48
0	100	100.39	100.78	101.17	101.56	101.95	102.34	102.73	103.12	103.51
10	103.9	104.29	104.68	105.07	105.46	105.85	106.24	106.63	107.02	107.4

温度/℃	电阻值/Ω($R_0 = 100.00$ Ω)									
	0	1	2	3	4	5	6	7	8	9
20	107.79	108.18	108.57	108.96	109.35	109.73	110.12	110.51	110.9	111.28
30	111.67	112.06	112.45	112.83	113.22	113.61	113.99	114.38	114.77	115.15
40	115.54	115.93	116.31	116.7	117.08	117.47	117.85	118.24	118.62	119.01
50	119.4	119.78	120.16	120.55	120.93	121.32	121.7	122.09	122.47	122.86
60	123.24	123.62	124.01	124.39	124.77	125.16	125.54	125.92	126.31	126.69
70	127.07	127.45	127.84	128.22	128.6	128.98	129.37	129.75	130.13	130.51
80	130.89	131.27	131.66	132.04	132.42	132.8	133.18	133.56	133.94	134.32
90	134.7	135.08	135.46	135.84	136.22	136.6	136.98	137.36	137.74	138.12
100	138.5	138.88	139.26	139.64	140.02	140.39	140.77	141.15	141.53	141.91
110	142.29	142.66	143.04	143.42	143.8	144.17	144.55	144.93	145.31	145.68
120	146.06	146.44	146.81	147.19	147.57	147.94	148.32	148.7	149.07	149.45
130	149.82	150.2	150.57	150.95	151.33	151.7	152.08	152.45	152.83	153.2
140	153.58	153.95	154.32	154.7	155.07	155.45	155.82	156.19	156.57	156.94
150	157.31	157.69	158.06	158.43	158.81	159.18	159.55	159.93	160.3	160.67
160	161.04	161.42	161.79	162.16	162.53	162.9	163.27	163.65	164.02	164.39
170	164.76	165.13	165.5	165.87	166.14	166.61	166.98	167.35	167.72	168.09
180	168.46	168.83	169.2	169.57	169.94	170.31	170.68	171.05	171.42	171.79
190	172.16	172.53	172.9	173.26	173.63	174	174.37	174.74	175.1	175.47
200	175.84	176.21	176.57	176.94	177.31	177.68	178.04	178.41	178.78	179.14
210	179.51	179.88	180.24	180.61	180.97	181.34	181.71	182.07	182.44	182.8
220	183.17	183.53	183.9	184.26	184.63	184.99	185.36	185.72	186.09	186.45
230	186.82	187.18	187.54	187.91	188.27	188.63	189	189.36	189.72	190.09
240	190.45	190.81	191.18	191.54	191.9	192.26	192.63	192.99	193.35	193.71
250	194.07	194.44	194.8	195.16	195.52	195.88	196.24	196.6	196.96	197.33
260	197.69	198.05	198.41	198.77	199.13	199.49	199.85	200.21	200.57	200.93
270	201.29	201.65	202.01	202.36	202.72	203.08	203.44	203.8	204.16	204.52
280	204.88	205.23	205.59	205.95	206.31	206.67	207.02	207.38	207.74	208.1
290	208.45	208.81	209.17	209.52	209.88	210.24	210.59	210.95	211.31	211.66
300	212.02	212.37	212.73	213.09	213.44	213.8	214.15	214.51	214.86	215.22
310	215.57	215.93	216.28	216.64	216.99	217.35	217.7	218.05	218.41	218.76

温度/℃	电阻值/Ω($R_0 = 100.00$ Ω)									
	0	1	2	3	4	5	6	7	8	9
320	219.12	219.47	219.82	220.18	220.53	220.88	221.24	221.59	221.94	222.29
330	222.65	223	223.35	223.7	224.06	224.41	224.76	225.11	225.46	225.81
340	226.17	226.52	226.87	227.22	227.57	227.92	228.27	228.62	228.97	229.32
350	229.67	230.02	230.37	230.72	231.07	231.42	231.77	232.12	232.47	232.82
360	233.17	233.52	233.87	234.22	234.56	234.91	235.26	235.61	235.96	236.31
370	236.65	237	237.35	237.7	238.04	238.39	238.74	239.09	239.43	239.78
380	240.13	240.47	240.82	241.17	241.51	241.86	242.2	242.55	242.9	243.24
390	243.59	243.93	244.28	244.62	244.97	245.31	245.66	246	246.35	246.69
400	247.04	247.38	247.73	248.07	248.41	248.76	249.1	249.45	249.79	250.13
410	250.48	250.82	251.16	251.5	251.85	252.19	252.53	252.88	253.22	253.56
420	253.9	254.24	254.59	254.93	255.27	255.61	255.95	256.29	256.64	256.98
430	257.32	257.66	258	258.34	258.68	259.02	259.36	259.7	260.04	260.38
440	260.72	261.06	261.4	261.74	262.08	262.42	262.76	263.1	263.43	263.77
450	264.11	264.45	264.79	265.13	265.47	265.8	266.14	266.48	266.82	267.15
460	267.49	267.83	268.17	268.5	268.84	269.18	269.51	269.85	270.19	270.52
470	270.86	271.2	271.53	271.87	272.2	272.54	272.88	273.21	273.55	273.88
480	274.22	274.55	274.89	275.22	275.56	275.89	276.23	276.56	276.89	277.23
490	277.56	277.9	278.23	278.56	278.9	279.23	279.56	279.9	280.23	280.56
500	280.9	281.23	281.56	281.89	282.23	282.56	282.89	283.22	283.55	283.89
510	284.22	284.55	284.88	285.21	285.54	285.87	286.21	286.54	286.87	287.2
520	287.53	287.86	288.19	288.52	288.85	289.18	289.51	289.84	290.17	290.5
530	290.83	291.16	291.49	291.81	292.14	292.47	292.8	293.13	293.46	293.79
540	294.11	294.44	294.77	295.1	295.43	295.75	296.08	296.41	296.74	297.06
550	297.39	297.72	298.04	298.37	298.7	299.02	299.35	299.68	300	300.33
560	300.65	300.98	301.31	301.63	301.96	302.28	302.61	302.93	303.26	303.58
570	303.91	304.23	304.56	304.88	305.2	305.53	305.85	306.18	306.5	306.82
580	307.15	307.47	307.79	308.12	308.44	308.76	309.09	309.41	309.73	310.05
590	310.38	310.7	311.02	311.34	311.67	311.99	312.31	312.63	312.95	313.27
600	313.59	313.92	314.24	314.56	314.88	315.2	315.52	315.84	316.16	316.48
610	316.8	317.12	317.44	317.76	318.08	318.4	318.72	319.04	319.36	319.68
620	319.99	320.31	320.63	320.95	321.27	321.59	321.91	322.22	322.54	322.86
630	323.18	323.49	323.81	324.13	324.45	324.76	325.08	325.4	325.72	326.03

续　表

温度/℃	电阻值/Ω($R_0 = 100.00$ Ω)									
	0	1	2	3	4	5	6	7	8	9
640	326.35	326.66	326.98	327.3	327.61	327.93	328.25	328.56	328.88	329.19
650	329.51	329.82	330.14	330.45	330.77	331.08	331.4	331.71	332.03	332.34
660	332.66	332.97	333.28	333.6	333.91	334.23	334.54	334.85	335.17	335.48
670	335.79	336.11	336.42	336.73	337.04	337.36	337.67	337.98	338.29	338.61
680	338.92	339.23	339.54	339.85	340.16	340.48	340.79	341.1	341.41	341.72
690	342.03	342.34	342.65	342.96	343.27	343.58	343.89	344.2	344.51	344.82
700	345.13	345.44	345.75	346.06	346.37	346.68	346.99	347.3	347.6	347.91
710	348.22	348.53	348.84	349.15	349.45	349.76	350.07	350.38	350.69	350.99
720	351.3	351.61	351.91	352.22	352.53	352.83	353.14	353.45	353.75	354.06
730	354.37	354.67	354.98	355.28	355.59	355.9	356.2	356.51	356.81	357.12
740	357.42	357.73	358.03	358.34	358.64	358.95	359.25	359.55	359.86	360.16
750	360.47	360.77	361.07	361.38	361.68	361.98	362.29	362.59	362.89	363.19
760	363.5	368.8	364.1	364.4	364.71	365.01	365.31	365.61	365.91	366.22
770	366.52	366.82	367.12	367.42	367.72	368.02	368.32	368.63	368.93	369.23
780	369.53	369.83	370.13	370.43	370.73	371.03	371.33	371.63	371.93	372.22
790	372.52	372.82	373.12	373.42	373.72	374.02	374.32	374.61	374.91	375.21
800	375.51	375.81	376.1	376.4	376.7	377	377.2	377.59	377.89	378.19
810	378.48	378.78	379.08	379.37	379.67	379.97	380.26	380.56	380.85	381.15
820	381.45	381.74	382.04	382.33	382.63	382.92	383.22	383.51	383.81	384.1
830	384.4	384.69	384.98	385.28	385.57	385.87	386.16	386.45	386.75	387.04
840	387.34	387.63	387.92	388.21	388.51	388.8	389.09	389.39	389.68	389.97
850	390.26	—	—	—	—	—	—	—	—	—

附录 B　Cu50 铜热电阻分度表

温度/℃	电阻值 Ω($R_0 = 50.00$ Ω)									
	0	−1	−2	−3	−4	−5	−6	−7	−8	−9
0	50	49.786	49.571	49.356	49.142	48.927	48.713	48.498	48.284	48.069
−10	47.854	47.639	47.425	47.21	46.995	46.78	46.566	46.351	46.136	45.921
−20	45.706	45.491	45.276	45.061	44.846	44.631	44.416	44.2	43.985	43.77
−30	43.555	43.349	43.124	42.909	42.693	42.478	42.262	42.047	41.831	41.616
−40	41.4	41.184	40.969	40.753	40.537	40.322	40.106	39.89	39.674	39.458
−50	39.242									

续　表

温度/℃	电阻值 Ω（R₀ = 50.00Ω）									
	0	1	2	3	4	5	6	7	8	9
0	50	50.214	50.429	50.643	50.858	51.072	51.286	51.501	51.715	51.929
10	52.144	52.358	52.572	52.786	53	53.215	53.429	53.643	53.857	54.071
20	54.285	54.5	54.714	54.928	55.142	55.356	55.57	55.784	55.998	56.212
30	56.426	56.64	56.854	57.068	57.282	57.496	57.71	57.924	58.137	58.351
40	58.565	58.779	58.993	59.207	59.421	59.635	59.848	60.062	60.276	60.49
50	60.704	60.918	61.132	61.345	61.559	61.773	61.987	62.201	62.415	62.628
60	62.842	63.056	63.27	63.484	63.698	63.911	64.125	64.339	64.553	64.767
70	64.981	65.194	65.408	65.622	65.836	66.05	66.264	66.478	66.692	66.906
80	67.12	67.333	67.547	67.761	67.975	68.189	68.403	68.617	68.831	69.045
90	69.259	69.473	69.687	69.901	70.115	70.329	70.544	70.762	70.972	71.186
100	71.4	71.614	71.828	72.042	72.257	72.471	72.685	72.899	73.114	73.328
110	73.542	73.751	73.971	74.185	74.4	74.614	74.828	75.043	75.258	75.477
120	75.686	75.901	76.115	76.33	76.545	76.759	76.974	77.189	77.404	77.618
130	77.833	78.048	78.263	78.477	78.692	78.907	79.122	79.337	79.552	79.767
140	79.982	80.197	80.412	80.627	80.843	81.058	81.272	81.488	81.704	81.919
150	82.134									

附录 C　镍铬-镍硅 K 型热电偶分度表

温度/℃	热电动势/mV（自由端温度为 0 ℃）									
	0	−10	−20	−30	−40	−50	−60	−70	−80	−90
−200	−5.891	−6.035	−6.158	−6.262	−6.344	−6.404	−6.441	−6.458		
−100	−3.554	−3.852	−4.138	−4.411	−4.669	−4.913	−5.141	−5.354	−5.550	−5.730
0	0.000	−0.392	−0.778	−1.156	−1.527	−1.889	−2.243	−2.587	−2.920	−3.243
温度/℃	0	10	20	30	40	50	60	70	80	90
0	0.000	0.397	0.798	1.203	1.612	2.023	2.437	2.851	3.267	3.682
100	4.096	4.509	4.920	5.328	5.735	6.138	6.540	6.941	7.340	7.739
200	8.139	8.539	8.940	9.343	9.747	10.153	10.561	10.971	11.382	11.795
300	12.209	12.624	13.040	13.457	13.875	14.293	14.713	15.133	15.554	15.975
400	16.397	16.820	17.243	17.667	18.091	18.516	18.941	19.366	19.792	20.218
500	20.644	21.071	21.497	21.924	22.350	22.776	23.203	23.629	24.055	24.480

续　表

温度/℃	热电动势/mV(自由端温度为 0 ℃)									
	0	10	20	30	40	50	60	70	80	90
600	24.906	25.330	25.755	26.179	26.602	27.025	27.447	27.869	28.290	28.710
700	29.129	29.548	29.965	30.382	30.798	31.214	31.628	32.041	32.453	32.865
800	33.275	33.685	34.093	34.501	34.908	35.313	35.718	36.121	36.524	36.925
900	37.326	37.726	38.124	38.522	38.918	39.314	39.708	40.102	40.494	40.885
1 000	41.276	41.665	42.053	42.440	42.826	43.211	43.595	43.978	44.359	44.740
1 100	45.119	45.497	45.873	46.249	46.623	46.996	47.367	47.737	48.105	48.473
1 200	48.838	49.202	49.565	49.926	50.286	50.644	51.000	51.355	51.709	52.060
1 300	52.410	52.759	53.106	53.451	53.795	54.138	54.479	54.819		

附录 D　镍铬-铜镍(康铜)E 热电偶分度表

温度/℃	热电动势/mV(自由端温度为 0 ℃)									
	0	−10	−20	−30	−40	−50	−60	−70	−80	−90
−200	−8.825	−9.063	−9.274	−9.455	−9.604	−9.718	−9.797	−9.835		
−100	−5.237	−5.681	−6.107	−6.516	−6.907	−7.279	−7.632	−7.963	−8.273	−8.561
0	0	−0.582	−1.152	−1.709	−2.255	−2.787	−3.306	−3.811	−4.302	−4.777

温度/℃	0	10	20	30	40	50	60	70	80	90
0	0.000	0.591	1.192	1.801	2.419	3.047	3.683	4.329	4.983	5.646
100	6.317	6.996	7.683	8.377	9.078	9.787	10.501	11.222	11.949	12.681
200	13.419	14.161	14.909	15.661	16.417	17.178	17.942	18.710	19.481	20.256
300	21.033	21.814	22.597	23.383	24.171	24.961	25.754	26.549	27.345	28.143
400	28.943	29.744	30.546	31.350	32.155	32.960	33.767	34.574	35.382	36.190
500	36.999	37.808	38.617	39.426	40.236	41.045	41.853	42.662	43.470	44.278
600	45.085	45.891	46.697	47.502	48.306	49.109	49.911	50.713	51.513	52.312
700	53.110	53.907	54.703	55.498	56.291	57.083	57.873	58.663	59.451	60.237
800	61.022	61.806	62.588	63.368	64.147	64.924	65.700	66.473	67.245	68.015
900	68.783	69.549	70.313	71.075	71.835	72.593	73.350	74.104	74.857	75.608
1 000	76.358	—	—	—	—	—	—	—	—	—

注：ITS—1990 国际温标所颁布的分度表的温度间隔是 1 ℃,本书为了节省篇幅,将热电偶的间隔扩大至 10 ℃,仅供读者练习查表用,若读者欲获知每 1 ℃对应的毫伏值,可查阅有关 ITS—1990 国际温标手册。

主要参考文献

[1] 金发庆.传感器技术与应用[M].5 版.北京:机械工业出版社,2024.

[2] 梁森,王侃夫,黄杭美.自动检测与转换技术[M].4 版.北京:机械工业出版社,2019.

[3] 张洪润.传感器应用设计 300 例:上[M].北京:北京航空航天大学出版社,2008.

[4] 张洪润.传感器应用设计 300 例:下[M].北京:北京航空航天大学出版社,2008.

[5] 宋雪臣,单振清.传感器与检测技术项目式教程[M].2 版.北京:人民邮电出版社,2022.

[6] 赵勇.传感器敏感材料及器件[M].北京:机械工业出版社,2012.

[7] 王琦.传感器与自动检测技术实验实训教程[M].北京:中国电力出版社,2010.

[8] 李川.光纤传感器技术[M].北京:科学出版社,2012.

[9] 沙占友.智能化集成温度传感器原理与应用[M].北京:机械工业出版社,2002.

[10] 李希文.传感器与信号调理技术[M].西安:西安电子科技大学出版社,2008.

[11] 宋爱国,赵辉,贾伯年.传感器技术[M].4 版.南京:东南大学出版社,2021.

[12] 王霞,王吉晖,高岳,等.光电检测技术与系统[M].3 版.北京:电子工业出版社,2015.

[13] 刘畅生,寇宝明,钟龙.霍尔传感器实用手册[M].北京:中国电力出版社,2009.

[14] 张俊哲.无损检测技术及其应用[M].2 版.北京:科学出版社,2010.

[15] 王爱玲,王俊元,马维金,等.现代数控机床伺服及检测技术[M].4 版.北京:国防工业出版社,2016.

[16] 吴文琳.汽车传感器检修方法精讲[M].北京:人民邮电出版社,2012.

[17] 孙以材,刘新福,孟庆浩.传感器非线性信号的智能处理与融合[M].北京:冶金工业出版社,2010.

[18] 卿太全,郭明琼.最新传感器选用手册[M].北京:中国电力出版社,2009.

[19] 崔逊学,赵湛,王成.无线传感器网络的领域应用与设计技术[M].北京:国防工业出版社,2009.

[20] 何金田,刘晓旻.智能传感器原理、设计与应用[M].北京:电子工业出版社,2011.

[21] 刘水平,杨寿智.传感器与检测技术应用[M].北京:人民邮电出版社,2009.